한국목간학회총서 30

木簡과 文字 연구

30

| 한국목간학회 엮음 |

주류성

| 차 례 |

논 문

⟨樂浪郡戶口簿⟩에 보이는 '獲流'에 대하여 | 윤용구 |　7

부여 구아리 325·326번지 출토 목간에 대하여 | 이병호 |　29

論山 皇華山城 出土 瓦銘文에 나타난 지명 표기 '葛那城, 笠乃, 立乃' 등의 국어사적 의의
　-漢字 지식 문화의 수용 과정과 관련하여- | 이건식 |　41

차자표기법 '역상불역하譯上不譯下'의 생성 과정과 생성의 주체 | 백두현 |　73

「청주운천동비」의 판독과 건립 시기에 대한 종합적 검토 | 윤경진 |　101

김정희 금석학과 추사체 형성의 연관성 연구 | 이은솔 |　147

문자자료 및 금석문 다시 읽기

지안 고구려비의 판독과 해석 | 강진원 |　171

해외현장조사

일본 목간학회 제45회 총회·연구집회 참관기 | 이재환 |　201

서역 서역 서역, 아름다운 이 거리(road)
　: 우즈베키스탄, 투르크메니스탄, 타지키스탄 실크로드 답사기 | 전상우 |　209

휘보

학술대회, 정기발표회, 강연, 신라향가연구독회, 자료교환 | 233

부록

학회 회칙, 간행예규, 연구윤리규정 | 241

논 문

〈樂浪郡戶口簿〉에 보이는 '獲流'에 대하여

부여 구아리 325 · 326번지 출토 목간에 대하여

論山 皇華山城 出土 瓦銘文에 나타난 지명 표기 '葛那城, 笠乃, 立乃' 등의 국어사적 의의

차자표기법 '역상불역하譯上不譯下'의 생성 과정과 생성의 주체

「청주운천동비」의 판독과 건립 시기에 대한 종합적 검토

김정희 금석학과 추사체 형성의 연관성 연구

〈樂浪郡戶口簿〉에 보이는 '獲流'에 대하여[*]

윤용구[**]

Ⅰ. 머리말
Ⅱ. '獲流'의 확인
Ⅲ. '獲流' 戶口와 낙랑군
Ⅳ. 맺음말

〈국문초록〉

본고는 〈낙랑군호구부〉의 말미 목독③의 9행에 대한 판독을 다시 시도한 것이다. 설명한 내용을 요약하면 다음과 같다.

첫째, 목독③의 9행은 총 25자로 다음과 같이 말미 3字(▨▨, 獲流)를 새로 판독하였다.

其戶三(萬七千五)百卅四, 口廿四萬二千□ ▨▨, □□□□□獲流。

둘째, 새로운 판독을 통해 초원 4년(기원 45) 낙랑군은 전년 대비 584호(1.35%△)의 增戶, 편호민의 85%를 포괄하는 ▨의 존재, 그리고 다수의 流民을 招集하여 안치한 '獲流'의 성과가 중앙에 보고된 주요 현안이었음을 알게 되었다.

셋째, 〈낙랑군호구부〉에 대한 새로운 판독은 그동안 주목하지 않았던 2010년에 제시된 손영종의 호구통계표 수정본, 그리고 『조선단대사(고구려사5)』에 수록된 호구부 사진 자료를 활용하면서 가능하였다.

▶ 핵심어: 〈낙랑군호구부〉, 〈윤만한간〉 集簿, 호구집계, 獲流, 流民

---

* 본 논문은 2019년 대한민국 교육부와 한국연구재단의 지원을 받아 수행된 연구임(NRF-2019S1A6A3A01055801). 또한 이 논고는 한국목간학회 제42회 정기발표회(2023.12.22., 동국대)에서 발표한 내용은 수정한 것이다.
** 경북대학교 인문학술원 HK교수

I. 머리말

〈樂浪郡初元四年縣別戶口多少集簿〉(이하 〈낙랑군호구부〉로 약함)는 1990년 7월 평양시 락랑구역 정백동 364호 나무곽무덤에서 출토되었다. 전한 元帝 初元4년(기원전 45)에 작성된 낙랑군 예하 25개 현의 현별 호구수와 전년대비 증감 수치를 나열하고, 말미에는 낙랑군 전체 호구수를 집계한 문서이다. 2006년 손영 종의 자료 공개[1]에 따라 많은 연구 성과가 발표되었다. 특히 2008년에는 호구부의 실물 사진 2종류가 공개 되고,[2] 이어서 1992년 간략한 발굴 소식만 전해졌던 『論語』 竹簡 또한 같은 무덤에서 출토되었다는 사실이 확인되면서[3] 본격적으로 진행되었다.

〈낙랑군호구부〉 연구는 현재 2가지 논란이 있다. 하나는 〈낙랑군호구부〉의 제3구역으로 분류된 5개 현 의 위치 비정과 그곳이 군현 설치 이전에는 臨屯과 위만조선 어느 편에 속했는지 하는 문제이다. 다른 하나 는 호구부 연구 초기부터 쟁점이 되어온 末行(목독③-9행)의 '其戶~' 이하 호구수를 어떻게 볼 것인가 하는 점이다.[4]

이번 발표는 '其戶' 이하 말미의 두 글자를 '獲流'로 판독하고, 관련된 논의를 진행하고자 한다. 필자도 難 題로 설명해 온 〈낙랑군호구부〉 말미 2字를 '獲流'로 판독하려는 것은 기왕의 연구를 재검토하는 과정에서 준비되었다.

직접적인 계기는 2014년 魏斌이 尹灣漢簡 〈集簿〉의 호구 집계와 〈낙랑군호구부〉가 기재 방식이 같다는 점에서 말미 2자를 '獲流'로 추정한[5] 것을 알게 된 것이다. 물론 魏斌의 견해는 목간에서 字形을 확인한 것 은 아니었다. 하지만 〈集簿〉의 '獲流'와 〈낙랑군호구부〉 말미 2자를 대조한 결과 魏斌의 추정이 맞다는 판단 에 이르렀다.[6]

또 다른 계기는 2008년 공개된 〈낙랑군호구부〉 사진 자료 2종류가 서로 다르다는 것을 역시 최근 확인 하였다. 지난 10월 28일, 전국역사학대회(한국사학사학회부)에서 이종록의 「樂浪郡 戶口木簡의 사료적 성 격」이라는 발표문에 따른 것이다.[7] 발표자가 '獲流' 2자를 별도로 지적한 것은 아니지만, '獲流' 부분에서 두

---

1) 손영종, 2006a, 『조선단대사(고구려사1)』, 과학백과사전출판사, pp.118-124; 손영종, 2006b, 「낙랑군 남부지역(후의 대방군지 역)의 위치-'낙랑군 초원4년 현별호구다소□□' 통계자료를 중심으로」, 『력사과학』 198, 사회과학원 력사연구소, pp.30-33; 손 영종, 2006c, 「요동지방 전한 군현들의 위치와 그 후의 변천(1)」, 『력사과학』 199, 사회과학원 력사연구소, pp.49-52.

2) 손영종, 2008, 『조선단대사(고구려사5)』, 과학백과사전출판사, 화보; 김정문, 2008, 「사진: 락랑유적에서 나온 목간」, 『조선고고 연구』 4, 뒷표지 안쪽.

3) 李成市·윤용구·김경호, 2009, 「平壤 貞柏洞364號墳출토 竹簡《論語》에 대하여」, 『목간과 문자』 4, 한국목간학회.

4) 윤용구, 2019, 「'낙랑군호구부' 연구의 동향」, 『역사문화연구』 72, 한국외대 역사문화연구소, pp.10-13.

5) 魏斌, 2014, 「汉晋上计簿的文书形态 : 木牍和简册」, Wuhan-Chicago Conference on Bamboo and Silk Manuscripts 24-25-26/10/2014, Chicago University; 2020, 「汉晋上计簿的文书形态 : 木牍和简册」, 『中國中古史研究』 8, 中西書局, pp.251-274에 재수록.

6) 윤용구, 2023, 「樂浪郡戶口簿的研究動向」, 第2回韓中日出土簡牘研究國際論壇 發表論文集(石家莊 河北師範大學, 2023.10.22.), pp.247-249.

7) 이종록, 2023, 「樂浪郡 戶口木簡의 사료적 성격」, 전국역사학대회 발표요지(한국사학사학회, 2023.10.28., 서강대학교; 이종록,

---

사진이 다른 점을 발견하였다. 말미 2자를 '獲流'로 볼 근거가 하나 더 찾아진 것이다.

II. '獲流'의 확인

1. 〈낙랑군호구부〉의 텍스트

〈낙랑군호구부〉의 존재는 앞서 언급한 대로 2006년 손영종의 일련의 논고를 통하여 알려졌지만, 목간의 실물 사진은 2008년 하반기에 공개되었다. 하나는 손영종의 저서 『조선단대사(고구려사5)』 화보 마지막 부분에 수록된 사진이다(그림 1). 다른 하나는 북한 사회과학원 고고학연구소의 학술지 『조선고고연구』 2008년 제4호 뒤 표지 안쪽에 김정문이 촬영한 사진이 수록되어 있다(그림 2).

아래 그림에서 보는 대로 낙랑군 호구부는 3매 1조의 木牘에 墨書한 것이다. 문서 순서에 따라 상하로 연결한다면, 한대 1尺(23㎝) 크기 木牘의 전면에만 '三欄書寫'한 형태이다. 그림 1은 기재 순서에 따라 오른쪽에서 왼쪽으로 배열되어 있고, 그림 2는 첫 번째 목간을 가운데에 두고 좌우에 2번과 3번 목간을 배열하였다. 그런데 그림 1은 사진 둘레의 여백을 잘라내어 목간의 본모습을 알기 어렵게 만들었다. 이런 이유로 그림 2가 자료적 가치가 높은 것으로 평가되었다. 그림 2가 먼저 국내에 소개된 탓도 있지만, 그동안 〈낙랑군호구부〉 연구가 자료 2를 중심으로 진행된 이유이기도 하다.[8]

목독③　　　　　　목독②　　　　　　목독①　　　　　　목독② 좌상단

그림 1. 『조선단대사』 고구려사5(2008.7.25.)의 호구부 사진(가로16.2㎝×세로10.3∼8.8㎝)

2023, 「樂浪郡 戶口木簡의 사료적 성격과 군의 주민구성」, 『한국사학사학보』 48, 한국사학사학회.

8) 그림 1은 2010년 말에 보고되었지만(윤용구, 2010a, 「《고구려사》(전5책, 2006~2008)에 소개된 새로운 문자자료」, 한국목간학회 제5회 정기학술대회 발표요지, 2010.11.19.) 그때 필자는 같은 사진을 편집한 것으로 보았다.

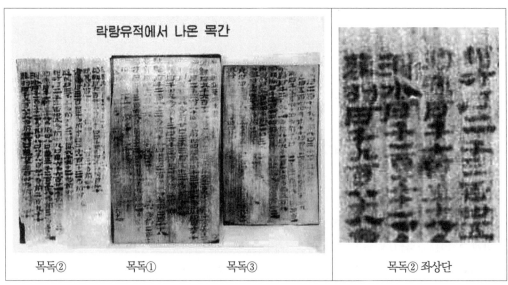

목독②　　　목독①　　　목독③　　　　　목독② 좌상단

그림 2. 『조선고고연구』2008-4(2008.11.15.)의 호구부 사진(가로16㎝×세로9.4～8㎝)

　그림 1과 2의 사진은 외형상 큰 차이는 없어 보인다. 화질에 있어서 그림2가 상대적으로 좋다는 평가도[9] 있지만, 글자에 따라서는 그림 1에서 좀 더 뚜렷하게 확인되기도 한다.[10] 두 사진은 서로 보완하여 이용하는 것이 합리적이라 하겠다. 하지만 그림 1이 유용한 측면도 있다. 그것은 목독 ②의 좌상단 묵서의 농도를 견주어 보면 알 수 있듯이, 그림 1의 농도가 상대적으로 짙게 인쇄된 점이고, 다른 하나는 사진의 크기(세로)에 있어서 그림 1이 그림 2보다 1㎝ 가까이 길기 때문이다. 자형이 또렷하고 선명한 글자는 별 차이 없지만, 반대의 경우 농도가 짙고 다소라도 크게 인쇄된 그림 1이 장점이 있다.

　〈낙랑군호구부〉의 텍스트와 관련하여 설명할 부분이 좀 더 있다. 하나는 손영종이 제시한 「낙랑군 호구 통계표」의 문제이다. 2006년 『조선단대사(고구려사1)』에 수록된 이 자료는 사진으로 볼 수 없는 내용을 제공하고 있지만, 많은 오자와 함께 목간에 없는 불필요한 집계 항목을 넣어 혼란을 주기 때문에 유의할 자료였다.[11] 이를 의식하였는지 2008년 통계표의 오류를 일부 수정한 데,[12] 이어서 2010년 통계표를 전면 수정하였다.[13]

　표 1에서 보는 대로 새로운 호구통계표에는 원문에 없는 구역별 소계는 전부 삭제하였지만 '범호' 란의 구수 증가분, '곤호' 항의 호수와 구수 증가 수치 등 원문에 없는 것이 여전히 남아있다. 새로운 판독의 결과

9) 高光儀, 2011, 「樂浪郡 初元 四年 戶口簿 재검토」, 『목간과 문자』 7, pp.17-18.
10) 이종록, 2023, 앞의 논문.
11) 尹龍九, 2009, 「平壤出土 '樂浪郡初元四年縣別戶口簿' 硏究」, 『木簡과 文字』 3, 한국목간학회, pp.274-276.
12) 손영종, 2008, 앞의 책, p.206.
13) 손영종, 2010, 「락랑군 남부지역 7개 현의 위치」, 『〈한4군〉 문제와 락랑 문화의 조선적성격(조선사회과학학술집 45 력사학편)』, 사회과학출판사, pp.46-47.

표 1. 낙랑군 호구통계표(손영종, 2010)

번호	현이름	호 수	증 가	구 수	증 가
1	조선	9 678	93	56 890	1 862
2	남함	2 284	34	14 347	467
3	증지	548	20	3 353	71
4	점제	1 049	13	6 332	206
5	사망	1 213	11	7 391	278
6	둔유	4 846	59	21 906	27[3]*2
7	대방	4 346	53	29 941	5[7][4]
8	멸구	817	[15]	5 241	170
9	장잠	683	9	4 942	161
10	해명	348	7	2 492	9[1]
11	소명	643	10	4 435	137
12	계해	173	4	1 303	37
13	함자	343	10	2 913	109
14	수성	3 005	53	19 092	630
15	루방	2 335	39	16 621	343
16	혼미	1 758	38	13 258	355
17	패수	1 152	28	8 837	297
18	란렬	1 988	46	16 340	537
19	동이	279	8	2 013	61
20	잠시	544	17	4 154	139
21	불이	1 564	5	12 348	401
22	화려	1 291	8	9 114	308
23	사두매	1 244	0	10 285	343
24	전막	544	2	3 002	36
25	부조	1 150	2	5 111	8
범호	(총 호구수)	43 825	58[4]	281 661	7 8[9][4]
곤호	(원주민수)	3[7][5]34	[][][][]	24[2]	[][][][]

도 보인다. 통계표 말미 '곤호' 항의 戶數를 그동안 3[7], □34호에서 3[7],[5]34戶로 수정한 것이다. 이 부분은 현별 호구수의 집계만으로는 알 수 없는 내용이다. 이처럼 손영종의 호구통계표는 이용에 유의해야 하지만, 목간을 실견하고 작성하였을 것인 만큼 사진으로 확인이 어려운 부분은 여전히 참고가 된다.

다른 하나는 2010년 손영종의 저서에 또 다른 〈낙랑군호구부〉 사진이 수록되어 있는 점이다.[14] 그림 3이다. 그림 1과 같이 목간의 여백을 잘라낸 형태이다. 하지만 그림 1과 반대로 목간을 좌측부터 사진 윗선을 맞추어 배열하였다. 사진 크기는 그림 1과 2의 ⅔ 정도이다. 문제는 인쇄 상태가 좋지 못하여, 겨우 자형의 윤곽만을 보여주고 있다.

그동안 〈낙랑군호구부〉 연구에 있어서 그림 1의 호구부 사진, 표 1의 수정된 호구 통계표 등 텍스트 문제에 크게 주의를 기울이지 못하였다. 획기적인 자료가 공개되기 전이라도 주어진 자료에 대한 세밀한 검토

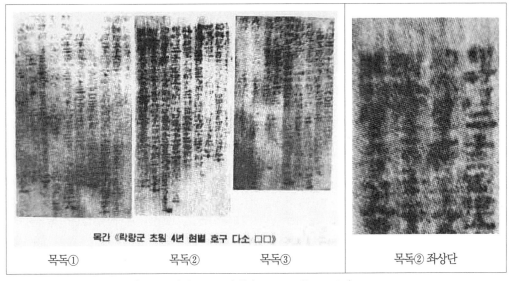

목간 《락랑군 초원 4년 현별 호구 다소 □□》

목독① 　　　 목독② 　　　 목독③ 　　　 목독② 좌상단

그림 3. 조선사회과학학술집 45(2010.3.25.)의 호구부 사진(가로11.5cm×세로7.1~6cm)

14) 위의 책, p.206.

가 요구된다고 하겠다.

2. '獲流' 新釋

〈낙랑군호구부〉는 앞의 그림에서 보듯이 3매 1조의 木牘으로 구성되어 있다. 목독 ①의 1행에 「樂浪郡初元四年縣別戶口多少集簿」라 쓴 標題에 이어서 목독 ③의 7행까지 호구부의 본문에 해당하는 낙랑군 25개 각 현의 호구수와 전년 대비 증감 여부(多前·如前)와 그 수치를 표기하였다. 목독 ③의 말미 8행과 9행은 현별 호구수를 집계하여 낙랑군의 총 호구수를 기재하였다. 현재 통용되는 판독문은 아래의 자료 ①과 같다.[15]

> ① 樂浪郡「戶口簿」: 戶口集計 BC45
> ·凡戶四萬三千八百卌五, 多前五百八十四。口廿八萬□千二百六十一。(8행 28자)
> 其戶三萬七千□□卅四, 口廿四萬二千□□□□□□。(9행 23자)

8행은 낙랑군의 총(·凡) 호수와 전년보다 584호가 증가(多前)하였으며, 이어서 총 구수를 보여주고 있다. 9행은 앞(其) 곧 8행의 총호구수 가운데 3만 7천여 호, 24만 2천여 구 에 대한 설명이다.

그동안 9행의 其戶·口에 대한 연구는 토착원주민으로 보는 손영종의 견해를 비롯하여 여러 설명이 있었으나,[16] 호구부 목간에서 字形을 통한 연구는 없었다. 10행 말미 2字는 숫자가 아니며, 앞의 글자에는 '犭'변이 있다는 설명,[17] 그리고 尹灣漢簡〈集簿〉의 호구집계와의 기재 방식의 유사성을 통해 말미 2字를 '獲流'로 추정한 魏斌의 견해가 있었을 뿐이다. 먼저 魏斌이 제기한 〈낙랑군호구부〉와 윤만한간 동해군 〈集簿〉의 호구 집계 서식에 대해 살펴보기로 한다.

> ② 東海郡「集簿」호구집계 BC12-9
> 戶廿六萬六千二百九十, 多前二千六百廿九。其戶萬一千六百六十二獲流。

---

15) 권오중 외, 2010, 『낙랑군 호구부 연구』, 동북아역사재단, p.23.
16) 목독③의 10행 '其戶口'에 대한 이해와 설명은 다음과 같다. 첫째, 토착원주민설(손영종, 2006a, 앞의 책)이 대표적이며 같은 의미에서 蠻夷戶口(袁延勝, 2018, 「出土木牘〈戶口簿〉比較研究」, 『秦漢簡牘戶籍資料研究』, 人民出版社), 土着居民(鄭威, 2016, 「漢帝國空間邊緣的伸縮 : 以樂浪郡的變遷爲例」, 『社會科學』 11, 上海社會科學院), 고조선원주민(이종록, 2023, 앞의 논문) 등이 있다. 둘째, 尹灣漢簡〈集簿〉 "獲流", 松柏漢簡(53號木牘) "泚中" 등과 같은 간단한 표현이었을 것(윤용구, 2009, 앞의 논문; 胡平生, 2011, 「新出漢簡戶口簿籍研究」, 『出土文獻研究』 10輯, 中華書局; 胡平生, 2012, 『胡平生簡牘文物論稿』, 中西書局, p.326), 셋째, 영동 7현을 제외한 18개 현 호구수의 合(鄭威, 2016, 앞의 논문; Park, Dae-Jae, 2017, 「A New Approach to the Household Register of Lelang(樂浪) Commandery」, 『International Journal of Korean History』 22-2), 넷째, 호구 집계 방식에 있어서 『尹灣漢簡』〈集簿〉와 〈낙랑군호구부〉의 기재방식이 일치하기 때문에 〈낙랑군호구부〉 말미도 '獲流'라는 견해(魏斌, 2014, 앞의 발표문)가 있다.
17) 윤용구, 2009, 앞의 논문, p.280.

口百卅九萬七千三百卌三。其(?)四萬二千七百五十二獲流。

위의 자료 ①과 ②는 〈樂浪郡 호구부〉와 〈東海郡 집부〉의 호구 집계 기록이다.[18] 두 자료 모두 郡 총호수에 이어 전년보다 늘어난(多前) 戶數를 적었다. 여기까지는 두 자료가 같다. 그 다음에 동해군 집부는 '其戶'라 쓰고 그 아래 戶數를 적고 '獲流'라 하였다. 행을 바꿔 총 口數를 쓰고, '其口' 아래 '획류' 구수를 기재하였다.

반면 〈낙랑군호구부〉는 8행에 총 호구수, 9행에는 '其戶' 아래 특정 호와 구수를 적었다. 서술 방식만 다를 뿐 집계 내용과 전체 형식은 동일한 것으로 보인다. 魏斌은 호구집계 방식의 유사성을 토대로 하고, 여기에 호구부 말미 2자는 數字가 아니라고 한 필자의 견해를 참고하여 '獲流'로 추정한 바 있다.[19] 이제 낙랑군호구부에서 실제 '獲流'의 자형을 살펴보기로 한다.

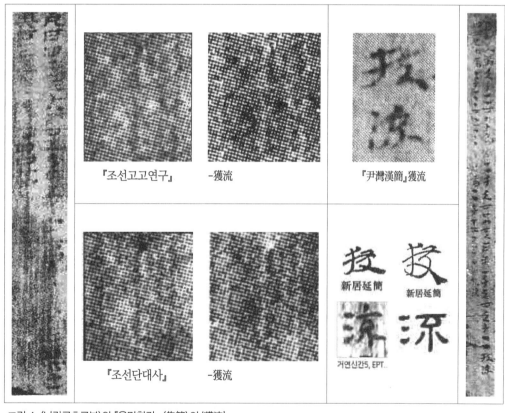

『조선고고연구』 -獲流 『尹灣漢簡』獲流

『조선단대사』 -獲流 新居延簡 新居延簡 거연신간5, EPT.

그림 4. 〈낙랑군호구부〉와 『윤만한간』, 〈集簿〉의 '獲流'

---

18) 連雲港市博物館 外, 1997, 『尹灣漢墓簡牘』, 中華書局, p.77.
19) 魏斌, 2014, 앞의 발표문, p.8.

그림 4는 윤만한간 〈집부〉의 '획류'와 〈낙랑군 호구부〉 목독③의 9행 말미 2자를 비교한 것이다. 윤만한간 동해군 〈집부〉에는 10행과 11행 말미에 '獲流'가 기재되어 있다. 11행의 글자는 마멸이 심하지만, 10행은 온전한 자형이 남아 있다. '獲'자는 草書, '流'는 예서로 적었다. 〈낙랑군호구부〉 말미 2자는 어떠한가. 윤만한간 〈집부〉의 '획류'와 거의 같은 자형을 보여주고 있다. 윤만한간의 字形보다는 보다 납작한 隸書의 모습이 남아 있다.

그런데 〈낙랑군호구부〉의 '獲流'는 『조선단대사』(2008.7)와 『조선고고연구』(2008.11)에 수록된 사진에서 조금 차이가 난다. 전체적으로는 『조선고고연구』의 字形이 뚜렷하다. '獲'자가 더욱 그렇다. 반면 '流'자는 'ㅊ' 변을 포함해서 『조선단대사』의 것이 좀 더 선명하다. 〈낙랑군 호구부〉 말미 2자를 '獲流'로 본 魏斌의 견해를 실제 목간의 字形에서 확인한 것이다. 나아가 尹灣漢簡 〈集簿〉의 호구 집계와 〈낙랑군호구부〉가 기재 방식에 있어서 郡 총호구수 + 전년대비 호수 증감 + 획류수로 이어지는 유사성도 좀더 분명해진 셈이다.

III. '獲流' 戶口와 낙랑군

1. 戶口集計와 '獲流'

앞에서 〈낙랑군호구부〉 목독③의 9행 말미 2字를 「獲流」로 확인하였다. '獲流'란 무엇인가? 본적지를 떠나거나(脫籍) 호적이 없는 자(無名數)를 관부에서 招集하여 새로 登記한 호구를 말한다.[20] 흥미로운 결과지만, 그 결과에 대한 이해와 설명은 쉽지 않다. 「獲流」 앞에 판독이 어려운 글자가 5자 이상이 되기 때문이다. 따라서 먼저 목독③-9행의 전체 글자 수를 확인하고, 새로 찾은 「獲流」의 의미를 살펴야 할 것이다.

표 2는 〈낙랑군 호구부〉 목독③의 8행

표 2. 〈낙랑군 호구부〉 ③-8 · 9행의 호구집계

제9행			제8행	
1	其		凡	1
2	戶		戶	2
3	三		四	3
4	(萬)		萬	4
5	(七)		三	5
6	(千)		千	6
7	(五)		八	7
8	百		百	8
9	卅		卌	9
10	四		五	10
11	口		多	11
12	卄		前	12
13	四		五	13
14	萬		百	14
15	二		八	15
16	千		十	16
17	□		四	17
18	▓		口	18
19	□		卄	19
20	□		八	20
21	□		萬	21
22	□		(一)	22
23	□		(千)	23
24	獲		二	24
25	流		百	25
			六	26
			十	27
			一	28

---

20) 高敏, 1997, 「〈集簿〉的釋讀, 質疑與意義探討-讀尹灣漢簡札記之二」, 『史學月刊』 4, p.16.

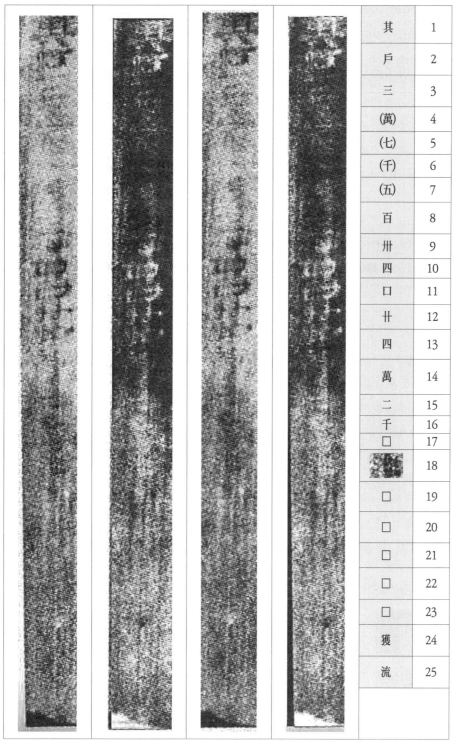

字	番號
其	1
戶	2
三	3
(萬)	4
(七)	5
(千)	6
(五)	7
百	8
卅	9
四	10
口	11
廿	12
四	13
萬	14
二	15
千	16
□	17
	18
□	19
□	20
□	21
□	22
□	23
獲	24
流	25

그림 5. 〈낙랑군 호구부〉 말행 25字의 현상

과 9행의 판독표이다. 판독표의 사진은 『조선단대사(고구려사5)』에 수록된 자료를 이용하였다. 8행은 28자, 9행은 25자로 추정된다. 앞의 기록 ①에서 보는 대로 9행은 기존의 23자에서 2자가 늘어난 글자 수이다. 그럼에도 전체 글자 수를 명확히 하기에는 어려움이 있다. 4번~7번, 그리고 17번에서 23번까지 자형을 찾기 어렵기 때문이다. 다만 16번 글자까지 8행과 9행은 거의 같은 크기로 써 내려갔다. 또한 8행은 26자부터 쓸 공간이 부족해지자 7행 쪽으로 방향을 돌리기 전에는 9행과 차이가 없어 보인다. 9행의 전체 글자 수를 25자로 추정한 것은 이에 근거한 것이다.

9행의 '其' 다음의 戶數는 앞의 표 1에 따라 3⑦⑤34로 판독하였다. 이어진 口數와 관련하여 손영종은 24②,□□□으로 표시하였다. 손영종은 아라비아 숫자로 썼으므로 구수는 24만 2천에 단 단위까지 산정한 것이다. 이를 인정한다면 「卄四萬二千」 아래로 최대 5字가 필요하다. 그러면 남은 글자는 「□□獲流」가 된다.

「□□獲流」 앞 미상의 2자가 '其戶口'에 대한 설명이 된다면, '獲流'는 지칭할 대상이 없게 된다. 그렇다고 「□□獲流」 4자 모두 '其戶口'를 지칭한다고 보면 이 또한 자연스럽지 못하다. 총 호수의 85.6%, 口數도 86%를 '획류'로 인정해야 하는 문제가 생긴다. 논의의 전제가 된 통계표의 24②,□□□라는 수치가 절대적인 것도 아니다. 목간에서 자형을 확인했다기보다 「其戶, 3⑦⑤34」를 염두에 두고 추정한 口數일 가능성이 높기 때문이다.

이렇게 보면 '획류' 앞의 17번에서 23번에 이르는 미판독 글자가 해결의 실마리가 될 수 있다. 그림 5를 통해 〈낙랑군 호구부〉 목독③의 9행 25자의 현상을 자세히 보고자 한다. 사진은 역시 『조선단대사(고구려사5)』에 수록된 자료를 이용하였다.

그림 5는 먼저 9행의 자형이 명확하지 않은 부분에 묵흔이 있다는 점을 보여주고 있다. 특히 8번 글자는 희미하지만 「百」의 흔적이 남아 있다. 이를 기준으로 4번에서 7번을 「萬七千五」로 판독한 표 1의 통계표를 인정할 수 있다.

다음은 17번에서 25번까지의 자형이다. 말미 2자는 앞서 「獲流」로 판독하였다. 17번, 19번~23번까지 6자는 묵흔이 희미하다. 그런데 18번 글자는 미판독 글자 가운데 유일하게 자형을 남기고 있음을 본다. 이를 정리하면 아래 표 3과 같다.

표 3. 〈낙랑군 호구부〉 목독③ 9행-18번 字形(① 『조선고고연구』 2008-4, ②~④ 『조선단대사(고구려사5)』)

표 3은 〈낙랑군 호구부〉 목독③의 18번 글자의 자형을 표시한 것이다. 표 3-①은 『조선고고연구』에 수록

된 사진이고, 나머지는 모두 『조선단대사』(고구려사5)의 호구부 사진이다. 좌변에 희미하지만 '氵'가 있다. 우측에는 상하로 묵흔이 나눠져 보인다. 상부는 '比·止·艹'와 같은 모습이고, 하부는 '田' 혹은 '曲' 字처럼 보이기도 한다. 자형은 분명한데 무슨 글자인지 명료하지 않다. 우선 數字가 아니라는 점을 분명히 하고자 한다. 이렇게 보면 〈낙랑군호구부〉 목독③-9행의 글자 25자는 다음과 같다.

③「其戶三(萬七千五)百卅四, 口廿四萬二千□  □□□□□獲流」(9행 25자)

9행 18번째 글자가 숫자가 아니기 때문에 '其戶'와 이어진 口數는 '獲流'와 직접 연결시키기 어렵게 되었다. '獲流는 18번 字 다음 19번~23번까지 5자의 내용을 대상으로 하는 존재라 하겠다. 그림 5에서 보는 대로 17번째 글자는 주변에 훼손이 심해 數字인지 어떤지 파악하기 어렵다. 19번부터 23번까지도 약간의 묵흔이 보일 뿐 자형을 가늠할 수 없다.

9행 18번째 글자를 다시 보기로 한다. 표 3의 자형에 따라 보면 물 출렁거릴 개(濭), 물이름 치(淄), 큰물 묘(淔) 字와 비슷하지만 의미가 통하지 않았다. 다시 '濊'字와 비슷하다고 상정해 보았다. 특히 의 우측은 기원전 1세기 전반대 무덤인 평양 정백동 1호분 출토 은제 「夫租薉君」銘 인장의 '薉'(薉)字와도 견줄 만한 것이다.[21] 이처럼 자형은 분명한데 글자를 특정하기가 쉽지 않다. 정확한 字形을 찾는데

「夫租薉君」銀印

는 시간이 걸릴 듯하다. 따라서 현재로서는 數字가 아니라는 점, 그리고 9행의 '其戶口'에 대한 설명은 말미의 「獲流」가 아니라는 근거로 字의 존재를 이해하고자 한다.

2. 初元 4년의 낙랑군

앞에서 〈낙랑군호구부〉의 현별 호구 현황을 집계하고 특정 호구 상황을 정리한 목독 ③의 9행을 살펴보았다. 논의의 시작은 2014년 〈낙랑군호구부〉 말미의 2자를 '獲流'로 추정한 魏斌의 견해를 검증하는 것이었다.

이를 위해 〈낙랑군호구부〉 텍스트는 그동안 사용해 온 『조선고고연구』 2008-4가 아니라 『조선단대사(고구려사 5)』에 수록된 사진 자료를 주로 사용하였다. 상호 보완적이란 표현을 썼으나, 후자의 사진이 유용하다고 할 수 있다. 두 텍스트의 차이를 찾아낸 이종록의 자료 검토에 힘입은 것이다.

이를 통해 목독③-9행 말미의 2자를 '獲流'로 특정하였다. 魏斌의 추정을 〈낙랑군호구부〉 목간의 字形을 통해 확인하고 새로운 釋讀을 한 것이다. 논란이 많았던 9행의 이른바 '其戶' 문제를 풀어갈 단서를 확보한 셈이다. 하지만 설명이 간단치 않았다.

21) 「부조예군」 인장의 反轉 도면은 영남대 정인성 교수님이 제공한 것이며, 의 字形에 대해서는 경북대학교 인문학술원 방국화 교수님으로부터 많은 교시를 받았다. 이 자리를 빌려서 감사드린다.

첫째 총 호구수의 85%가 넘는 '其戶口' 전체를 '獲流'로 설명할 수 있는가 하는 것이고, 둘째는 '其戶口'에 대한 설명으로 '獲流'와 직접 연결하기에는 7자의 미판독 자구가 있기 때문이다. 28만 2천으로 끝난 숫자를 단 단위까지 다 써도 '獲流' 사이에는 2자의 공백이 생긴다.

이처럼 '獲流' 2자를 새롭게 찾아도 9행의 '其戶口'로 기록한 초원 4년(기원전 45) 낙랑군의 특정 호구 상황은 여전히 분명하지 못했다. 다행히 미판독 7자 가운데 18번 글자의 자형을 찾아냈고, 그것이 숫자가 아님은 알게 되었다. "其戶口'와 말미 '獲流' 사이에는 인과 관계가 없었다. 이렇게 보면 〈낙랑군호구부〉 목독 ③-8·9행의 호구집계는 다음과 같이 복원할 수 있다.

③　樂浪郡「戶口簿」: 戶口集計 BC.45

•凡戶四萬三千八百卅五, 多前五百八十四。口廿八萬□千二百六十一。(8행 28자)
其戶三(萬七千五)百卅四, 口廿四萬二千□ ▨▨ 。□□□□□獲流。(9행 23자)

이를 통해 초원 4년(기원전 45) 낙랑군에서 중앙 정부에 보고한 호구의 특정 사항은 전년 대비하여 584 호(1.35%△)의 增戶, 편호민 85%를 포괄하는 ▨▨의 존재, 그리고 다수의 流民을 招集하여 안치(立戶編籍) 한 '獲流'의 성과가 현안이었음을 알게 되었다.

돌이켜보면 2008년 호구부 사진이 공개되기 전에 낙랑군 호구수에는 '獲流'로 불리는 亡人과 流民으로 招集된 존재를 상정한 연구가 있었다.[22] 선제 지절 3년(기원전 67) 亡人이라도 본적지로 돌려보내지 않고 현지에서 호적에 등록할 수 있도록 허용한 이후 '獲流'는 지방관의 주요 치적으로 장려되자 허위 보고가 나 올 정도로 성행하던 시기였음을 지적한 것이다.

流民을 비롯한 유동인구의 招集은 전한 후기만이 아니라 중국 고대의 만성적인 사회 문제였다.[23] 전한 애제 건평2년(기원전 5) 諫大夫 鮑宣은 유민 발생의 7가지 원인으로 자연재해·도적·과중한 조세와 역역 동 원 그리고 관리와 지방 호족의 수탈 등이며 이것이 복합된 것임을 지적하고 있다.[24] 〈낙랑군 호구부〉에 보 이는 '獲流' 또한 流民으로 대표되는 대규모 유동인구 대책에 부심하던 전한 말의 사회상과 무관하지 않을 것이다.

이와 더불어 초원 4년은 낙랑군을 비롯한 한사군의 폐치분합이 진행되던 시기였다. 昭帝 말기(기원전 82~75년)에 혁파된 임둔군과 진번군의 잔여 현이 낙랑군으로의 편입, 그리고 편입된 동부와 남부지역에 郡都尉가 두어지던 시기였다. 다수의 유민과 이들에 대한 광범위한 招集이 이루어졌음을 추정해 볼 수 있 다. 낙랑군의 '획류'는 초원 4년에만 발생한 것이 아니었을 것이다.

---

22) 金秉駿, 2008, 「樂浪郡 初期의 編戶過程과 '胡漢稍別'-「樂浪郡初元四年縣別戶口多少□□」木簡을 단서로」, 『木簡과 文字』 創刊 號, 한국목간학회, pp.177-178.

23) 羅彤華, 1989, 『漢代的流民問題』, 臺灣: 學生書局.

24) 『한서』 卷72, 鮑宣傳, "凡民有七亡 : 陰陽不和, 水旱為災, 一亡也 ; 縣官重責更賦租稅, 二亡也 ; 貪吏並公, 受取不已, 三亡也 ; 豪強 大姓蠶食亡厭, 四亡也 ; 苛吏繇役, 失農桑時, 五亡也 ; 部落鼓鳴, 男女遮迣, 六亡也 ; 盜賊劫略, 取民財物, 七亡也."

그런데 이와 관련해서는 목독 ③의 말미 '獲流'의 규모가 어떠했을지 궁금하다. 복원된 9행의 내용으로 볼 때 '其戶口'의 내용은 '獲流'가 아니라 ▨이 된다. 그렇다고 총 호구수에서 '其戶口'를 제외한 戶 15%, 口 14%가 '獲流'가 될 수는 없을 것이다. '其戶口'인 ▨과 '獲流'는 별개 사항으로 보아야 하기 때문이다.

기재 내용상 가능한 추정을 해 보면 다음과 같다. 우선 목독 ③의 9행 18번부터 '獲流' 사이에는 언급한 대로 5字 정도의 여유밖에 없다. 따라서 윤만한간 〈집부〉에서와 같이 '獲流' 호구를 모두 적어 넣을 수는 없을 것이다. 또 한 가지는 9행 18자 ▨字로 설명되는 '其戶口' 가운데 일정한 수를 '獲流' 파악하는 경우이다.[25] 앞서 '獲流'는 총 호구수에서 85%에 달하는 '其戶口'를 제외한 수치로 볼 수 없다는 설명과 같다.

이상에서 〈낙랑군호구부〉 목독③의 마지막 9행에 대한 재판독과 이를 통해 초원 4년(기원전 45) 戶口集計의 내용을 추정할 수 있었다. 비교 대상이었던 尹灣漢簡〈集簿〉가 보여주는 東海郡의 호구집계와 유사하지만, 낙랑군에는 총호구수의 85%에 달하는 ▨의 존재가 특기된 것이 다르다. ▨의 실체는 아직 명확하지 않다. 하지만 한대 변경 이민족 거주지에 설치된 낙랑군의 특성으로 볼 때, 그것이 어떤 종족적 대상을 표현하였을 것이라는 추측은 어렵지 않다.

Ⅳ. 맺음말

이상에서 〈낙랑군호구부〉의 말미 곧 목독③의 9행에 대한 판독을 다시 시행하였다. 설명한 내용을 요약하는 것으로 결론에 대신하고자 한다.

① 목독③의 9행은 총 25자로 구성되어 있으며 새로 판독한 전문은 다음과 같다.

其戶三(萬七千五)百卅四, 口廿四萬二千□ ▨, □□□□□獲流。

② 9행의 4번~7번에 해당하는 글자는 2010년 제시된 손영종의 호구통계표에 따랐으며, 제18자 ▨, 말미(24~25자) 2자는 '獲流'로 새로 판독하였다. '獲流'의 판독은 2014년 魏斌의 추정에 따라 호구부 목간에서 확인한 것이었다.

③ 새로운 판독을 통해 초원 4년(기원전 45) 낙랑군은 전년 대비 584호(1.35%△)의 增戶, 편호민 85%를 포괄하는 ▨의 존재, 그리고 다수의 流民을 招集하여 안치(立戶編籍)한 '獲流'의 성과가 중앙에 보고된 현안이었다.

---

25) 본고의 심사서 가운데 '獲流'를 '其戶口' 내의 일정 수치로 본 의견에 따른 것이다. 이 자리를 빌려 감사를 드린다.

④ 〈낙랑군 호구부〉에 대한 새로운 판독은 그동안 주목하지 않았던 2010년에 제시된 손영종의 호구통계표 수정본, 그리고 『조선단대사』(고구려사5)에 수록된 호구부 사진 자료를 활용하면서 가능하였다.

〈낙랑군호구부〉 말미에 대한 새로운 판독과 그와 연관된 문제를 정리하면서 스스로 나태와 우둔함을 자책하지 않을 수 없었다. 새로운 자료가 아니라 기왕의 연구와 자료를 재검토하면서 이루어졌기 때문이다. 이나마도 심사위원 선생님, 동북아역사재단·동국대도서관·한국학중앙연구원·통일부 북한자료센터에 소장된 북한 자료 열람과 사진 스캔을 적극적으로 도와주신 위가야·이승호·오택현·조원진·서남영 선생님 덕분에 가능하였다. 이 자리를 빌려 깊이 감사드린다.

투고일: 2023.11.09.   심사개시일: 2023.12.27.   심사완료일: 2023.12.30.

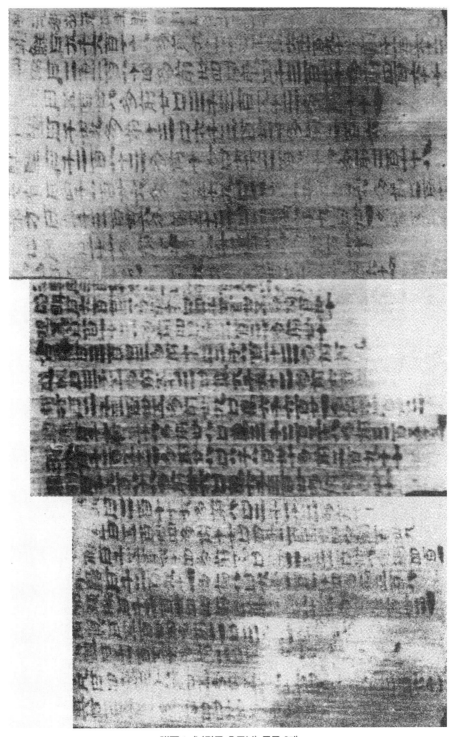

附圖 1. 〈낙랑군 호구부〉 목독 3매
(손영종, 2008, 『조선단대사』 고구려사5, 사회과학출판사)

목독①

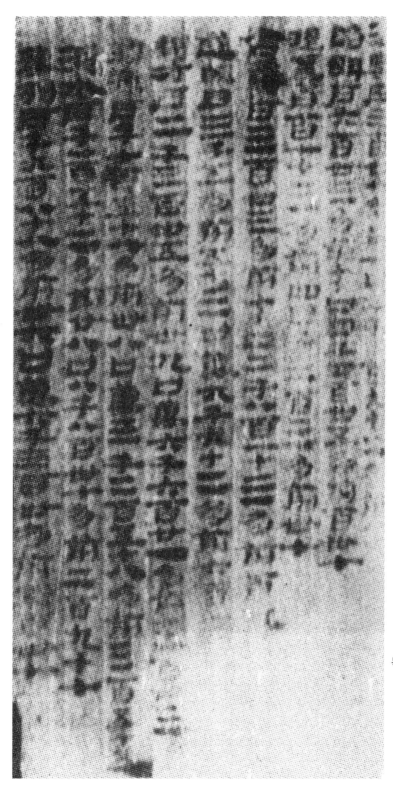

목독②

목독③

高光儀, 2011, 「樂浪郡 初元 四年 戶口簿 재검토」, 『목간과 문자』 7, 한국목간학회.

권오중 외, 2010, 『낙랑군 호구부 연구』, 동북아역사재단.

金慶浩, 2012, 「秦漢時期戶口簿記載樣式和郡縣支配」, 『漢帝國的制度與社會秩序』, 黎明釗 編, 香港: 牛津大學出版社.

金秉駿, 2008, 「樂浪郡 初期의 編戶過程과 '胡漢稍別'-〈樂浪郡初元四年縣別戶口多少□□〉 木簡을 단서로」, 『木簡과 文字』 創刊號, 한국목간학회.

金秉駿, 2009, 「楽浪郡初期の編戶過程-楽浪郡初元四年戶口統計木簡を端緒として」, 『古代文化』 61-2, 古代學協會.

김재용, 2017, 「평양일대 나무곽무덤의 연대」, 『조선고고연구』 182, 사회과학원 고고연구소.

김정문, 2008, 「사진 : 락랑유적에서 나온 목간」, 『조선고고연구』 4.

김정배, 2010, 「고조선의 稱王과 인구문제」, 『고조선에 대한 새로운 해석』, 고려대학교 민족문화연구소.

Park, Dae-Jae, 2017, 「A New Approach to the Household Register of Lelang Commandery」, 『International Journal of Korean History』 22-2.

朴大在, 2021, 「위만조선의 영역구조와 한군현의 再編」, 『고조선단군학』 46, 고조선단군학회.

박준형, 2014, 「고조선의 인구」, 『고조선사의 전개』, 서경문화사.

박준형, 2021, 「〈樂浪郡戶口簿〉와 고조선의 戶口」, 『인구변동의 고고학』 20, 중부고고학회 정기 학술대회논문집, 중부고고학회.

손영종, 2006a, 『조선단대사(고구려사 1)』, 과학백과사전출판사.

손영종, 2006b, 「낙랑군 남부지역(후의 대방군지역)의 위치-'낙랑군 초원4년 현별호구다소□□' 통계자료를 중심으로」, 『력사과학』 198, 사회과학원 력사연구소.

손영종, 2006c, 「요동지방 전한 군현들의 위치와 그 후의 변천(1)」, 『력사과학』 199, 사회과학원 력사연구소.

손영종, 2008, 「낙랑군의 호구통계 및 기타자료」, 『조선단대사(고구려사 5)』, 과학백과사전출판사.

손영종, 2010, 「락랑군 남부지역 7개 현의 위치」, 『〈한4군〉 문제와 락랑 문화의 조선적성격(조선사회과학 학술집 45 력사학편)』, 사회과학출판사.

안정준, 2017, 「1990년대 이후 낙랑군 연구현황과 문제의식」, 『인문학연구』 34, 경희대학교 인문학연구소.

윤선태, 2010, 「한사군의 역사지리적 변천과 '낙랑군 초원 4년 현별 호구부'」, 『낙랑군 호구부 연구』, 동북아역사재단.

尹龍九, 2009, 「平壤出土 '樂浪郡初元四年縣別戶口簿' 研究」, 『木簡과 文字』 3, 한국목간학회(橋本繁 譯, 2009, 「平壤出土'樂浪郡初元四年縣別戶口簿'研究」, 『中國出土資料研究』 13, 中國出土資料學會.

尹龍九, 2007, 「새로 發見된 樂浪木簡 -樂浪郡 初元四年 縣別戶口簿」, 『한국고대사연구』 46, 한국고대사학회.

윤용구, 2010a, 「《고구려사》(전5책,2006~2008)에 소개된 새로운 문자자료」, 한국목간학회 제5회 정기학
술대회 발표요지(2010.11.19.).

윤용구, 2010b, 「낙랑군 초기의 군현지배와 호구파악」, 『낙랑군 호구부 연구』, 동북아역사재단.

윤용구, 2016, 「'낙랑군 호구부'의 발견 : 100년 낙랑고고학의 최대 수확」, 『내일을 여는 역사』 63, 내일을
여는 역사재단.

윤용구, 2019, 「'낙랑군호구부' 연구의 동향」, 『역사문화연구』 72, 한국외대 역사문화연구소.

尹龍九, 2023, 「樂浪郡戶口簿的研究動向」, 第2回韓中日出土簡牘研究國際論壇 발표논문집(石家莊 河北師範大
學, 2023.10.22.).

尹在碩, 2012, 「秦漢戶口統計制度與戶口簿」, 『漢帝國的制度與社會秩序』, 黎明釗 編, 香港: 牛津大學出版社.

李成市·윤용구·김경호, 2009, 「平壤 貞柏洞364號墳출토 竹簡《論語》에 대하여」, 『목간과 문자』 4, 한국목간
학회.

이성제, 2010, 「낙랑군의 군현재편과 예(濊)」, 『낙랑군 호구부 연구』, 동북아역사재단.

이종록, 2022, 「〈樂浪郡戶口簿〉의 區域 구분과 고조선의 정치구조」, 『漢四郡研究』, 서경문화사.

이종록, 2023, 「樂浪郡 戶口木簡의 사료적 성격 전국역사학대회 발표요지 (한국사학사학회, 2023.10.28.,
서강대학교; 2023, 「樂浪郡 戶口木簡의 사료적 성격과 군의 주민구성」, 『한국사학사학보』 48, 한국사학
사학회.

高敏, 1997, 「〈集簿〉的釋讀, 質疑與意義探討-讀尹灣漢簡札記之二」, 『史學月刊』 4.

羅彤華, 1989, 『漢代的流民問題』, 臺灣: 學生書局.

連雲港市博物館 外, 1997, 『尹灣漢墓簡牘』, 中華書局.

楊振紅·尹在碩, 2010, 「韓半島出土簡牘與韓國慶州,扶餘木簡釋文補正」, 『簡帛研究』 二〇〇七, 廣西師範大學出
版社.

袁延勝, 2018, 「出土木牘《戶口簿》比較研究」, 『秦漢簡牘戶籍資料研究』, 人民出版社,

魏斌, 2014, 「漢晉上計簿的文書形態」 Wuhan-Chicago Conference on Bamboo and Silk Manuscripts
24-25-26/10/2014, Chicago University; 2020, 『中國中古史研究』 8, 中西書局.

鄭威, 2016, 「漢帝國空間邊緣的伸縮 : 以樂浪郡的變遷爲例」, 『社會科學』 11, 上海社會科學院.

鄭威, 2017, 『出土文獻與楚秦漢歷史地理研究』, 科學出版社.

胡平生, 2011, 「新出漢簡戶口簿籍研究」, 『出土文獻研究』 10輯, 中華書局.

胡平生, 2012, 『胡平生簡牘文物論稿』, 中西書局.

〈Abstract〉

A Study on Huòliú(獲流) in a Household registry of Lolang-gun(樂浪郡)

Yun, Yong-gu

This paper is a restoration of the last part of 〈Lolang-gun Household Register〉.

First, there are 25 characters in wooden documents 3-9.I found three new characters

其戶三(萬七千五)百卅四, 口廿四萬二千□ , □□□□□獲流。

Second, there are three pending issues reported to the central government in Lolang-gun during the 4th year of Chū-yuán(初元) through a new reading. ①584 households increased 85% of the total population is barbarians. ③ A considerable number of displaced people were gathered and settled.

Third, Son's books and photographic materials helped me find the new characters Son's photographs have not been widely used in research. For future research, a lot of review of Song's photos is needed.

▶ Key words: 〈Lolang-gun Household Register〉, collection book(集簿), statistics of the households, Huòliú(獲流), exile

부여 구아리 325·326번지 출토 목간에 대하여

이병호[*]

Ⅰ. 머리말
Ⅱ. 부여 구아리 325·326번지 유적 개요
Ⅲ. 목간 출토 유적의 형성 시기와 의의
Ⅳ. 맺음말

〈국문초록〉

　이 글은 백제역사문화연구원에서 발굴한 부여 구아리 325·326번지 유적에서 출토된 목간 1점과 목간이 출토된 유적에 대해 검토하는 것을 목적으로 작성되었다. 2장에서는 목간이 출토된 유적의 전반적인 개요를 살펴보았다. 구아리 325·326번지 유적에서는 크게 3개의 문화층이 발견되었는데 2단계 층위에서 벽주건물지와 도로유구 등 주요 유구들이 발견되었다. 그와 동일한 층위에서 각종 토기류와 기와류, '後卩'라는 사비기 중앙행정구역의 명칭이 적힌 목간 1점이 출토되었다. 이러한 유구와 유물에 대한 검토 과정에서 이미 발간된 발굴보고서의 오류의 일부를 수정할 수 있었다.

　3장에서는 목간이 출토된 유적의 형성 시기와 의의를 살펴보았다. 목간과 함께 발견된 삼족기에 대한 검토 결과 이 유적은 6세기 후엽 이후에 조성된 것을 확인할 수 있었다. 구아리 325·326번지 유적에서 출토된 목간은 1면의 '後卩'와 '人' 등 3글자밖에 판독할 수 없었지만, 이 유적과 인접한 구아리 319번지 유적과 밀접한 연관성을 가지고 있다. 구아리 319번지 유적에서는 中部·下部·前部 등 또다른 五部의 명칭이 확인된 바 있다. 구아리 일대에서는 벽주건물지를 비롯하여 중국제 도자기와 향로형토기 등이 함께 발견되었다. 이러한 점을 고려할 때 구아리 일대에도 쌍북리 일대와 유사한 백제의 중앙행정관서가 자리하고 있었을 가능성이 있다.

▶ 핵심어: 後部, 五部, 道路, 香爐形土器, 中央行政官署

---

* 동국대학교 문화재학과 조교수

I. 머리말

2023년 2월에 부여에서 출토된 백제 목간 1점이 보고되었다. 완형으로 묵서도 선명하고 많지 않지만 글씨도 비교적 뚜렷한 편이다. 이 목간은 2020년 12월부터 2021년 2월까지 충청남도 부여군 부여읍 구아리 325번지와 326번지를 발굴하면서 발견한 것이다. 이 유적에 대한 발굴은 한국농어촌공사에서 부여군 시외버스터미널 북쪽 인접지역에 백강문화광장 여행자 쉼터를 조성하기 위한 사전 조사로 (재)백제역사문화연구원에 의해 이루어졌다. 발굴조사 면적은 833㎡ 유적 명칭은 지번과 시기를 고려하여 '부여 구아리 325·326번지 백제 생활유적'으로 보고되었다(도면 1).[1]

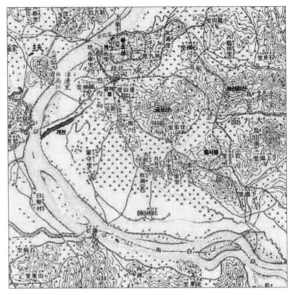

도면 1. 1910년대 부여 지형도와 구아리 325·326유적의 위치

이 유적 주변에서 북쪽으로 약 300m 떨어진 지역에는 과거 구아리사지로 알려진 구아리 백제유적이 자리하며, 그 바로 옆에는 관북리 추정왕궁지 유적이 자리한다.[2] 남쪽으로 100m 떨어진 지역에는 8점의 목간이 보고된 바 있는 구아리 319번지 중앙성결교회 유적이 위치한다.[3] 또 이 유적 주변에서는 구아리 136번지 부여보건소 신축부지유적이나 구아리 434번지 부여문화관광형시장 조성사업부지유적처럼 비교적 넓은 면적에 대한 발굴조사도 있었지만, 해당 유적에서 백제문화층에 대한 조사 내용이 드러나지 않아 이 유적과는 직접적인 관련성을 찾기 어렵다.[4]

이 글은 부여 구아리 325·326번지 유적에서 출토된 목간과 관련 유적을 소개하기 위해 작성되었다. II장에서는 목간이 출토된 유적에 대한 발굴조사 개요를 살펴보고자 한다. III장에서는 목간이 출토된 유적의 형성시기와 이곳에서 출토된 목간이 사비도성을 연구할 때 가지는 의미에 대한 약간의 고찰을 더하고자 한다.

---

1) 백제역사문화연구원, 2023, 『부여 구아리 325·326번지 백제 생활유적』.
2) 부여문화재연구소, 1993, 『부여 구아리 백제유적 발굴조사보고서』; 국립부여문화재연구소, 2009, 『부여 관북리 백제유적 발굴보고III』.
3) 심상육·이미현·이명호, 2012, 『부여 구아리 319 부여중앙성결교회유적 발굴조사보고서』, 부여군문화재보존센터.
4) 부여군문화재보존센터, 2010, 「부여군보건소 신축공사 부지 내 매장문화재 발굴(시굴)조사 약보고서」; 한얼문화유산연구원, 2012, 『부여 구아리 434번지 백제유적 : 부여 문화관광형시장 조성사업 부지 내 문화유적 발굴조사』; 한얼문화유산연구원, 2017, 『부여 보건소 건강재활센터 별동 증축부지 내 유적 발굴(시굴)조사보고서』.

II. 부여 구아리 325·326번지 유적 개요

부여 구아리 325·326번지 유적은 백제 후기 도성인 부여 시가지 서북쪽에 위치하며, 해발 120m 정도의 부소산 남서쪽에 해당한다. 이곳은 현재 도시화가 진행되어 바로 남쪽에 부여시외버스터미널이 위치하고, 사비로라는 4차선 도로의 남북도로 서쪽에 연접해 있는데 현재 지표면의 높이는 약 9.8m 정도이다.

발굴조사에서 확인된 이 유적의 층위 양상을 보면, Ⅰ층인 표토 및 근·현대 복토층인 황갈색사질점토층이 약 2.1m의 두께로 퇴적되어 있고, 그 아래에 자연퇴적된 암회색사질점토와 적갈색사질점토(Ⅱ층)가 약 40㎝ 두께로 수평 퇴적되어 있으며, Ⅲ층과 Ⅳ층이 통일신라시대부터 백제시대까지의 유구 문화층이고, Ⅴ층인 황갈색사질점토층은 유물이 포함되지 않은 기반층이다.

중요한 유구들은 3층에서 약간의 시기차를 두고 되었다(도면 2). 그 가장 상층에 해당하는 3단계에서는 삼국~통일신라시대의 석축으로 만들어진 우물이 해발 약 7m의 높이에서 노출되었다. 우물은 장방형의 잘 다듬은 장대석을 세워 6각의 평면 형태로 아랫부분을 만든 다음 윗부분은 할석을 이용해서 보강하였다. 발굴보고자는 이러한 현상에 대해 백제 사비기에 하부를 먼저 만들었고, 통일신라시대에 할석을 이용해서 보강한 것으로 설명하고 있다. 우물 내부에서는 백제 사비기에 해당하는 기대편과 평기와편이 발견되었지만, 통일신라시대에 해당하는 완 등이 공반되어 초축 시기가 백제 사비기로 소급될 가능성을 배제할 수 없지만 마지막까지 우물을 사용한 시기는 통일신라시대임이 분명하다.

2단계는 해발 6.3m 정도에서 도로 폭 3.2m의 측구가 딸린 도로시설과 도로 양변으로 나무기둥을 촘촘히 세워 만든 벽주건물지, 수혈이 딸린 굴립주건물지가 확인되었다. 건물지와 도로에서는 뚜껑, 완, 자배기, 호, 삼족기, 숫돌, 기와 등의 파편과 함께 목간 1점과 향로형토기 1점이 확인되었다. 이 유적 일대가 사비도성의 도심 속 가로구획에 포함된 생활공간이면서 비교적 높은 계층의 주거공간과도 관련될 가능성을 시사하고 있다. 1단계는 2단계의 기반층 아래에서 노출된 돌로 관로를 만든 석재 暗渠와 부정형의 자그마한 수혈인데 출토된 유물은 없다.

이러한 층위와 유구에 대한 검토에서 알 수 있는 것처럼 이 유적은 2단계 도로와 벽주건물지, 굴립주건물지가 기능하던 시기가 가장 중요하다고 할 수 있다. 도로의 폭이 3m 이상이라는 것은 사비도성 내부에서 중간 정도의 도로 크기로 보이며, 도로 인근에 이 도로를 이용했던 사람들의 생활공간인 건물이 도로 좌우에 배치된 모습을 상상해 볼 수 있다. 이 유적에서 이 가로구획이나 건물이 들어서기 전 1단계 모습은 이 일대가 아직 도시화 되기 이전으로 보인다. 이는 작은 수혈 내부에서 유물이 전혀 발견되지 않는 점, 암거의 경우 2단계의 기반시설일 가능성이 있기 때문이다. 이런 양상은 유적 북편에 위치한 왕궁 관련 유적인 부여 관북리유적이 대단위의 성토가 이루어지기 전 원지형을 유지하고 왕궁의 지원시설로 활용되던 단계(국립부여문화재연구소 2009)와 비슷한 측면이 있다.

2단계에 속하는 건물지 중에서 그나마 형태를 추정할 수 있는 것이 벽주건물지이다. 이 건물지는 조사대상지의 북서쪽에서 건물지의 동남쪽 모서리에 해당하는 일부만 확인되었다. 잔존 크기는 동서 510㎝, 남북 340㎝ 정도이며, 주공의 크기는 너비 24~56㎝, 깊이 20~67㎝ 내외였다. 굴립주건물지의 경우 동서 250㎝,

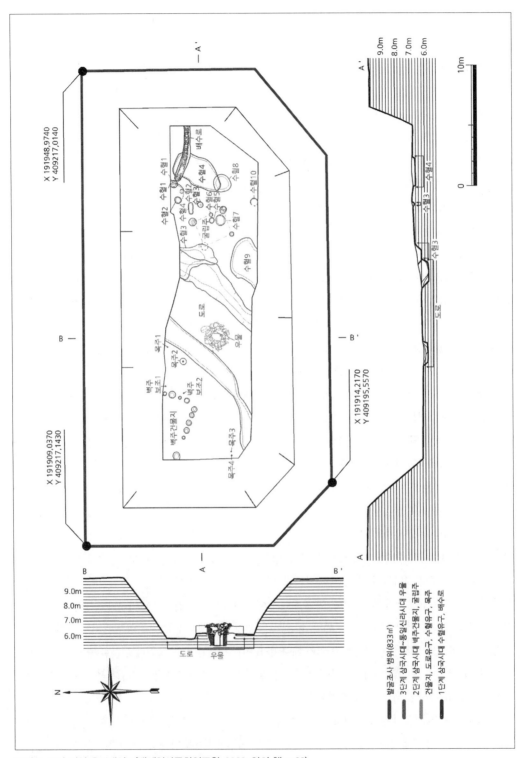

그림 2. 조사 지역 유구배치도(백제역사문화연구원, 2023, 앞의 책, p.33)

남북 330㎝로 1칸 규모만 확인되었을 뿐 전체적인 구조를 파악하기는 어려웠다.

　2단계 이후 도로시설과 건물이 사라지고 화강석으로 가공하여 만든 석조 6각 우물이 유적 가운데에 3단계에 들어선다. 그리고 이 우물은 일정한 시간이 경과한 후 깬돌로 우물 상부를 보수하여 사용했는데, 우물 내부에서 통일신라시대 완이 출토되어 보수 시기가 통일신라시대임을 알 수 있다. 그렇다면 우물이 들어서기 시작한 3단계에도 도시화된 가로구획에 일정한 변화가 있었음을 상정할 수 있다. 부여 쌍북리 뒷개유적에서는 화강석으로만 우물을 만들어 사용한 사례가 확인된 바 있다.[5] 따라서 우물을 사용하던 첫 시작을 사비도읍기로 파악할 수 있다면 이 유적의 남쪽에서 발굴된바 있는 구아리 319번지 유적과의 연관성도 상정해 볼 수 있다.[6] 다만 2단계에 해당되는 유구에서 사비도읍기 말기에 가까운 유물들이 주로 출토되고 있어 백제 멸망 이전에는 가로구획에 대한 변화가 거의 없었을 가능성도 남아 있다.

　이 유적에서 출토된 유물로는 삼족기와 개배, 완, 전달린토기, 직구호, 단경호 등 다양한 기종의 토기류와 내면에 통쪽와통의 흔적인 남아 있는 암키와 파편과 완형으로 남아 있는 유단식 수키와 파편 등의 기와류가 대부분을 차지한다. 이러한 유물 중에서 소위 향로편으로 소개된 유물이 눈에 띈다. 이 토기편은 도로 동쪽 측구에서 발견되었는데 동체 중앙에 가느다란 작은 구멍이 뚫려 있고 하단부는 결실되었다. 이러한 독특한 모양을 한 소위 透孔土器로 부여 동남리유적에 대한 발굴조사에서 파편을 포함하여 20개체가 발견되어 주목을 끌었다.[7]

　이 토기의 용도에 대해서는 중국에서 溫手器나 薰爐로 부르는 기물과 유사하다는 지적이 있었고,[8] 이동식 화로나 풍로와 같은 것으로 볼 수 있다는 견해도 제기되었다.[9] 하지만 최근에는 중국 수당대의 귀족묘 등에서 출토된 청자나 백자, 녹유도기로 만든 향로 또는 훈로로 부리는 기물들과 형태가 매우 유사하여 이를 향로형토기로 볼 수 있다는 견해가 제기되었다.[10] 중국에서 출토된 향로 중 일부 유물에는 향목의 재가 남아 있고, 부여 지역에서 출토되는 소위 투공토기와 형태가 매우 비슷한 점에서 그 가능성을 배제하기 어렵다. 사비도성에서 발견되는 이러한 투공토기는 동남리유적뿐 아니라 관북리유적과 능산리 서고분군의 건물지, 쌍북리와 구교리 건물지, 특히 이 유적 남쪽에 자리한 구아리 39번지에서도 한 점이 출토되었다. 향로로 추정되는 투공토기는 왕궁이나 사원뿐 아니라 일반인의 거주공간에서도 확인되고 있어 이러한 유물이 출토되었다고 해서 이를 곧바로 왕궁이나 관청, 사원같은 시설로 단정하기는 어려울 것이다.

　이 유적에서는 목간 1점이 출토되었다. 발굴보고서에서는 이 유물에 대해 다음과 같이 서술하고 있다. "유물번호 77, 「役丁○」 목간, 도로 서쪽 측구에서 출토된 목간이다. 평명 형태는 세장방형이고, 단면 형태는 장방형이다. 목간의 측단에는 각각 2개씩의 'V' 자형 홈이 파져 있는데, 목간을 끝으로 묶어 어딘가에 매

---

5) 부여군문화재보존센터, 2013, 『부여 뒷개 유적』.

6) 심상육 외, 2012, 앞의 책.

7) 충남대학교박물관, 2013, 『부여 동남리유적』.

8) 山本孝文, 2006, 「百濟 泗沘期 土器樣式의 成立과 展開」, 『百濟 泗沘時期 文化의 再照明』, 국립부여문화재연구소, p.154.

9) 이병호, 2014, 「고찰」, 『扶餘 東南里寺址』, 국립부여박물관, p.236.

10) 서현주, 2021, 「백제 사비기 투공토기의 용도와 출토 의미」, 『백제학보』 36, pp.98-99.

달기 위한 용도로 사용된 것으로 보인다. 한쪽 면에는 '役丁○'로 보이는 묵서가 쓰여 있다. 외면에서 목재의 섬유 방향을 눌혀 깎은 눈질이 확인된다. 잔존길이 18㎝, 너비 13.7㎝, 두께 1.3㎝"라고 서술하고 있다.[11] 발굴보고서의 부록에는 이 목간에 대한 보존처리 보고서를 함께 제시하고 있는데 수종분석 결과 '소나무'라는 것을 밝히면서, 3D스캔을 실시한 결과 그 크기가 최대 길이 269㎜, 최대폭 32㎜, 두께 3.7~4.3㎜로 서술하고 있다.[12]

발굴보고서의 본문에 대한 기술과 부록에 실린 보고서에서 가장 크게 차이를 보이는 것은 크기에 대한 것으로 길이 26.9㎝, 너비 3.2㎝, 두께 0.4㎝로 수정해야 하며, 아래쪽 일부가 부러진 것을 접합하기는 했지만 상하단이 모두 완형이기 때문에 잔존길이가 아닌 길이라고 표현하는 것이 적절하다. 또 목간의 일부에 'V' 자형 홈이 파져 있다고 서술하고 있지만, 국립부여박물관과 국립부여문화재연구소가 공동으로 주최한

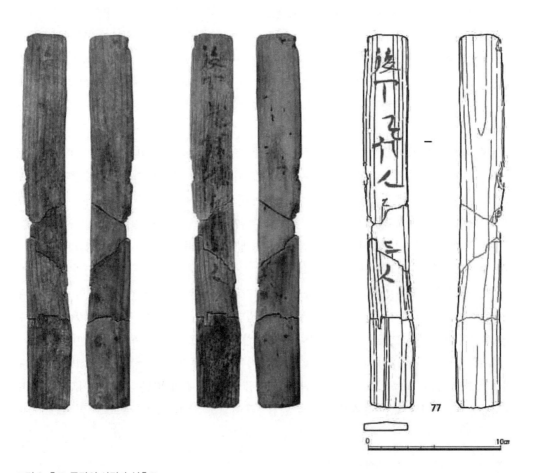

도면 3. 출토 목간의 사진과 실측도

---

11) 백제역사문화연구원, 2023, 앞의 책, pp.67-68.
12) 위의 책, pp.139-141.

특별전에 출품된 목간의 실물 관찰과 전시도록에 제시된 사진을 보면(도면 3),[13] 1면의 왼쪽 상단에서 관찰되는 홈은 인위적인 것이 아니라 우연하게 생긴 것에 지나지 않아 꼬리표처럼 매달기 위한 용도라는 서술 역시 잘못이다. 특히 이 목간에 쓴 글자를 '役丁'이라고 판독했지만 이는 '後卩'에 해당한다.[14] 국립부여박물관에서는 백제목간 관련 특별전을 준비하면서 재차 이 목간에 대한 적외선 사진 촬영을 실시했지만, 양쪽 면에 묵흔이 있다는 것을 확인하고 1면 맨 마지막에서 1글자를 추가로 확인했을 뿐 글자를 추가로 판독하기는 어려운 상황이었다. 당시 실물을 관찰하면서 조사한 내용을 참고하여 판독안을 제시하면 다음과 같다.

1면 「後卩□□□□人 」
2면 「匚   コ」
(269×32×4)

III. 목간 출토 유적의 형성 시기와 의의

목간이 출토된 부여 구아리 325·326번지 유적은 백제 사비도읍기에 확인된 도시 유적의 일부에 해당한다. 이 유적에서는 해발 9.8m의 지표면을 지하 2.6~3.5m까지 파서 3단계에 걸친 백제~통일신라시대의 도로, 우물, 건물 등의 흔적이 확인되었다. 그중 1·2단계가 백제 사비기에 해당하며, 도로의 노면과 배수로, 건물의 벽체 기둥 등이 중심 유구이다. 1910년대에 제작된 부여 일대의 지형도에는 이 일대가 논으로 경작되는 곳으로 표시되어 있다(도면 1 참조). 그리고 발굴보고서의 토층 설명에 따르면 1층인 표토 및 근현대 복토층이 약 2.1m의 두께로 퇴적되어 있고, 이곳에는 콘크리트와 쓰레기가 함께 섞여 있다고 기술된 것으로 보아 일제강점기부터 이곳이 서서히 도심으로 바뀐 것을 알 수 있다.[15]

한편, 1층 바로 아래에는 불순물이 별로 섞이지 않은 사질점토(2층)가 40㎝ 정도 수평 퇴적되어 자연퇴적된 양상을 띠고 있고, 바로 아래에 통일신라시대 유구형성층 및 백제시대 도로시설 등이 확인된다. 이는 백제가 멸망하고 통일신라시대 초기 등 일정 시간이 지나고 도심 지역이 수리체계의 붕괴 등으로 도성의 도시 기능이 상실되면서 물이 고이는 저지대가 되었기 때문으로 보인다. 그리고 일제강점기의 논 경작층이 없는 것으로 보아 2층의 원래 퇴적 두께는 40㎝보다 두꺼웠던 것으로 보인다. 이는 이 일대가 일제강점기 즈음에 도시화할 때 2층의 상부인 경작 흔적이 사라진 것으로 판단된다.

사비도성은 해발 약 20~100여m의 낮은 산지가 북쪽(부소산)과 동쪽(능산리산, 필서봉) 그리고 중앙부(금성산, 화지산)에 위치하고, 대부분의 지형은 해발 10여m 내외인 비교적 저지대에 해당하는 현재의 부여

---

13) 국립부여박물관, 2023, 『백제 목간, 나무에 쓴 백제 이야기』, p.42.

14) 부여 궁남지 출토 "西卩後巷"명 목간에서 가장 유사한 글자체를 확인할 수 있어 참고된다. 위의 책, p.40.

15) 백제역사문화연구원, 2023, 앞의 책, p.35.

시가지인데, 여기에 도성지가 금강 본류의 동쪽에 붙어 있는 곳이기도 하다. 따라서 이곳은 금강의 지대한 영향을 감수해야만 했던 곳이다. 그리고 그간의 발굴을 통해 사비도성지 내부가 초기 구릉지 및 말단부 개발에서 이후 구릉의 곡부와 충적지가 개발되면서 도성 내부가 점진적으로 채워지는 방향으로 전개되었다고 이해되어 왔는데,[16] 이러한 현상은 금강 본류 및 이와 연결되는 사비도성 내외부의 지류 등의 수리체계 개선과 유기적 관련성이 있음은 쉽게 추정할 수 있을 것이다. 이러한 것을 보여주는 것이 사비도성 내부의 발굴에서 드러나는 배수로가 딸린 도로시설과 周溝 및 구상유구, 수로 등으로 보고된 시설물이라 하겠다.

구아리 325·326 유적에서 목간이 출토된 2단계의 형성 시기를 추정할 수 있는 자료가 토기류이다. 이 유적의 2단계 층위에서 여러 점의 삼족기가 출토되었는데 土田純子에 의하면 사비기의 삼족기는 배신 모양이 원통형의 삼족기가 사비Ⅰ에 해당하며, 사비Ⅱ기에는 배신이 평평한 것으로 변화한다는 연구가 있다.[17] 이에 따라 유적에서 출토된 삼족기를 도면4처럼 분류하면 2단계 층에서 삼족기의 배신이 원통형과 평평한 것이 공반되는 현상이 관찰되기 때문에 백제 상층의 연대는 600년을 전후한 시점 이후로 판단해도 크게 무리가 없을 것이다. 백제 하층인 1단계는 수혈유구와 석축으로 만들어진 배수로인 암거가 확인되었는데 아무런 유물이 출토되지 않았고, 암거의 경우 2단계 시설물의 기초시설일 가능성이 있기 때문에 시기를 가늠할 수 없지만, 2단계 층 유구에서 사비Ⅰ기에 해당하는 유물이 포함되어 있기 때문에 6세기 후반 이전부터 이곳이 도시화하기 시작했음은 쉽게 유추할 수 있다. 즉 도로시설물은 사비Ⅰ기의 어느 시점에 개설되어 사비Ⅱ기까지 계속 사용되었음을 짐작할 수 있다.

이러한 검토 결과 구아리 325·326 유적 일대는 600년 이전부터 사비도성의 가로구획 편제로 개발되었

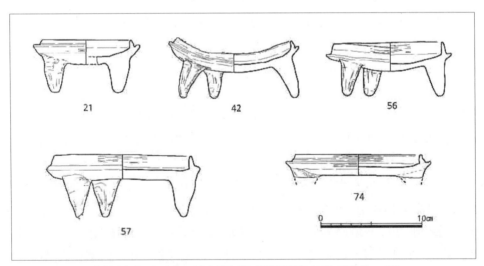

도면 4. 사비Ⅰ·Ⅱ기에 해당하는 유적 출토 삼족기(백제역사문화연구원, 2023, 앞의 책, p.129)

---

16) 심상육, 2020, 「발굴자료를 통해 본 사비도성의 변천과 경관」, 『백제문화』 62, pp.38-43.
17) 土田純子, 2015, 『百濟土器 東아시아 교차편년 연구』, 서경문화사.

음을 가늠해 볼 수 있다. 이는 유적에서 남으로 150m 떨어져 2010년에 발굴된 구아리 319번지 유적과도 연관된다.[18] 구아리 319번지 유적은 백제 사비기 도시유적이 6세기 말에서 7세기 초를 경계로 1단계(하층, 사가원림과 관련된 웅덩이와 양변의 수로, 조경수 등의 시설물이 있다가 쓰레기장으로 바뀜)와 2단계(상층, 건물 등 주거 공간으로 변화)로 구분되는 양상과 연동되는 것으로 보이기 때문이다. 물론 구아리 319번지 유적에서는 1단계(백제 하층) 층에서 소위 편지 목간이 수습되었고, 구아리 325·326번지 유적에서는 2단계(백제 상층)에서 출토되었지만, 목간이 잔존될 가능성이 높은 시설물이 구아리 319번지 유적에서는 하층인 웅덩이 등에만 있고 상층은 건물지만 확인되어 목간 출토 가능성이 낮은 반면에, 사비Ⅰ·Ⅱ기에 모두 도로의 배수로가 존재했던 구아리 325·326번지 유적에서는 사비Ⅱ기 목간의 잔존 가능성이 높기 때문이다.

따라서 이를 좀 적극적으로 해석하면 이 일대에서는 사비Ⅰ기와 사비Ⅱ기에 목간을 사용한 모종의 시설이 있었음을 추정해 볼 수 있다. 구아리 325·326번지 유적이 위치한 장소는 백제 사비도읍기 당시 왕궁 권역인 부소산과 관북리 일대의 바로 남서편에 해당하며 관북리유적에서는 불과 400m 밖에 떨어져 있지 않는 곳이다. 따라서 '後部'라는 사비도성의 행정구역 명칭이 등장하는 목간이 출토된 이 유적은 사원이나 일반인 주거공간이라기보다는 좀더 공적인 시설일 가능성을 배제하기 어려울 것 같다.

구아리 325·326번지 유적에서는 '후부'가 적힌 목간 1점만 발굴되었지만, 바로 인접한 319번지 유적에서는 中部와 下部, 前部 등이 기록된 목간과 함께 隋代 靑磁多足硯이 발견된 바 있다. 이러한 현상은 구아리 325·326번지 유적과 319번지 일대를 포괄하는 넓은 지역이 일반적인 주거공간일 가능성을 배제할 수 없지만 관청과 같은 시설이 존재했을 가능성을 보여주고 있다. 또 이러한 현상은 부여 지역에서 구아리유적과 가장 멀리 떨어진 동쪽 지역에 해당하는 쌍북리 일대를 外椋部와 같은 사비기 중앙행정관서의 일부로 추정하는 견해와 좋은 대비를 이룬다.[19] 쌍북리 일대는 공주에서 부여로 들어오는 길목에 해당하고, 부소산성 북문지나 북포 지역과도 연결되는 장소에 해당한다. 이에 반해 구아리 일대는 구드래나루를 통해 많은 사람과 물자가 유통될 수 있는 장소라 할 수 있다. 구아리 일대는 아직까지 쌍북리 일대만큼 목간의 출토 빈도가 높지 않지만 구아리 325·326번지 유적과 319번지 유적의 하층에서 드러난 넓은 저습지 지형은 향후 이 지역에 대한 발굴조사 성과에 대한 기대를 높여주고 있다.

구아리 일대에 대한 고지형을 비롯하여 주변 발굴 결과를 감안하면, 부소산의 남쪽에서 발원한 물이 앞쪽의 금성산의 영향으로 남서향하여 지금은 복개되어 지면에서는 확인되지 않는 '개천'이란 작은 실개천이 흘렀던 곳으로 부여시가지 내에서도 비교적 지대가 낮은 곳에 해당한다. 구아리 325·326번지 유적에서 백제시대 문화층이 확인된 높이가 해발 6~7m이고, 구아리 319번지 유적이 해발 5~6m이다. 이런 장소에 대한 개발은 수리체계의 개선 없이는 도심 시설이 들어서기 곤란한 곳에 해당한다.[20] 따라서 구아리

---

18) 심상육 외, 2012, 앞의 책; 심상육·김영문, 2015, 「부여 구아리 319 유적 출토 편지 목간의 이해」, 『목간과 문자』 15; 심상육, 2023, 「부여 지역 백제 목간의 발굴 현황과 분포」, 『목간과 문자』 23.

19) 이병호, 2023, 「부여 쌍북리 56번지 목간의 제작시기와 유적의 성격」, 『목간과 문자』 23.

20) 부여 시가지의 수리 체계에 대한 기초적인 검토는 다음을 참조. 김경택, 2012, 「사비도성의 배수체계 변천에 대한 시론적 고찰」, 『한국상고사학보』 77.

325·326번지 유적 일대는 비교적 저지대에 해당하는 곳으로 사비도성으로 처음 천도한 직후부터 개발되었다기보다는 그보다 한두 단계 늦은 단계에 개발된 것으로 보아 문제가 없을 것이다.

Ⅳ. 맺음말

이상에서 부여 구아리 325·326번지 유적에서 출토된 목간 1점과 목간이 출토된 유적에 대한 전반적인 검토를 진행하였다. 그 과정에서 이미 발간된 발굴보고서 내용의 일부를 수정·보완하고 목간이 출토된 유적의 형성 시기나 주변 유적과의 관계에 대해서도 약간의 고찰을 더할 수 있었다. 이곳에서 출토된 목간은 1면의 後部와 人 등 3글자밖에 판독할 수 없는 매우 단편적인 자료에 불과하지만, 바로 남쪽에 위치하는 구아리 319번지 유적과 연관성이 높다는 점에서 주의를 요한다. 두 유적은 사비 천도 직후라기보다는 그보다 약간 더 늦은 6세기 후엽에 주거지 등 인위적인 시설들이 들어서기 시작하고, 後部뿐만 아니라 中部·下部·前部 등 사비기 중앙행정구역인 五部의 명칭이 확인되어 향후 주변 지역에서 더 많은 목간이 발견될 가능성을 예견해 주고 있다. 더욱이 중국제 도자기나 향로형토기 등이 함께 발견되는 현상은 구아리 일대에 쌍북리 일대와 비슷하게 백제 중앙행정관서의 일부가 자리했을 가능성을 시사해 주고 있다.

투고일: 2023.11.18.　　　　심사개시일: 2023.11.27.　　　　심사완료일: 2023.12.05.

참고문헌

국립부여문화재연구소, 2009, 『부여 관북리 백제유적 발굴보고 Ⅲ』.

국립부여박물관, 2023, 『백제 목간, 나무에 쓴 백제 이야기』.

김경택, 2012, 「사비도성의 배수체계 변천에 대한 시론적 고찰」, 『한국상고사학보』 77.

백제역사문화연구원, 2023, 『부여 구아리 325·326번지 백제 생활유적』.

부여군문화재보존센터, 2010, 「부여군보건소 신축공사 부지 내 매장문화재 발굴(시굴)조사 약보고서」.

부여군문화재보존센터, 2012, 『부여 구아리 319 부여중앙성결교회유적 발굴조사보고서』.

부여군문화재보존센터, 2013, 『부여 뒷개 유적』.

부여문화재연구소, 1993, 『부여 구아리 백제유적 발굴조사보고서』.

山本孝文, 2006, 「百濟 泗沘期 土器樣式의 成立과 展開」, 『百濟 泗沘時期 文化의 再照明』, 국립부여문화재연구소.

서현주, 2021, 「백제 사비기 투공토기의 용도와 출토 의미」, 『백제학보』 36.

심상육, 2020, 「발굴자료를 통해 본 사비도성의 변천과 경관」, 『백제문화』 62.

심상육, 2020, 「발굴자료를 통해 본 사비도성의 변천과 경관」, 『백제문화』 62.

심상육, 2023, 「부여 지역 백제 목간의 발굴 현황과 분포」, 『목간과 문자』 23.

심상육·김영문, 2015, 「부여 구아리 319 유적 출토 편지 목간의 이해」, 『목간과 문자』 15.

심상육·이미현·이명호, 2012, 『부여 구아리 319 부여중앙성결교회유적 발굴조사보고서』, 부여군문화재보존센터.

이병호, 2014, 「고찰」, 『扶餘 東南里寺址』, 국립부여박물관.

이병호, 2023, 「부여 쌍북리 56번지 목간의 제작시기와 유적의 성격」, 『목간과 문자』 23.

충남대학교박물관, 2013, 『부여 동남리유적』.

土田純子, 2015, 『百濟土器 東아시아 교차편년 연구』, 서경문화사.

한얼문화유산연구원, 2012, 『부여 구아리 434번지 백제유적 : 부여 문화관광형시장 조성사업 부지 내 문화유적 발굴조사』.

한얼문화유산연구원, 2017, 『부여 보건소 건강재활센터 별동 증축부지 내 유적 발굴(시굴)조사보고서』.

〈Abstract〉

An Introduction to the Wooden Tablet Excavated at 325·326 Guari, Buyeo

Lee, Byongho

This article was written for the purpose of reviewing the remains excavated from the ruins of 325·326 Guari, Buyeo, excavated by the Baekje Institute of History and Culture. In Chapter 2, an overall overview of the ruins from which the wooden tablet was excavated was examined. In the ruins of 325·326 Guari, three major cultural layers were found, and major relics such as *byeokju*壁柱 building site and remains of a road were found on the second floor. On the same level, various earthenware and roof tiles, and a wooden tablet with the name of the *Sabi* period Central Administrative District, "*hubu*後卩", were excavated. In the course of reviewing these remains and relics, some of the errors in the excavation report that had already been published could be corrected.

Chapter 3 examines the formation period and significance of the ruins from which the wooden tablet was excavated. As a result of a review of the three-legged earthenware discovered along with the wooden tablet, it was confirmed that the ruins were built after the late 6th century. The wooden tablet excavated from the ruins of 325·326 Guari could only read three letters, including "*hubu*後卩" and "*in*人" on the front page, but it is closely related to the ruins of 319 Guari adjacent to the ruins. In the ruins of 319 Guari, the names of other *five-bu*五部, such as *jungbu*中部, *habu*下部, *jeonbu*前部 and front, have been confirmed. In the Guari area, chinese inkstone ceramics and earthenware shaped like incense burner, as well as the *byeokju* building site, were found together. Considering this, it is possible that Baekje's central administrative office similar to that of Ssangbuk-ri was located in the Guari area.

▶ Key words: hubu, five-bu, remains of a road, earthenware shaped like incense burner, central administrative office

論山 皇華山城 出土 瓦銘文에 나타난 지명 표기 '葛那城, 笠乃, 立乃' 등의 국어사적 의의[*]

-漢字 지식 문화의 수용 과정과 관련하여-

이건식[**]

Ⅰ. 서언
Ⅱ. '백제 현명 加知奈縣, 신라 경덕왕 개정 현명 市津, 고려사 薪浦' 등의 관련 지명 표기
Ⅲ. 加知那, 市津, 薪浦 등의 별칭 관계
Ⅳ. 加知奈의 이표기 또는 유관된 표기 '葛那, 加乙乃, 笠乃, 立乃, 仁川' 등의 국어사적 의의
Ⅴ. 결언

〈국문초록〉

이 글은 論山 皇華山城에서 出土된 기와 銘文에 나타난 '葛那城, 笠乃, 立乃' 등의 지명 표기와 '백제의 縣名인 加知奈縣과 加乙乃' 등의 이표기 관계에 주목하여 이들 이표기 또는 유관된 표기가 시사해 주는 국어사적 의의를 연구하였다.

'葛那城丁巳瓦' 명문의 丁巳가 532년으로 추정된다는 사실은 '加知奈縣, 加乙乃, 葛那城, 笠乃, 立乃' 등의 이표기 또는 유관된 표기 관계를 이해하는 데에 도움을 준다.

'加知'는 '*가디'를 표기한 것인데 '加乙乃, 葛那' 등은 '*갈'을 표기한 것이다. 이를 근거로 532년 무렵인 백제 말기에 'ㄷ〉ㄹ'의 변화가 발생했고, 어말 모음의 탈락이 발생했음을 알 수 있다.

'*갈'을 음차 표기한 '加乙乃, 葛那' 등은 笠乃의 笠이 訓讀 표기일 가능성을 열어주고, '加知/*가지, 加乙/*갈, 葛/*갈' 등이 '갓[冠]'의 뜻임을 시사해 준다. 그리고 笠乃가 통일 신라 시대의 표기임을 확인해 준다.

'加知奈, 市津, 薪浦' 등은 하천명이다. 이들은 이표기 관계에 있는 것이 아니라 별칭 관계에 있음을 언급하였다. 加知奈의 유관된 표기인 仁川이 상류 지역 하천명에 유지된 것에 근거한 것이었다.

---

* 이 글은 2023년 3월 25일(토)에 개최된 구결학회 월례강독회와 2023년 6월 16일(금)에 개최된 목간학회 정기발표회에서 발표되었다. 두 발표회에서 지적된 내용을 반영하여 이 글을 완성하였다. 지적해 주신 분들께 감사의 인사를 드린다. 또한, 이 논문은 2017년 대한민국 교육부와 한국연구재단의 지원을 받아 수행된 연구임(NRF2017S1A6A3A01079180).
** 단국대학교 문과대학 국어국문학과 교수

'加知奈, 葛那, 加乙乃, 笠乃, 立乃, 仁川' 등의 이표기 또는 유관된 표기를 근거로 지명을 차자 표기하는 방식의 변화를 파악하였다. 지명의 차자 표기에서 지명 구성소의 두 번째 요소인 유형 명칭 표기는 音假 표기에서 訓讀 표기로 변화하였으며 첫 번째 요소인 속성 명칭 표기는 '音假 표기- 통합적 音假 표기 - 분석적 音假 표기 - 訓讀 표기 - 讀字의 音假 표기 - 音假 표기' 등의 단계를 거쳤음을 확인하였다.

백제 현명인 加知奈의 이표기 또는 유관된 표기인 '葛那, 加乙乃, 笠乃, 立乃, 仁川' 등을 통하여 加知奈에 속한 加知의 의미를 '갓/冠'으로 파악하였으며, 백제 시대의 "갓/冠"은 '무더기'의 뜻인 '가리'의 의미까지 포함된 것으로 파악하였다. 또 '*가디>*가리>*갈'의 변화가 일어난 것을 근거로 백제 시기 말엽에 'ㄷ>ㄹ'의 발음 변화, 어말 모음의 탈락이 발생했음을 확인하였다.

▶ 핵심어: 地名, 皇華山城, 葛那城, 加乙乃, 笠乃, 訓讀 表記, 音假 表記

I. 서언

이 글은 論山 皇華山城에서 出土된 기와의 銘文에 나타난 '葛那城, 笠乃, 立乃' 등의 지명 표기와 '백제의 縣名인 加知奈縣과 加乙乃' 등의 異表記 관계에 주목하여 이들 이표기 또는 유관된 표기가 시사해 주는 국어사적 의의를 연구하고자 한다.

홍재선(1973)에 따르면 '葛那城丁巳瓦' 명문이 있는 암키와 1점, '笠乃'와 '立乃'가 동시에 기입된 암키와 1점, 立이 기입된 암키와 1점 등이 論山 皇華山城에서 출토되었다고 한다.[1] 홍재선은 '葛那城丁巳瓦' 명문의 암키와를 백제 시대로 추정하고,[2] 丁巳를 532년으로 추정하였다.[3] 암키와 1점, '笠乃'와 '立乃'가 동시에 기입된 암키와의 시기에 대해서는 '백제 말기'로 언급하였으나,[4] '笠乃'의 표기를 통일 신라 시대의 것으로 '立乃'의 표기를 조선 초기의 것으로 파악하였다.[5] 한편 국립박물관에 소장된 동종의 암키와에 근거하여 '葛那城丁巳瓦' 명문 암키와의 제작처를 夫餘로 추정하고 있다.[6]

그런데, '葛那城, 笠乃, 立乃' 등의 명문이 기입된 암키와가 논산의 皇華山城에서 出土되었으므로 '葛那城, 笠乃, 立乃' 등은 논산의 백제 시대 지명 표기 加知奈縣과 이표기 또는 유관 표기 관계에 있는 것으로 추정된

---

1) 필자는 2023년 3월 10일에 부여군 정림동에 소재한 '연재 홍사준 기념관'을 방문하여 홍재선 선생님으로부터 명문 기와에 대한 여러 이야기를 들었다. 洪再善 선생의 말에 따르면 1972년이나 1973년에 논산중학교에서 교사로 재직할 때에 황화산성에서 銘文이 있는 기와 3점을 발견하여 현재까지 소장하고 있다고 한다. 홍재선 선생님께 감사의 인사를 드린다.

2) 洪再善, 1983, 「論山 皇華山城考」, 『고문화』 23, 한국대학박물관협회, p.43.

3) 위의 논문, p.45.

4) 위의 논문, p.46.

5) 위의 논문, p.47.

6) 위의 논문, p.45.

다. '加知奈, 葛那' 등은 음차 표기이고 笠乃의 笠은 훈차 표기라는 점에서 이 글에서는 '笠乃'와 '立乃'가 동시에 기입된 암키와 1점의 시기를 통일 신라 시대 이후로 상정하고 '加知奈, 葛那城, 笠乃, 立乃' 등의 이표기 또는 유관된 표기 관계를 통하여 차자 표기 방법의 변화에 대한 일부 특성과 '갇[笠]' 어형 발달에 대한 변화사를 이해하고자 한다.

기존의 연구에서 백제 加知奈縣을 해독한 바 있다. 加知奈의 奈가 '내[川]'를 표기한 것에 대해서는 기존 연구에서 이견이 없었다. 그러나 加知奈縣의 加知에 대해서는 기존 연구에서 이견이 제안되었다. 加知를 이숭녕은 '갓[初]'의 의미로,[7] 김선기는 '거리[街]'의 의미로,[8] 도수희는 '가지[枝]'의 의미로,[9] 천소영은 分岐川의 의미를 가진 '거리',[10] 이강로는 市의 의미로,[11] 강헌규는 '시장'의 의미로 이해하였다.[12] 그런데 이 연구에서 다루고자 한 지명 표기 '葛那城, 笠乃, 立乃' 중에서 笠乃의 笠은 加知奈縣에 나오는 加知의 의미가 '갓[笠]'임을 시사해 주고 있는 점이 중요하다.

백제 加知奈縣의 개정 명칭으로 신라 경덕왕의 市津縣이 있었고 『삼국사기』 권37에는 加知奈縣의 이표기로 加乙乃가 소개되었고, 『고려사』에서는 薪浦가 새로이 소개되었다. 종래의 연구에서 '加知奈縣, 市津縣, 加乙乃' 등을 이표기로만 생각하여 '加知奈縣, 市津縣, 加乙乃' 등을 해독하여 왔고, 또 조선 시대 논산 지역의 주변 하천명인 '沙橋川, 私津, 草浦' 등도 '加知奈縣, 市津縣, 加乙乃' 등의 이표기일 것으로 전제하여 '加知奈縣, 市津縣, 薪浦' 등의 의미를 해독하여 왔다. 그러나 '加知奈縣, 市津縣, 薪浦' 등은 이표기 관계에 있지 않고 별칭 관계에 있음을 이 글에서 주장하고자 한다.

II. 백제 현명 '加知奈縣, 신라 경덕왕 개정 현명 市津, 고려사 薪浦' 등의 관련 지명 표기

1. 백제 현명 加知奈縣과 '加乙乃, 葛那城, 笠乃, 立乃' 등의 이표기 또는 유관된 표기 관계

加知奈縣은 백제의 현명이다.

(1) 가. 市津縣은 본래 百濟의 加知奈縣이었는데, 景德王이 이름을 고쳤다. 지금까지 그대로

---

7) 李崇寧, 1971, 「百濟語 研究와 資料面의 問題點-특히 地名의 考察을 中心으로 하여-」, 『百濟研究』 2, 충남대학교 백제연구소, p.161.
8) 김선기, 1973, 「백제 지명 속에 있는 고대 음운 변천」, 『百濟研究』 4, 충남대학교 백제연구소, p.33.
9) 都守熙, 1977, 『百濟語研究』, 百濟文化社, p.81.
10) 천소영, 1990, 『고대국어의 어휘연구』, 고려대학교 민족문화연구소, p.101.
11) 이강로, 2001, 「加知奈·加乙奈→ 市津의 해독에 대하여」, 『지명학』 5, 한국지명학회, p.59.
12) 강헌규, 2014, 「백제 지명 "加知奈縣 一云 加乙乃縣"의 어원적 연구」, 『한글』 305, 한글학회, p.5.

따른다.[13]

나. 加知奈縣 한편 加乙乃라고도 이른다.[14]

(1가)는 加知奈가 백제의 縣名이며 市津은 신라 경덕왕이 개정한 縣名임을 말하고 있다. 그리고 (1나)는 加乙乃가 加知奈縣의 이표기임을 말하고 있다.

市津의 津에 기대면 加知奈의 奈와 加乙乃의 乃는 고려 가요 「동동」의 '나릿므른'에 나오는 '나리'나 후기 중세국어의 '내ㅎ[川]' 정도를 표기한 것임은 주지의 사실이다. 지명 표기에서 川과 津은 넘나들면서 사용되기 때문이다.

加知奈의 知는 차자 표기에서 흔히 '디' 정도를 표기한 것으로 알려져 왔다. 그리고 加乙乃의 乙이 'ㄹ'을 표기한 것도 주지의 사실이다. 'ㅣ' 모음 앞에서 'ㄷ'은 'ㄹ'로 변화되었다. 이기문(1961)[15]의 주장을 이어받아 도수희는 충청도 전의현의 백제 명칭인 仇知縣의 仇知를 '구리[銅]'로 파악하였다.[16] 仇知는 *구디를 표기한 것이므로 *구디〉구리'의 변화가 일어났음을 알 수 있다. 한편, 菩提[보뎨]의 한국 발음이 '보리'인 것에서도 'ㄷ〉ㄹ'의 변화를 살필 수 있다.[17] 따라서 加知奈에서 'ㄷ〉ㄹ'의 변화와 어말 모음의 탈락을 반영한 표

표 1. 論山 皇華山城 출토 葛那城/丁巳瓦 銘文 印章 기와(전체, 부분)

葛那城/丁巳瓦 銘文 印章 기와(전체)	葛那城/丁巳瓦 銘文 印章 기와(전체)

---

13) 『三國史記』 卷36, 雜誌 第5 地理 三 新羅 德恩郡.

14) 『三國史記』 卷37, 雜誌 第6 地理 四 百濟 完山州 郡縣.

15) 이 구절은 都守熙, 1975, 「百濟語의 仇知와 實에 대하여」, 『國語學』 3, 국어학회의 기술을 그대로 가져온 것으로 이기문(1961)은 『국어사개설』인데, 1998년 신정판 『국어사개설』에서는 관련 내용을 확인할 수 없었다.

16) 都守熙, 1975, 앞의 논문.

17) 'ㄷ〉ㄹ'의 변화에 대해 이기문은 "고대국어에서 다음과 같은 단어들은 모음간의 *t를 가지고 있었는데 중세국어에서 'ㄹ'로 변

기가 加乙乃로 생각된다.

加知奈와 加乙乃의 加가 표기한 음을 추정하는 데에 논산 황화산성에서 출토된 기와 명문의 '葛那城, 笠乃, 立乃' 등이 주목된다. '葛那城/丁巳瓦'의 銘文을 印章으로 압인한 기와는 표 1과 같다.[18]

명문 葛那城丁巳瓦에서 那의 경우는 획이 분명하지 않다. 그러나 동일한 명문 기와가 현재 국립부여박물관에도 소장되어 있는데,[19] 이 기와에서는 那의 획이 분명하다.

표 2. 국립부여박물관 소장 부여 쌍북리 출토 葛那城/丁巳瓦 銘文

葛那城/丁巳瓦 銘文 印章 기와(부여박물관)	葛那城/丁巳瓦 銘文 印章 기와(부여박물관)

논산 황화산성에서 출토된 기와에서는 명문의 한자 획에 까만색이 칠해져 있지 않다. 그러나 부여 쌍북리에서 출토된 기와에서는 명문의 한자 획에 까만색이 칠해져 있다. 이 까만 색은 먹물의 흔적으로 추정된다.

논산 황화산성은 『新增東國輿地勝覽』 은진현 성곽 조에 皇華山城으로 등장하고 있다. 葛那城丁巳瓦 銘文

하였다 바돌(海), 후돌(一日), 가돌(脚) 등."으로 설명한 것(이기문, 1998, 『新訂版 國語史槪說』, 태학사, p.85)이 참고가 된다.

18) 홍재선 선생님의 후의로 2023년 3월 10일에 부여군 정림동에 소재한 '연재 홍사준 기념관'에서 논산 황화산성에서 출토된 명문 기와 3점을 촬영하였다.

19) 이 글에서 제시한 기와 명문 자료는 2023년 3월 10일 국립부여박물관의 후의로 직접 촬영한 것이다. 국립부여박물관 담당자에 따르면 이 기와가 부여 쌍북리에서 출토되었다는 사실만을 알고 있다고 한다. 그런데 홍재선 선생의 말에 따르면 일제 시기에 쌍북리 요지에서 수습되었을 것이라 한다. 한편, 충남대학교박물관, 2002, 『부여의 문화유산』, 충청남도·충남대학교박물관, p.616에도 이 기와의 사진이 실려 있다. 그러나 출토 경위에 대한 설명은 없다. 백제 시대의 기와로 추정하고 있다.

기와는 皇華山城 안에 소재한 건물지[20]에서 출토된 것이므로 皇華山城 이전의 명칭은 葛那城으로 생각된다. 신라 경덕왕의 지명 개정에 의해 백제 加知奈縣은 市津縣으로 바뀌었지만 皇華山城은 옛 지명을 그대로 유지하여 葛那城이라 지칭한 것으로 생각된다. 따라서 加知奈와 葛那는 이표기 관계에 있는 것으로 생각된다.

홍재선은 葛那城丁巳瓦 銘文 기와의 시기를 백제 시대로 추정하고 있다.[21] 葛那城의 葛은 '갈'을 표기한 것이다. 加知奈의 加知를 고려하면 국어의 'ㄷ〉ㄹ' 변화와 어말 모음의 탈락이 백제 시기에 발생했을 가능성을 시사해 준다.

'竝乃/立乃' 銘文이 양각된 암키와는 다음과 같다.

표 3. 論山 皇華山城 출토 竝乃/立乃 銘文 기와

竝乃/立乃 銘文(전체)	竝乃/立乃 銘文(부분)
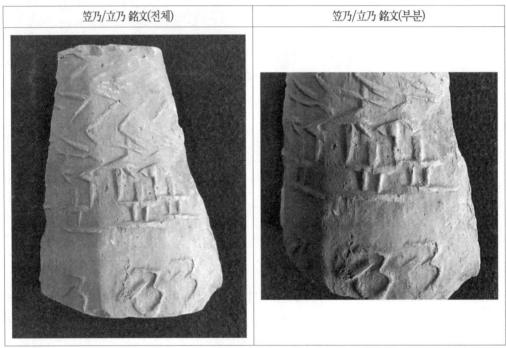	

오른쪽에서 왼쪽의 순서로 '立乃, 竝乃, 竝乃' 등의 명문이 양각되어 있다. 첫 번째 명문 立乃에는 竹의 획이 기입되지 않은 것으로 판단된다. 그런데 두 번째와 세 번째의 竝乃에서는 竹의 획이 분명히 드러나 있다. 竹의 획을 상단의 무늬로 볼 여지도 있으나 竝의 일부 획인 竹이 분명하다.

---

20) 洪再善, 1983, 앞의 논문, p.39에서 황화산성 내의 5개 건물지의 위치를 제시하고 있다. 논산교육청에서 1960년에 실시한 조사로 만들어진 황화산성실측도에 따른 것이라 한다. 위의 논문에서 논산교육청에서 1960년에 실시한 조사의 보고서 명칭을 제시하지 않아 내용을 자세히 확인할 수 없다.

21) 위의 논문, p.44.

한편, 立乃는 笘乃의 음만을 동일한 한자음으로 교체한 표기이다. 훈차 표기인 笘乃와 음차 표기인 立乃가 동시에 기입된 사실은 훈차 표기를 음독하여 동일한 음의 한자음으로 교체하는 표기법이 고려 시대 이전에도 발생했음을 시사해 주는 것이다.[22]

立이 기입된 기와는 다음과 같다.

표 4. 論山 皇華山城 출토 立 명문 기와

立	立(확대)

홍재선 선생은 立으로 판독하였다. 그러나 명문의 글자가 立인지는 분명치 않다.

'葛那城, 笘乃, 立乃' 등의 명문 기와가 논산 황화산성에서 출토되었으므로 '葛那城, 笘乃, 立乃' 등은 백제 加知奈縣의 이표기 또는 유관된 표기로 추정된다. 『新增東國輿地勝覽』의 은진현 고적 조에서 古市津이 황화산성 서남쪽에 위치했다는 기술을 참고할 때 이러한 추정은 신빙성이 있다. 특히 葛那城의 葛과 加乙乃의 加乙은 동일한 음을 표기했을 가능성을 보여 주기 때문이다.

그런데 논산 황화산성에 출토된 기와의 명문 笘乃의 笘은 加知奈縣의 加知가 후기 중세국어의 '간[笘]'의 의미임을 시사해 준다. 물론 笘이 訓假字로 사용되었다면 加知가 '간[笘]'의 의미와는 관계없는 것이라 할 수 있다. 하지만 借字 表記에서 訓主音從의 원칙이 일반적으로 적용되는 사실을 고려하면 笘乃의 笘은 훈가자가 아니라 訓讀字일 가능성이 아주 높다.

이표기 笘乃를 고려하면 백제 加知奈縣의 加知는 '*가디'를 표기한 것으로 이해된다. 이 '*가디'가 후기 중세국어에 이르러 '간[笘]'으로 전승되었다. 한편 加知奈縣이 葛那城으로 변화한 것을 근거로 '*가디/加知'가

---

22) 이건식, 2016, 「중국식 한자 지명 표기의 음가적 표음성과 비상관적 표의성」, 『지명학』 25, 한국지명학회, p.157에서는 992년에 성립되었던 『高麗史』 수록 22역도 체제 525개 驛名이 후대에 음독화되어 다른 글자로 교체되는 현상을 기술하였다.

'*가리'의 과정을 거쳐 '갈'로 변화할 수도 있음을 알 수 있다. 『鷄林類事』의 '笠 蓋 音渴'을 근거하면 12세기에 '간[笠]'은 '*갈'의 형태를 가진 어휘임을 확인할 수 있다. 결국, 백제어 '*가디'는 후기 중세국어에 이르러 '간, 갈'의 어형으로 발달하여 후기 중세국어에서는 쌍형어의 모습을 보여준 것으로 이해할 수 있다.[23] 후기 중세국어에서 '갈'의 어형을 보여주는 것에는 '곳갈'이 있다.

『한국지명총람』 논산군 편에는 加乙乃城과 관련된 지명을 다음과 같이 소개하고 있다.

> (2) 가. 가을내-(加乙乃城) [산] → 황화산[24]
> 나. 갈라-성(葛羅城) [산] → 황화산[25]
> 다. 황화-산(皇華山) [가을내성, 갈라성, 황화산성, 황화대, 황화산봉수, 봉화산] [산] (중략) 사방에 성문 자리가 남아 있고, 성안에는 창고 자리가 두 곳이 있으며, 또 둥근꼴, 네모꼴의 주춧돌이 놓여 있고 홀잎 연꽃 무늬의 기와가 흙 속에서 나왔는데, "葛羅城"이라 양각되어 있어서 (하략)[26]
> 라. 아래-말[가지내현, 가을내, 갈라, 신포, 시진] [마을][27]
> (3) 아랫말 : 등화동 내에서 제일 아래가 있다고 해서 아랫말이라고 칭하였음[28]

(2가)와 (2다)의 '가을내'는 加乙乃를 음으로 적은 것으로 현지에서 부르는 지명은 아니다. (2라) '아래-말'의 이칭으로 '가지내현, 가을내, 갈라, 신포, 시진' 등을 제시한 것은 문헌 기록에 전하는 지명을 1960년 이후에 '가지내현, 가을내, 갈라, 신포, 시진' 등을 '아래-말'로 비정한 것으로 생각된다. (3)에서 보는 바와 같이 1959년 지명 조사 시에는 '아래말'의 이칭으로 '가지내현, 가을내, 갈라, 신포, 시진' 등이 조사되지 않았다.

(2다)에서 "홀잎 연꽃 무늬의 기와가 흙 속에서 나왔는데, '갈라성(葛羅城)'이라 양각되어 있어서"라는 설명은 문제가 있다. 갈라성(葛羅城)'이라 양각된 기와의 존재는 현재 확인할 수 없기 때문이다. 이 설명은 '葛那城/丁巳瓦 銘文' 기와에 대한 설명을 잘못 기술한 것으로 이해된다.

2. 신라 경덕왕 개정 현명 市津과 별칭 利樓津

百濟 加知奈縣을 신라 경덕왕이 市津縣으로 개정한 사실은 『삼국사기』에 기록되어 있으며 이 기록은 앞에서 이미 제시했다. 경덕왕의 개정 명칭은 본래 명칭의 의미를 보존하여 한자로 개정할 수도 있으나 본래 명칭과는 의미가 다른 명칭으로 개정했을 가능성도 있다. 加知奈縣을 경덕왕이 개정한 명칭 市津縣은 加知

---

23) 『訓蒙字會』 中:15에 보이는 '간/笠'과 『訓蒙字會』 中:22에 보이는 '곳갈/冠'의 갈은 의미가 같은 것으로 파악된다.
24) 한글학회, 1988, 『한국지명총람 4 충남편(상)』, 논산군 산천.
25) 위의 책, 논산군 산천.
26) 위의 책, 논산군 산천.
27) 위의 책, 논산군 논산읍 동화동.
28) 『1959년 전국지명조사철 논산군 편』, 등화리.

柰縣과는 의미가 다른 계통의 명칭일 가능성이 다음 자료로 확인될 수 있다.

(4) 가. 市津浦 古有利樓, 疑卽此[29]
나. 市津浦 在市津縣 商舶所集 連檣接梔 人物雜沓互市 故名 尹淮云古有利樓津 疑卽此[30]
다. 市津浦 옛 市津縣에 있으니, 지금 治所와의 거리는 서북쪽으로 12리이다. 세속에서는 私津이라고 부르니, 바로 連山縣 草浦의 하류로서, 서쪽으로 흘러 금강의 江景渡로 들어간다. 바다 조수와 서로 이어져서 商船들이 모이는 곳이니, 돛대와 노가 연접하고 사람들과 물품이 잡다하게 이르러 교역하므로 그러한 이름이 붙여졌다. 본조 尹淮가 말하기를 "예전에 利樓津이 있었다고 하였는데, 혹시 이곳이 아닌가 한다." 하였다.[31]

(4)에서 보듯이 조선시대 지지 자료 편찬자는 경덕왕 개정 명칭인 市津의 市 의미를 場市의 의미로 이해하고 있다.

市津의 별칭으로 제시된 (4가) 利樓와 (4나)와 (4다)의 利樓津에서의 利를 도수희에서는 차자 표기로 '길미'의 의미로 파악하려는 시도를 하였다.[32] 그런데 利樓와 유사한 의미를 가진 '利穴, 利藪, 利窟' 등의 한자어가 중국과 한국의 문헌에서 사용된 것이 확인된다.

(5) 가. 【利穴 이혈】 이익의 원천. 利孔. /唐, 白居易《策林 1, 不奪人利》王者不殖貨利, 不言有無. 耗羡之財不入於府庫, 析毫之計不行於朝廷者, 慮其利穴開而罪梯構. /明, 歸有光《乞休申文》今縣之可以爲利穴者, 不過人命·强盜·糧長·徭役.[33]
나. 【利藪 이수】 이익이 집중되는 곳.《警世通言, 金令史美婢酬秀童》那庫房舊例, 一吏輪管兩季, 任憑縣主隨意點的. 衆吏因見是個利藪, 人人思想要管.〈漢韓大辭典〉
다. 그 사이에 가혹하게 마구 거두어들이는 신하들이 경쟁적으로 利窟(稅源)을 개발해서 다투어 선여(羨餘)를 바치곤 하는데,[34]
(6) 가. 【利窟 이굴】 잇구멍. 이곳이 생길 만한 일거리나 기회. 利穴. 利藪.《朝鮮光海君日記 32, 2年8月壬寅》政院啓曰, 一自顧崔嚴萬太監, 兩使經過之後, 用銀之聲, 聞於中國, 遼廣

29) 『世宗實錄地理志』 忠淸道 公州牧 恩津縣.
30) 『新增東國輿地勝覽』 恩津 山川.
31) 『東國輿地誌』 恩津 山川, "市津浦 在古市津縣 距今治西北十二里 俗稱私津 卽連山縣草浦下流 西流入錦江江景渡 海潮相連 商舶所集 連檣接梔 人物雜沓互市 故名 本朝尹淮云 古有利樓津 疑卽此".
32) 都守熙, 1997, 『百濟語硏究』, 百濟文化社, p.98.
33) 단국대 동양학연구소, 1999-2008, 『漢韓大辭典』.
34) 『稼亭先生文集』 卷之十三, 策 財用盈虛戶口增減爲國者止深計 鄕試策, "間有掊克聚斂之臣 競開利窟 爭進羨餘".

各衙門, 以本國作一利窟, 委送差官, 項背相望.[35)]

나. 【利穴 이혈】 "利窟"과 같다. 《朝鮮中宗實錄 69, 25年9月己酉》 自古昏亂之時, 戚畹之屬, 因緣私獻, 曲希恩寵, 邪謀利穴, 無所不至.[36)]

한어 利穴이 당나라 시대에 사용되었고, 利藪는 청나라 시대에 사용되었으며, 『조선왕조실록』에 利穴과 利窟이 사용된 사실을 고려하면, 利樓는 차자 표기가 아니라 한자어이다. '利穴, 利藪, 利窟' 등에서는 이익이 나오는 원천을 '穴[구멍], 藪[숲], 窟[굴]' 등으로 표현했으나 利樓는 이익이 나오는 원천을 '樓[다락]'으로 표현한 것으로 추정된다. (5다)는 李穀(1298~1351)의 시대에 우리 나라에서 한자어 利窟이 사용되었음을 말해 주고 있다. 利樓를 언급한 尹淮(1380~1436)는 여말 선초 시기의 인물이므로 利樓는 여말선초 시기의 한자어로 생각된다. 결국 利樓는 '이익이 나오는 다락' 정도의 의미로 市津과 유사한 의미를 가진 것으로 이해할 수 있다. 따라서 市津과 加知奈는 유사한 의미를 가진 것으로 파악할 수 없다.

3. 『고려사』에 제시된 加知奈縣의 별칭 薪浦

백제 加知奈縣의 별칭인 薪浦는 『고려사』에 처음 언급되었다.

(7) 가. 市津縣本百濟加知奈縣【一云加乙乃 一云薪浦】 新羅景德王 改今名 爲德恩郡領縣 顯宗九年 來屬 有市津浦[37)]

나. 市津縣 本百濟加知奈縣 一云加乙乃 一云薪浦 新羅景德王改市津[38)]

이 글에서 薪浦를 加知奈縣의 별칭으로 규정한 것은 '加知奈縣, 加乙乃, 葛那城, 笠乃, 立乃, 市津' 등과 薪浦를 이표기 관계로 전혀 상정할 수 없기 때문이다. 市津이 '加知奈縣, 加乙乃, 葛那城, 笠乃, 立乃' 등의 별칭이듯이 薪浦도 '加知奈縣, 加乙乃, 葛那城, 笠乃, 立乃' 등의 별칭으로 생각된다. 또한 薪浦는 市津의 별칭이기도 하다. 이러한 주장의 논거는 다음 절에서 제시하도록 한다.

---

35) 단국대 동양학연구소, 1997, 『韓國漢字語辭典』.

36) 위의 책.

37) 『高麗史』 卷五十六, 志 卷第十 地理 一 楊廣道 公州 市津縣.

38) 『新增東國輿地勝覽』 恩津 建置沿革.

III. 加知那, 市津, 薪浦 등의 별칭 관계

1. 조선 시대 논산 지역 하천과 경로

'加知那, 市津, 薪浦' 등의 별칭 관계를 이해하기 위해서는 조선 시대 논산 지역의 하천명을 논의할 필요가 있다.

1914년에 실시된 행정 구역 통폐합으로 논산군이 성립되었다. 『한국지명총람』의 논산군 조의 설명에 따르면, "恩津郡, 연산군, 노성군, 석성군, 공주군, 전라북도 여산군, 전라북도 고산군 등의 전부나 일부를 병합하여 1914년에 논산군이 출발하였다."

'恩津郡, 連山郡, 魯城郡' 등의 하천 경로와 명칭은 규장각 소장 김정호의 「東輿圖」에 다음과 같이 설명되었다. 독자의 편의를 위하여 하천의 경로를 ←로 표시하였다.

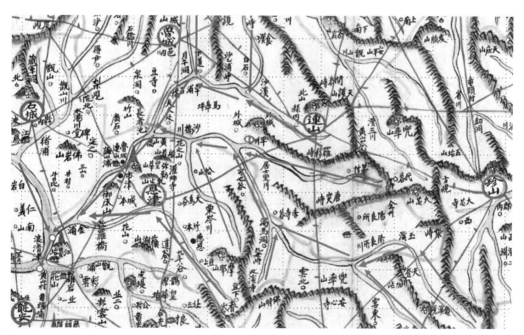

그림 1. 金正浩 東輿圖(奎10340-v.1-23)의 일부

〈그림 1〉에서 은진현 왼쪽의 물줄기에 市津이 표시되었다. 市津의 이 물줄기는 상류의 여러 물줄기가 하나로 합해진 것이다. 그런데 조선 시대 地誌 資料에서는 市津 물줄기의 본류를 다음과 같이 설명하고 있다.

(8) 가. 市津源出鎭安珠崒山之陰 西流爲龍溪 過陽良所川 經佛明山 由渴馬洞 西北流爲居士川
　　　爲私津北會草浦 西南流經黃山橋 入江景浦[39)]

나. 草浦源出公州雞龍山 西南流過沙溪 經尼山縣 爲草浦 入市津[40]

(9) 市津浦 一云論山浦 北十二里 出鎭安珠崒山之陰 西流爲高山龍溪 過陽良所川 經佛明山 由渴馬洞 爲連山居斯里同布川 北流爲私津 右會草浦 西南流經黃山橋 環江景臺之北 入于白江[41]

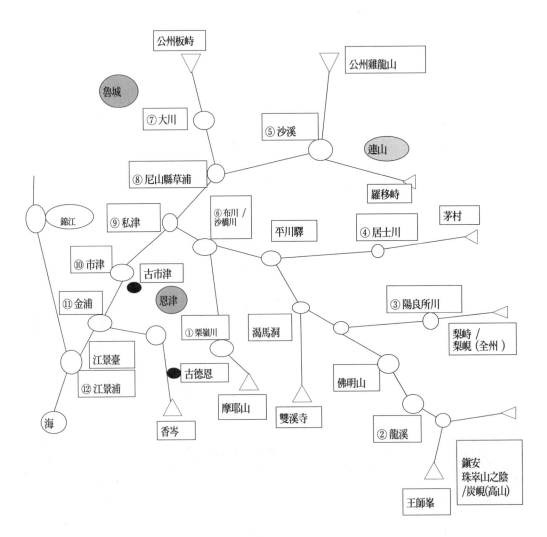

그림 2. 조선 시대 논산 지역 하천의 경로와 하천의 명칭

39) 『東國文獻備考』卷之十一, 輿地考六 山川.

40) 『東國文獻備考』卷之十一, 輿地考六 山川.

41) 『大東地志』恩津 山川.

(8가)와 (9)는 9개의 물줄기가 합쳐진 市津의 본류가 鎭安의 珠崒山의 陰에서 발원하는 것으로 기술하고 있다. 珠崒山의 陰은 전라도 고산현의 炭峴을 말한다.

〈그림 1〉과 (8), (9) 등을 활용하여 조선 시대 논산 지역에 흐르던 하천의 경로를 제시하면 〈그림 2〉와 같다. 독자의 이해를 위하여 '노성현, 연산현, 은진현' 등의 조선 시대 읍치를 함께 제시한다. 또한 古市津과 古德恩의 위치는 ●로 표시한다.

市津의 상류 하천 명칭 '沙橋川, 草浦, 私津' 등이 '加知那, 市津, 薪浦' 등의 별칭 관계를 파악하는 데에 도움이 되는 단서로 생각된다.

2. 경덕왕 개정 명칭 市津 등장으로 인한 '加知奈/笠乃/立乃/仁川' 하천명의 위치 변경

加知那는 황화산성 서남쪽의 하천명인데, 경덕왕 개정 명칭 市津의 등장으로 加知那란 하천 명칭은 상류의 하천명으로만 존재해 온 것으로 추정된다.

백제 시대 표기 加知那와 그 이표기 또는 유관된 표기인 논산 황화산성 출토 기와 명문의 '加知那, 笠乃, 立乃' 등과 관련하여 〈그림 2〉에는 제시되지 않았지만 仁川이란 하천명이 주목된다.

(10) ① 栗嶺川
　　가. 栗嶺川 東十里 出豆下面 北流入于私津[42]
　　나. 栗嶺川 治東十里 源出豆下面 北流入市津[43]
(11) ① 栗嶺川
　　가. 栗嶺川 源出全羅道高山縣龍溪山 入市津浦[44]
　　나. 栗嶺川 在縣東十五里 源出全羅道高山縣龍溪山 入市津浦[45]
　　다. 仁川 在縣東北十里 一云栗嶺川 源出全羅道高山縣炭峴 過連山縣界 入市津浦[46]

(10)은 栗嶺川의 발원지를 은진현 豆下面으로 파악하고 있고, (11)은 栗嶺川의 발원지를 全羅道 高山縣 炭峴으로 파악하고 있다. (10)에서 말한 栗嶺川은 全羅道 高山縣 炭峴에서 내려 오는 물줄기와 연산현의 布川에서 만나고 있다. 그런데 (11다)에서 栗嶺川의 다른 이름이 仁川이라 하고 있다. 이것은 栗嶺川이 布川에 이르러서는 하천의 명칭이 仁川임을 말하는 것이다. 결국, (10)에서 말한 栗嶺川은 栗嶺川의 상류나 중류의 명칭을 말하는 것이며, (11)에서 말한 栗嶺川의 발원지를 全羅道 高山縣 炭峴이라 언급했으므로 여기의 栗嶺川이 全羅道 高山縣 炭峴에서 내려오는 물줄기에 합수되는 지점을 말한 것으로 생각된다.

---

42) 『大東地志』恩津 山川.
43) 『輿圖備誌』恩津 山川.
44) 『新增東國輿地勝覽』恩津 山川.
45) 『輿地圖書』恩津 山川.
46) 『東國輿地誌』恩津 山川.

仁川은 居士川의 이표기로도 제시되고 있다.

(12) ④ 居士川
　　가. 居士里川 在縣南十里 源出全羅道高山縣龍溪川 入私津[47]
　　나. 仁川 在縣南十里 一云苔溪 一云居士川 卽高山縣龍溪川下流 經恩津縣北 入市津[48]
　　다. 居士里川 在縣南十里 源出全羅道高山縣龍溪川 入沙津[49]
　　라. 居士里川 治南十里 ○右二水, 恩津市津浦上流[50]
　　마. 居斯里川 西十里 ○右二川 詳恩津市津浦[51]
(13) ② 龍鷄川
　　龍鷄川 在縣北四十里 源出炭峴梨峴 合而北流 入忠淸道連山縣界爲仁川[52]

(12가)-(12라)의 居士里川에서 士를 동일한 음인 斯로 교체한 이표기가 (12마)의 居斯里川이다. 그런데 居士里川의 이표기로 (12나)는 '仁川, 苔溪, 居士川' 등의 대응 관계를 보여 주고 있다. 居士川은 음절 수를 3음절로 줄이기 위하여 居士里川에서 里를 생략한 이표기로 추정된다.

'仁川, 苔溪, 居士川' 등의 이표기 관계에 대하여 도수희는 居斯와 苔의 대응 관계를 통하여 居의 고훈을 '잇'으로 추정하였다.[53] 또 『三國史記』와 『三國遺事』에 나오는 異次頓과 『海東高僧傳』에 나오는 居次頓을 근거로 '살다'가 아닌 居의 고훈 '잇'을 제안한 바 있다. 仁川은 현지 지명으로 '인내'로 불리우는 것으로 '苔溪/잇내'와 '居士川/잇내'의 '잇내'가 비음동화되어 '인내'로 변화된 것으로 파악하였다.

(13)은 龍鷄川이 전주와 連山縣 경계에 이르러서는 仁川으로 불리고 있음을 말하여 주고 있다. (13)에서 말한 連山縣 경계는 연산군 모촌면과 전주군 陽良所面을 지칭한 것으로 이해된다. 『한국지명총람』에서 논산군 양촌면 인천리에 대한 설명을 참고하면[54] 전주군(全州郡) 양양소면(陽良所面)을 흐르는 물줄기의 이름도 仁川이라 했기 때문이다. 결국 〈그림 2〉에 나타난 陽良所川은 陽良所面을 흐르는 물줄기 이름이고, 陽良所川이 全羅道 高山縣 炭峴에서 내려오는 물줄기에 합수되는 지점은 仁川이라 했음을 알 수 있다.

---

47) 『新增東國輿地勝覽』連山 山川.
48) 『東國輿地誌』連山 山川.
49) 『輿地圖書』連山 山川.
50) 『輿圖備誌』連山 山川.
51) 『大東地志』連山 山川.
52) 『東國輿地誌』高山 山川.
53) 都守熙, 2007, 「지명어 음운론」, 『지명학』 13, 한국지명학회, pp.128-132.
54) 한글학회, 1988, 앞의 책, 논산군 양촌면 인천리, "인천-리(仁川里)[인내, 인천리] 본래 전라북도 전주군(全州郡) 양양소면(陽良所面) 지역으로서, 인내의 이름을 따서 인내 또는 인천(仁川)이라 하였는데 1914년 행정 구역 폐합에 따라. 월장리(越場里), 본장리(本場里), 동산리(東山里), 도정리(道井里), 하광리(下光里)의 각 일부와 연산군 모촌면의 남산리(南山里) 일부를 병합하여 인천리라 하여, 논산군 양촌면에 편입됨".

조선총독부에서 1924년(大正 13) 11월 30일에 발행한 1/50,000 조선지형도 논산 도엽에서는 全羅道 高山縣 炭峴에서 내려오는 물줄기이면서 논산군 논산읍 倉里 북쪽을 흐르는 물줄기의 이름을 '仁川川/インチョンチョン'이라 하였다.

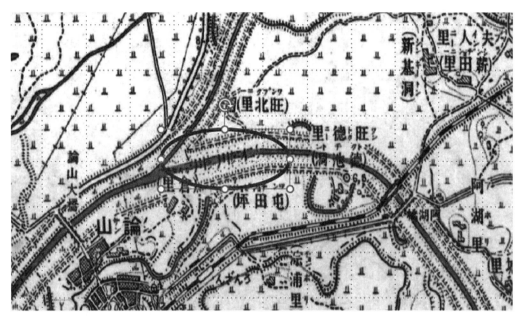

그림 3. 조선지형도 논산 도엽 仁川川

仁川이라 불린 곳의 위치를 제시하면 그림 4와 같다.
居士川의 합수 지점인 仁川은 '苔溪, 居士川' 등을 기반으로 파생된 것으로 이해할 수 있다. 그러나 '⑨私津 근처의 仁川, ⑥布川의 仁川, ③陽良所川의 합수 지점인 仁川' 등은 居士川의 합수 지점인 仁川에서 파생되었다고 이해하기 어렵다. 우리나라 하천 명칭의 변화에서 하류의 하천 명칭이 상류의 하천 명칭을 대치하는 것이 일반적이고, 그 반대의 경우는 찾아보기가 어렵기 때문이다. 결국, '⑨私津 근처의 仁川, ⑥布川의 仁川, ④居士川의 합수 지점인 仁川③, 陽良所川의 합수 지점인 仁川' 등은 논산 황화산성의 기와 명문에 나타난 笠乃와 立乃가 음독된 '입내'가 비음동화와 조음 위치 동화가 적용된 '인내'일 것으로 생각된다. 앞의 (8)에서 제시한 바 있듯이 『東國文獻備考』에서 市津의 본류를 公州 雞龍山에서 내려오는 물줄기로 파악하지 않고 全羅道 高山縣 炭峴에서 내려오는 물줄기로 파악한 사실에서도 '⑨私津 근처의 仁川, ⑥布川의 仁川, ④居士川의 합수 지점인 仁川, ③陽良所川의 합수 지점인 仁川' 등의 仁川은 하류의 명칭이 상류의 명칭에까지 확대되어 사용된 것으로 이해된다.
백제 시대 하천 명칭 加知那는 조선 시대 市津 지역의 하천 명칭이었으나 신라 경덕왕이 加知那縣을 市津縣으로 개정하여 市津 물줄기의 상류 지역에만 仁川이란 명칭으로 존속된 것으로 이해된다.

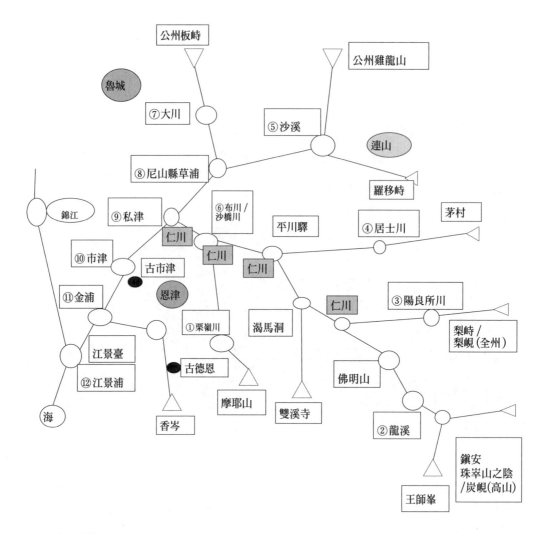

그림 4. 仁川의 위치

3. 은진현 소재 연산현 소관 連山江倉의 위치를 통해 본 薪浦의 위치

은진현에 소재했지만 연산현 소관인 連山江倉의 위치를 통하여 『고려사』에 처음으로 등장한 薪浦와 市
津의 별칭 관계를 이해해 볼 수 있다.

『新增東國輿地勝覽』과 『東國輿地誌』에서는 은진현에 소재한 창고를 언급하지 않았다. 그런데 『輿地圖書』
의 은진현 지도와 『대동지지』에서는 은진현에 소재한 세곡 창고를 다음과 같이 언급하고 있다.

(14) 輿地圖書 恩津縣 지도 일부

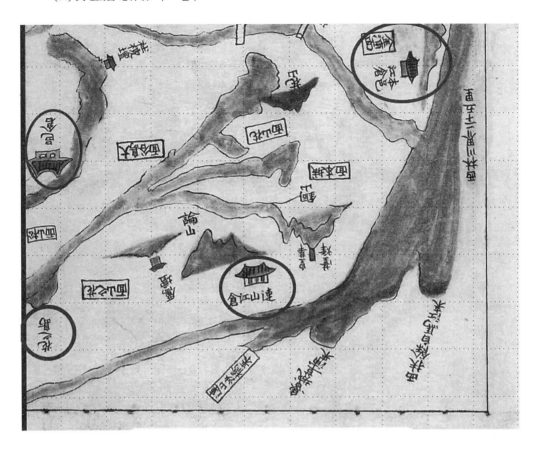

(15) 가. 邑倉[55]

　　나. 江倉 在江景浦[56]

　　다. 魯城, 連山兩邑江倉 在市津浦北岸[57]

(16) 가. 平薪鎭 外萬埣 뒷바다에서 致敗된 連山과 石城 두 고을의 田稅를 모두 실은 배의 곡
　　　　물을 수량대로 건져 낼 길이 없어 부득이 건져 내는 일을 그만두고[58]

　　나. 貢稅串은 牙山縣 서쪽 8리에 있으며,【본주 및 淸州·木川·全義·燕岐·溫水·新昌·恩
　　　　津·連山·懷德·公州·定山·懷仁·天安·鎭岑·尼山·文義의 구실은 모두 이곳에 바쳐

---

55) 『大東地志』恩津 倉庫.

56) 『大東地志』恩津 倉庫.

57) 『大東地志』恩津 倉庫.

58) 『各司謄錄』, 忠淸道篇 2, 忠淸道監營狀啓謄錄 9, 1835년 6월 14일, "平薪鎭外萬埣後洋致敗連山·石城兩邑田稅竝載船穀物 無路準
　　拯 不得已撤拯".

서 〈배로〉 犯斤川을 지나 서해를 거쳐서 西江에 다닫는데, 물길이 5백 리이다.] [59]

(14)는 은진현에 '邑倉, 連山江倉, 本邑江倉' 등 3개의 창고가 있었음을 보여 주고 있다. 本邑江倉은 은진현의 세곡을 모아두는 강경포 근처의 창고를 말한 것이다. (15) 역시 은진현에 세 개의 창고가 있었음을 말하고 있다. 連山江倉이라 하지 않고 (15다)에서는 魯城, 連山兩邑江倉이라 하고 있다. (15다)는 노성현의 세곡(稅穀)도 연산강창에 집결하여 서울로 운반되었음을 말하는 것이다. 또한 (16가)는 석성현의 세곡까지도 연산강창에 집결되었음을 말하고 있다. 連山江倉에 모여진 세곡은 아산의 貢稅串에 집결되어 서울의 京倉으로 운송되었음을 (16나)는 말하고 있다.

연산강창이 은진현에 소재했지만 연산현 소관이란 사실이 의문점이다. 이러한 의문점은 (14)에 나오는 花枝島로 그 의문점을 해소할 수 있을 것으로 생각된다. 『輿地圖書』에서는 花枝島에 대해 다음과 같이 언급하고 있다.

(17) 島嶼 花枝島 在縣北十里 自般若山東麓來 今成平陸 [60]

(17)은 섬인 花枝島가 육지가 되었음을 말하고 있다. 花枝島가 섬이라면 花枝島를 둘러싼 두 물줄기가 있어야 한다. 그런데 (14)에서는 花枝島 북쪽의 물줄기만 보이고 남쪽의 물줄기는 보이지 않고 있다. (17)에서 花枝島가 육지가 되었다고 말한 것은 화지도 남쪽의 물줄기가 사라졌음을 말하는 것이다. 본디 화지도 남쪽의 물줄기가 본류이고 하천은 직진하려는 성질에 따라 북쪽의 물줄기가 새로 생긴 것으로 이해될 수 있다. 이러한 물줄기 변화는 한강의 여의도에서도 발생했다. 한강은 용산 근처에서 영등포 쪽으로 물길이 흘러 서강 대교 부근으로 흘러 나가는 물줄기가 본류였다. 그러나 이 본류는 현재 '샛강'으로 불리고 물의 직진 성향과 홍수로 인하여 용산에서 마포대교로 흐르는 물줄기가 새로이 만들어졌다. 한강의 이같은 흐름 변화에 대해서는 강재철을 참고할 수 있다. [61]

한강의 여의도는 본디 한강 북쪽 관할 지역이었으나 여의도가 섬이 된 까닭에 이제는 한강 남쪽 지역의 관할이 된 것처럼 連山江倉도 본디 연산현 지역에 세워졌을 것이나 물줄기의 흐름 변화로 은진현에 소재된 것으로 이해할 수 있다.

그런데 연산강창이 위치했을 것으로 추정되는 마을명으로 '창리'와 '해창리' 등이 있어 연산강창 주변의 하천은 여러 번 물줄기의 흐름이 바뀐 것으로 추정된다. 조선총독부에서 1924년(대정 13) 11월 30일에 발행한 1/50,000 조선지형도 논산 도엽에 창고와 관련된 마을명 두 곳이 다음과 같이 나온다.

〈그림 5〉에서 倉里는 노성현에서 내려오는 물줄기와 연산현과 은진현을 갈라놓는 물줄기가 합수되는 私

59) 『世宗實錄地理志』 忠淸道.
60) 『輿地圖書』 恩津 山川.
61) 강재철, 2022, 「인천과 부천의 접계지 송내 권역의 지명과 조수」, 『지명학』 36, 한국지명학회.

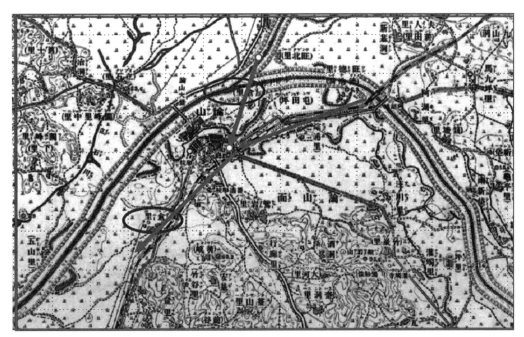

그림 5. 조선지형도 논산 도엽 논산 지역 일부

津 남쪽에 하천 근처에 위치하고 있다. 그런데 海倉里는 하천에서 멀리 떨어진 지점에 위치하고 있다. 하천에서 멀리 떨어진 지점에 해창리가 소재한다는 것은 해창리 인근 지점에 하천이 흐르고 있었음을 말하는 것이다. 다음과 같은 지명 유래는 이러한 사실을 확인해 준다

> (18) 가. 구강-펄[舊江-][들] 골말 앞에 있는 넓은 들, 전에는 이 곳에 강이 나서 상선들이 떼를 지어 들어오고 시장이 섰었는데, 백여년 전에 큰 장마로 강이 딴곳으로 통하였으므로, 구강펄이라 함[62]
> 나. 어설메 앞에 강이 있을 때에는 이 동리에는 고기잡이가 많이 살고 있다고 하여 어설매라 함.[63]

(18가)에서 말한 '골말'과 (18나)에서 말한 '어설메'는 논산군 논산읍 등화리의 자연 마을 명칭이다. 등화리는 〈그림 5〉에서는 '해창리' 남쪽의 '등리'를 말한다.

〈그림 5〉에서 ←로 표시한 것이 본디의 하천 흐름으로 생각된다. 따라서 연산강창의 본디 위치는 해창리 근처였으나 하천의 직진 성향과 홍수로 인하여 물줄기의 흐름이 변화된 결과, 연산강창의 창고가 창리로

---

62) 한글학회, 1988, 앞의 책, 충청남도 논산군 논산읍 인천리.
63) 『1959년 전국지명조사철 논산군 편』, 논산읍 동화리.

옮겨간 것으로 생각된다.

〈그림 5〉에서 창리가 소재한 하천명은 조선 시대 후기 私津으로 불리웠고, 私津의 북쪽 상류명은 草浦로 불리웠고, 동쪽 상류는 沙橋川으로 불리웠다. 沙橋川은 〈그림 5〉阿湖里 서쪽의 하천명인데 해창리 지역까지 沙橋川으로 불린 것이 아닌가 한다. 그런데 하천의 주요 흐름이 창리 북쪽으로 옮겨져서, 새로이 옮겨진 연산강창 근처의 하천명이 私津인 것으로 추정된다. 薪浦와 沙橋川의 이표기 관계에 대한 근거를 제시할 수 있고, 草浦와 私津의 이표기 관계에 대한 근거를 제시할 수 있기 때문이다.

4. 薪浦와 沙橋川의 이표기 관계

薪浦와 관련하여 倉里의 상류 지역 하천명이 沙橋川인 점이 주목된다. 薪浦와 이표기 관계에 있을 것으로 추정되는 하천명 沙橋川이 연산현에 소재하기 때문이다. 은진현에 소재했지만 연산현 소관의 창고인 連山江倉으로 인하여 薪浦가 백제 加知奈縣, 경덕왕 개정 명칭인 市津의 별칭으로 『고려사』에서 薪浦가 제시된 것으로 이해된다.

沙橋川은 '삽다리내' 정도를 표기한 것으로 생각된다. 조선 시대 지지 자료에서 연산현 沙橋川에 대해 다음과 같이 기술하고 있다.

(19) 가. 布川 一云沙橋川 西二十五里[64]

   나. 布川 一云沙橋川 治西二十五里[65]

(20) 沙橋里 사다리[66]

(19)는 布川의 별칭이 沙橋川임을 말하고 있다. (20)의 '사다리'는 沙橋川이 '삽다리내' 정도를 표기했음을 알려 주고 있다. 이를 확인해 주는 자료는 다음과 같다.

(21) 가. 沙橋浦 삽다리기[67]

   나. 沙橋 삽다리[68]

   다. 沙橋里 삽다리[69]

   라. 沙橋 삽다리[70]

---

64) 『大東地志』 連山 山水.

65) 『輿圖備誌』 連山 山川.

66) 『朝鮮地誌資料』 連山郡 赤寺谷面 洞里村名.

67) 『朝鮮地誌資料』 全羅南道 3-1 木浦府郡 多慶面 江名.

68) 『朝鮮地誌資料』 全羅南道 3-1 木浦府郡 多慶面 酒幕名.

69) 『朝鮮地誌資料』 忠淸南道 1-1 魯城郡 長久面 洞里村名.

70) 『朝鮮地誌資料』 全羅南道 3-1 木浦府郡 多慶面 酒幕名.

마. 沙橋里 삽다리[71]

바. 沙橋浦 삽다리기[72]

『新增東國輿地勝覽』충청도 덕산현 산천 조에 수록된 沙邑橋川을 고려할 때, (21)의 沙橋는 沙邑橋의 생략 표기임을 알 수 있다. 그런데 '삽다리'는 薪橋로도 표기되고 있다.

(22) 가. 薪橋川 삽다리니[73]

나. 薪橋店 삽다리주막[74]

다. 薪浦郷即鈑浦薪鈑方言相類。[75]

(22가)와 (22나)는 薪이 '삽'을 표기한 사례이며 (22다)는 薪이 그 훈인 '섭' 뿐만 아니라 '삽'도 표기했음을 확인해 주는 것이다.

이상으로 논의한 바와 같이 『고려사』에 등장한 薪浦는 은진현 소재 연산현 소관의 창고가 소재한 倉里 또는 海倉里 상류 지역의 하천명 沙橋川과 관련이 있을 것으로 생각된다. 즉 조선 시대 私津으로 불린 곳은 본디 薪浦로 불리었으나 私津의 또 다른 명칭인 草浦의 확대에 밀려 私津의 상류명에만 沙橋川으로 존속된 것으로 이해된다.

5. 草浦와 私津의 이표기 관계

은진현 소재 연산현 소관 連山江倉은 연산현만의 명칭으로만 표현되다가 魯城連山兩邑江倉과 같이 두 현의 江倉으로 표현되고 있다.

(23) 가. 連山江倉[76]

나. 連山税倉[77]

(24) 가. 魯城連山兩邑江倉 在市津浦北岸[78]

나. 江倉 在江景浦 ○魯城、連山兩邑江倉在市津浦北岸[79]

---

71) 『朝鮮地誌資料』忠清南道 1-1 魯城郡 長久面 洞里村名.

72) 『朝鮮地誌資料』全羅南道 3-1 木浦府郡 多慶面 江名.

73) 『朝鮮地誌資料』忠清南道 1-2 鴻山郡 南面 川名.

74) 『朝鮮地誌資料』忠清南道 1-2 鴻山郡 南面 酒店名.

75) 『新增東國輿地勝覽』密陽都護府 古蹟.

76) 『輿地圖書』恩津 地圖.

77) 『恩津縣地圖』(1872).

78) 『大東地志』恩津 倉庫.

79) 『輿圖備誌』恩津 倉庫.

(23)에서 連山江倉으로만 불리던 것이 (24)에서는 魯城連山兩邑江倉으로 불리고 있다. 沙橋川은 연산현에 소재하고 있지만 草浦는 연산현과 노성현의 경계에 위치하고 있다. 그런데 沙橋川과 草浦의 합류 지점은 沙橋川으로 불리다가 魯城連山兩邑江倉으로 불리게 되면서 沙橋川이란 명칭은 합류 지점의 상류 명칭으로 존속하고 합류 지점은 草浦의 이표기로 추정되는 私津으로 불리게 된 것으로 이해된다.

私津은 다음과 같이 여러 이표기가 전해 오고 있다.

(25) 私津
　　가. 私津 在縣北十二里 卽連山縣布川、草浦之合流處[80]
　　나. 私津 在縣北十二里 卽連山縣布川、草浦之合流處[81]
　　다. 私津 北十二里 連山布川及草浦合流處[82]
　　라. 私津 治北十二里 連山之布川、草浦合流處[83]

(26) 沙津
　　가. 布川 在縣西二十六里 源出恩津縣 東入同縣沙津[84]
　　나. 草浦 在縣西二十里 源出鷄龍山 入沙津[85]

(27) 松津
　　松津在縣北十二里 卽連山縣浦川草浦合流處[86]

(28) 肆津浦
　　金海 昌原의 草場과 恩津 江景浦 肆津浦 金浦 所室 通津 造江을, 청컨대 本府에 모두 소
　　속시켜 稅를 거두어 需用에 보태게 하소서."하니, 허가하였다.[87]

(25)-(28)에서 말한 '私津, 沙津, 松津' 등은 草浦와 '沙橋川/布川'이 합류되는 지점의 하천 이름을 말한 것이므로 '私津, 沙津, 松津' 등은 이표기 관계에 있는 것이다. (28)의 肆津 역시 '私津, 沙津, 松津' 등과 이표기 관계에 있는 것으로 생각된다.

『朝鮮地誌資料』 충청남도 연산현 조에는 草浦에 대한 한글 표기가 '풋기'로 제시되어 있다. 따라서 '私津, 沙津, 松津, 肆津' 등을 직접 '풋기/草浦'의 이표기로 판단할 수 없다. 그러나 『輿地圖書』 문경현 산천 조의 '鳥

---

80) 『新增東國輿地勝覽』 恩津 山川.
81) 『輿地圖書』 恩津 山川.
82) 『大東地志』 恩津 山川.
83) 『輿圖備誌』 恩津 山川.
84) 『輿地圖書』 連山 山川.
85) 『輿地圖書』 連山 山川.
86) 『湖西邑誌』(1899) 恩津 山川.
87) 『肅宗實錄』 1703년(숙종 29) 5월 26일, "金海昌原草場 恩津 江景浦·肆津浦、金浦伏所室, 通津 造江 請竝屬本府收稅 以補需用 許之".

嶺 在縣西二十七里 延豊縣界 俗號草帖'을 고려하면 '私津, 沙津, 松津, 肆津' 등의 '私, 沙, 肆' 등은 'ᄉ' 정도를 표기한 것으로 '풀'을 의미하는 '새' 또는 '싀' 정도를 훈차 표기한 것으로 파악할 수 있다. 松津의 松은 '누루' 앞에서 ㄹ이 탈락한 '소' 정도를 표기한 것으로 파악할 수 있는데 여기의 '소'는 '풀'을 의미하는 '싀'에서 발달한 것으로 이해된다.

草浦의 하류 지점의 하천명이 草浦의 이름을 가지게 된 것은 沙橋라는 하천명의 지위를 草浦라는 하천명이 몰아냈기 때문으로 생각된다. 이러한 하천명 변경의 배경은 현재는 잘 알 수 없다. 다만 '연산강창'이 두 읍을 지칭한 魯城連山兩邑江倉의 이름으로 바뀐 것에서 그 이유를 찾을 수 있을 가능성이 있다. 『新增東國輿地勝覽』은진현 산천 조에 私津이 수록되었으므로 草浦가 沙橋보다 우월한 지위에 있었던 것은 『新增東國輿地勝覽』의 선행본인 『東國輿地勝覽』이 편찬된 15세기 말일 것으로 추정된다.

IV. 加知奈의 이표기 또는 유관된 표기 '葛那, 加乙乃, 笠乃, 立乃, 仁川' 등의 국어사적 의의

1. 지명의 차자 표기 적용 방법 변화 과정에 대한 암시

'加知奈, 葛那, 加乙乃, 笠乃, 立乃, 仁川' 등의 이표기 또는 유관된 표기에 적용된 차자 표기 방법을 정리하여 제시하면 다음과 같다.

(29) 한국 借字表記에서 漢字 지식문화의 수용 과정

	지명 표기		차자 표기 방법	
	속성 명칭[88]	유형 명칭	속성 명칭	유형 명칭
가.	加知	奈	音假 표기	音假 표기
나.	葛	那	통합적 音假 표기	音假 표기
다.	加乙	乃	분석적 音假 표기	音假 표기
라.	笠	乃	訓讀 표기	音假 표기
마.	立	乃	讀字의 音假 표기	音假 표기
바.	仁	川	音假 표기	訓讀 표기

---

88) 지명은 일반적으로 첫 번째 부분과 두 번째 부분으로 구성된다. 종래 한국 지명학회에서는 첫 번째 부분을 '전부 요소', 두 번째 부분을 '후부 요소'로 규정하여 지명 연구를 진행해 왔다. 그러나 '전부 요소'와 '후부 요소'의 용어가 지명의 특성을 이해하는 데에 도움이 되지 않는 것으로 생각된다. 한편 한국 지리학계에서는 지명의 첫 번째 부분을 '고유 지명', 두 번째 부분을 '속성 지명'이라 하였다. '고유 지명'과 '속성 지명'에 사용된 '고유'와 '속성'의 의미는 다른 분야에서 사용되는 개념과 혼동될 여지가 있다. 따라서 지명의 첫 번째 부분을 '속성 명칭', 두 번째 부분을 '유형 명칭'으로 정하여 사용하고자 한다.

(29라)의 竝을 훈독 표기로 파악할 수 있으므로 '加知, 葛, 加乙' 등은 音假 표기가 된다. 葛과 加乙은 '갈' 정도를 표기한 것으로 '*가디>*가리>갈'의 변화가 국어에서 발생했음을 알려 준다. 葛은 '갈'을 1 글자로 적은 통합적 음가 표기가 되며, 加乙은 '갈'을 2 글자로 적은 분석적 음가 표기가 된다. 加乙과 같은 분석적 음가 표기는 차자 표기에서 국어의 종성을 구분하여 인식했음을 보여 준다.

(29라)의 竝은 훈독 표기가 된다. (29마) 立은 竝을 훈독하지 않고 音讀했기에 竝이 立으로 표기된 것이다. 竝을 음독하여 竝과 동일한 음인 立으로 대체한 것이므로 (29마) 立은 음가 표기로 생각된다.

仁의 한자음은 15세기에 '신'이고, 16세기 초의 자료인 『飜譯小學』 3:34a에는 仁의 한자음이 '인'으로 제시되어 있다. 따라서 '입내' 정도를 표기한 立乃가 '인내' 정도를 표기한 仁川으로 교체되는 것은 16세기 이후에나 가능할 것으로 생각된다. (29바)의 仁은 '인'을 표기한 것이므로 音假 표기가 된다. '立乃/입내'에 비음동화와 치경음 위치 동화가 적용되어 도출된 '인내'의 '인'을 仁으로 표기한 것이다. '立乃/입내'는 '입내>임내>인내' 정도의 변화 과정을 거쳐 '인내'의 발음형을 가지게 된 것이다. '입내>임내'의 변화는 국어의 비음 동화 현상으로 쉽게 설명될 수 있다. '신문'은 '심문'으로도 발음된다. 이는 후행한 'ㅁ'에 이끌리어 'ㄴ>ㅁ'의 조음 위치 위치동화가 일어난 것이다. 이러한 발음 현상에 기대면 '임내>인내'의 변화는 순음 'ㅁ'이 후행한 치경음 'ㄴ'에 이끌리어 'ㅁ>ㄴ'의 변화를 보인 것이다.

『飜譯小學』 7:24b에 奈의 한자음이 'R내', 『六祖壇經』 상:5a에 那의 한자음이 'L나', 『飜譯小學』 4:22a에 乃의 한자음이 'R내', 『飜譯小學』 10:9a에 乃의 한자음이 'H내' 등으로 제시되었다. 따라서 '奈, 那, 乃' 등은 후기 중세국어의 '내ㅎ/川'를 음가 표기한 것이다. 다만 那의 경우에는 '나리' 또는 '내'의 '나'를 부분적으로 표기한 것으로 생각된다.

(29)에서 속성 명칭과 유형 명칭의 표기에 적용하는 차자 표기 방법의 변화를 살펴볼 수 있다. 즉 속성 명칭의 표기에 적용된 차자 표기의 방법은 음가의 방법을 적용하는 단계에서 훈독의 방법을 적용하는 단계를 거쳐 讀字의 音假化 방법을 적용하는 단계가 발생했음을 알 수 있다. 그런데 유형 명칭의 표기에 적용된 차자 표기의 방법은 음가의 방법을 적용하는 단계에서 훈독의 방법을 적용하는 단계에서 마무리되고 있는 사실을 관찰할 수 있다.

2. '갓/竝'과 '가리[곡식이 쌓인 것]'의 동일 어원 관계

현대 국어에서 '갓[竝]'은 종성으로 'ㅅ'의 발음을 가진다. 그러나 『훈민정음해례』 용자례의 '갇爲竝'에서 보는 것처럼 15세기 국어에서 '갓'은 종성의 발음이 'ㄷ'이다. 15세기 국어에서는 종성의 위치에서 'ㅅ'과 'ㄷ'이 구별되었기 때문에 '갇爲竝'에 나오는 '갇'의 종성 발음은 본래부터 'ㄷ'이다. 그런데, 『譯語類解』 上:26a의 '굴갓[箬竝]'에서 보는 것처럼 종성의 표기가 'ㄷ'에서 'ㅅ'으로 바뀌었고 그 발음도 't'에서 's'로 바뀐 것으로 생각된다. 15세기 국어에서 종성으로 'ㄷ'을 가지는 단어들인 곧, 벋 등은 현대 국어에 이르러 그 표기가 '곳, 벗' 등으로 바뀌었을 뿐만 아니라 발음에서도 't>s'의 변화가 있었다. 15세기 국어의 '갇'도 '곧, 벋' 등과 동일한 변화를 보인 것으로 생각된다.

『鷄林類事』에는 '竝 蓋 音渴'이 나온다. 이것은 '갓[竝]'의 6세기 말 또는 7세기의 형태는 '갈'임을 말해 주는 것이다. 황화산성에서 출토된 기와 명문의 이표기 葛那와 㞦乃의 대응을 통해서도 '갓[笠]'의 형태가 '*갈' 임을 확인할 수 있다. 『內訓』1:26b의 곳갈[冠]에서 보는 것처럼 6세기 또는 7세기의 '*갈'은 15세기 국어에 서 '갈'로 계승된 것으로 생각된다.

결국, 15세기 국어에서 '갓[笠]'은 그 형태가 2개인 쌍형어를 보인 것이다. 곧 '갇'과 '갈'의 두 형태이다. '葛那/갈내, 加乙乃/갈내' 등의 이전 시기 차자 표기는 백제 시대 '加知奈/*가디내'이므로 '*가디〉*가리〉갈'의 변화에서 15세기 국어의 '갈' 형태가 파생되었음을 알 수 있다. 그러나 15세기 국어 '갇' 형태 발달 경로를 두 종류로 생각해 볼 수 있다. 하나는 '갈〉갇'의 변화 경로를 생각해 볼 수 있다. 또다른 하나의 경로는 '*가 디〉갇'의 변화를 생각해 볼 수 있다. 'ㄷ〉ㄹ'의 변화는 국어에 존재하지만 'ㄹ〉ㄷ'의 변화는 없는 것으로 생각 되어 15세기 국어 '갇'은 '*가디〉갇'의 변화로 발생된 형태로 생각된다.

통일 신라 시대의 葛那城은 조선 시대에는 皇華山城으로 부르고 있다. 이 황화산성이 작은 평야 지대에 위치하고 그 정상이 75M인 산이므로 葛那城을 구성한 葛의 의미를 '곡식이 쌓인 더미'를 뜻하는 '가리[89]'로 생각해 볼 수도 있다. 즉 평야 지대에 있는 '산더미'로 파악한 것이 아닌가 한다.

〈그림 6〉에서 상단의 네모로 표시한 지역은 論山이고 하단의 네모로 표시한 지역이 皇華山이다. 들판 가 운데에 論山과 皇華山이 자리한 것은 마치 논에 있는 '볏가리'의 모습과 유사한 것으로 생각된다.

그림 6. '다음' 지도의 논산 황화산성 지역

---

89) '가리'가 들어간 말로 현대 국어에 '낟가리, 볏가리, 露積가리' 등이 있으며, 유희 『物譜』에는 '보리가리/麥笁'도 있다.

이상으로 논의한 바를 정리하여 '*가디, 갈, 간, 가리' 등의 발달 단계를 도식화하여 제시하면 다음과 같다.[90]

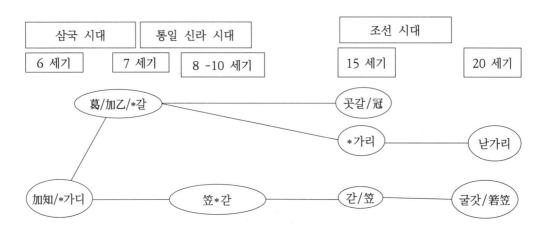

그림 7. '*가디, 갈, 간, 가리' 등의 발달 단계

'加知/*가디'의 본래 의미는 '쌓인 더미'이고 비유적으로 '갓[立]'의 의미를 가졌는데[91], 본래 의미는 발음 변화형인 '가리'의 모습을 보여주었으나 파생적인 의미인 '갓[笠]'의 의미를 표현하는 어형은 본래의 형태인 '간'을 유지한 것으로 생각된다. '갈ㅎ'에서 '칼'로 그 형태가 변화하였으나 '갈티'에서 온 '갈치'는 '칼'의 고형 '갈'을 유지하는 현상과 동일한 것으로 판단된다.

앞에서 백제 현명으로 나타난 '仇知'는 '*구디'를 표기한 것으로 후기 중세국어에서 銅을 의미하는 '구리'와 관련된 것으로 논의되어 왔다고 하였다. 또, 백제 시대 '*구디'는 후기 중세국어의 '굳-(堅)'과 동일 어원인 것으로 논의되어 왔다.[92] 이와 마찬가지로 '쌓인 것'의 의미인 '가리'와 백제 시대 '加知/*가디'가 후기 중세 국어의 '갇-(收)'과 동일 어원임을 이해할 수 있다.

후기 중세국어 '굳-(堅)'과 백제 시대 '仇知/*구디'의 동일 어원 관계와 후기 중세국어 갇-(收)과 백제 시대 '加知/*가디'의 동일 어원 관계에 근거하여 우리는 두 가지 가능성을 열어 두고 국어사의 연구를 진행할 수

---

90) 『高麗史』卷五十七, 志 卷第十一 地理 二에는 '문경군'의 옛 지명으로 高思葛伊가 나온다. 이 표기를 통해 후기 중세국어 '곳갈' 은 옛 형태를 추정해 볼 수 있다.

91) 어떤 심사자는 다의와 동음이의의 발달 시기를 언급할 것을 요구했다. 그러나 비유에 의해 어떤 단어의 다의가 발생하고 그 비유 관계가 소원해지면, 同音異意語로도 파악될 수 있다. 하지만 관련 자료가 없어 그 시기를 정확하게 언급할 수 없다.

92) 趙載勳에 따르면 김형규, 1969, 『증보국어사연구』에서 仇知를 '굳(堅)-'과 관련되었을 가능성을 제시했다고 한다(趙載勳, 1973, 「百濟語硏究序說」, 『백제문화』6, 공주대학교 백제문화연구소, p.25). 현재 1979, 『증보국어사연구』에서 이러한 진술을 확인하지 못하였다.

있다. 하나의 가능성으로 명사 어간과 동사 어간이 백제 시대에 구별되었다면 '仇知/*구디'와 '加知/*가디'의 예를 통해서 '동사 어간'에 결합하여 파생 명사를 생산하는 접미사 '-이'가 백제 시대에 존재했음을 확인할 수 있다. 다른 하나의 가능성으로 명사 어간과 동사 어간이 백제 시대에 구별되지 않고 통합되어 있었다면, '*구디>군, *가디>간' 등의 변화를 통하여 계림유사의 '笠/葛'을 참고하면 7세기 무렵에 단음절화 현상이 국어에서 발생했음을 짐작할 수 있다.

V. 결언

이 글은 論山 皇華山城에서 出土된 기와의 銘文에 나타난 지명 표기 '葛那城, 笠乃, 立乃' 등의 지명 표기와 '백제의 縣名인 加知奈縣과 加乙乃' 등의 이표기 또는 유관된 표기 관계에 주목하여 이들 이표기 또는 유관된 표기가 시사해 주는 국어사적 의의를 연구하였다.

'葛那城丁巳瓦' 명문의 丁巳가 532년으로 추정된다는 사실은 '加知奈縣, 加乙乃, 葛那城, 笠乃, 立乃' 등의 이표기 또는 유관된 표기 관계를 이해하는 데에 도움을 준다.

'加知'는 '*가디'를 표기한 것인데 '加乙乃, 葛那' 등의 '加乙, 葛'은 '*갈'을 표기한 것이다. 이를 근거로 532년 무렵인 백제 말기에 'ㄷ>ㄹ'의 변화가 발생했고, 어말 모음의 탈락이 발생했음을 알 수 있다.

'*갈'을 음차 표기한 '加乙乃, 葛那' 등은 笠乃의 笠이 訓讀 표기일 가능성을 열어주고, '加知/*가지, 加乙/*갈, 葛/*갈' 등이 '갓[冠]'의 뜻임을 시사해 준다. 그리고 笠乃는 통일 신라 시대의 표기임을 확인해 준다. 한편, '加乙/*갈, 葛/*갈' 등에 보이는 'ㄹ'은 후기 중세 국어에서 단독형일 때는 '갇' 형태이나 '곳갈'의 경우에는 '갈' 형태인 사실을 이해할 수 있다.

신라 경덕왕이 개정한 명칭 市津縣의 별칭으로 利樓津이 『新增東國輿地勝覽』 은진현 산천 조에 소개되어 있다. 『조선왕조실록』에 利穴과 利窟이 사용되었다. 利穴과 利窟은 한자어이므로 利樓도 한자어로 추정되고 利樓는 '이익이 나오는 다락' 정도의 의미를 가진 것으로 市津과 유사한 의미를 가졌다.

『고려사』에는 백제 加知奈縣과 동일한 지명 표기로 薪浦가 제시되었다. 이 薪浦는 沙橋川을 말한 것으로 '加知奈, 市津, 薪浦' 등은 하천명으로 이표기 관계에 있는 것이 아니라 별칭 관계에 있는 것이다. 加知奈의 이표기인 仁川이 상류 지역 하천명에 유지된 것에 근거한 것이었다. 하류 지역 하천명이 본래 加知奈였으나 신라 경덕왕이 加知奈縣을 市津縣으로 개정하게 됨에 따라 하류 지역의 하천명은 市津으로 불리게 되었고, 본래의 하천 명칭 加知奈는 상류 지역의 하천명으로만 유지된 것으로 생각된다. 이와 똑같은 원리에 의해 市津보다는 상류에 있었던 하천 명칭인 薪浦가 市津의 별칭으로 사용된 것임을 확인하였다.

백제 현명인 加知奈의 이표기 또는 유관된 표기인 '葛那, 加乙乃, 笠乃, 立乃, 仁川' 등은 차례로 백제 말기, 통일 신라 시대, 조선시대 차자 표기이므로 지명의 차자 표기 방식의 변천을 이해하는 데에 도움을 주는 사실을 확인하였다. '加知奈, 葛那, 加乙乃, 笠乃, 立乃, 仁川' 등의 이표기 또는 유관된 표기를 근거로 지명을 차자 표기한 방식의 변화를 파악하였다. 지명의 차자 표기에서 지명 구성소의 두 번째 요소인 유형 명칭 표기는 音假 표기에서 訓讀 표기로 변화하였으며 첫 번째 요소인 속성 명칭 표기는 '音假 표기 – 통합적 音假 표기 – 분석적 音假 표기 – 訓讀 표기 – 讀字의 音假 표기 – 音假 표기' 등의 단계를 거쳤음을 확인하였다.

백제 현명인 加知奈의 이표기 또는 유관된 표기인 '葛那, 加乙乃, 笠乃, 立乃, 仁川' 등을 통하여 加知奈의 '加知'의 의미를 '갓/冠'으로 파악하였으며, 백제 시대의 "갓/冠'은 '무더기'의 뜻인 '가리'의 의미까지 포함된 것으로 파악하였다. 또 '*가디〉*가리〉*갈'의 변화가 일어난 것을 근거로 백제 시기 말엽에 'ㄷ〉ㄹ'의 발음 변화, 어말 모음의 탈락이 발생했음을 확인하였다.

투고일: 2023.11.21.　　　심사개시일: 2023.11.27.　　　심사완료일: 2023.12.11.

참고문헌

1. 자료

『稼亭先生文集』(한국고전종합DB, https://db.itkc.or.kr)

『各司謄錄』(한국사데이터베이스, https://db.history.go.kr)

『鷄林類事』(1974, 漢陽大學校附設國學研究院)

『高麗史』(1972, 아세아문화사)

『內訓』(1985, 대제각)

『東國文獻備考』(규장각한국학연구원, 奎5216-v.1-40)

『東國輿地誌』(한국고전종합DB, https://db.itkc.or.kr)

『東輿圖』(규장각한국학연구원, 奎10340-v.1-23)

『大東地志』(1863)(규장각, 古4790-37-v.1-15)

『物譜』(대제각)

『飜譯小學』(1984, 홍문각)

『三國史記』(1987, 대제각)

『世宗實錄地理志』(한국사데이터베이스, https://db.history.go.kr)

『新增東國輿地勝覽』(전국지리지, 1983, 아세아문화사)

『輿圖備誌』(1856)(1998, 한국인문과학원)

『輿地圖書』(1765)(1973, 국사편찬위원회)

『譯語類解』(1986, 대제각)

『恩津縣地圖』(1872)(규장각한국학연구원, 奎10424)

『(近世)韓國五萬分之一地形圖 上·下(1982, 景仁文化社)

『朝鮮王朝實錄』(국사편찬위원회 한국사데이터베이스, http://db.history.go.kr)

『朝鮮地誌資料』(1911)(국립중앙도서관, http://www.nl.go.kr/nl)

『1959년 전국지명조사철 논산군 편』(국토지리정보원, 지리지 및 지명유래집, 전국지명조사철, https://map.ngii.go.kr/ms/pblictn/oldJimyeongBook.do)

한글학회, 1988, 『한국지명총람 4 충남편(상)』.

단국대 동양학연구소, 1997, 『韓國漢字語辭典』.

단국대 동양학연구소, 1999-2008, 『漢韓大辭典』.

『湖西邑誌』(1899)(규장각한국학연구원, 奎12176-v.1-17)

2. 논저

강재철, 2022, 「인천과 부천의 접계지 송내 권역의 지명과 조수」, 『지명학』 36, 한국지명학회.

강헌규, 2014, 「백제 지명 "加知奈縣 一云 加乙乃縣"의 어원적 연구」, 『한글』 305, 한글학회.

김선기, 1973, 「백제 지명 속에 있는 고대 음운 변천」, 『百濟研究』 4, 충남대학교 백제연구소.

都守熙, 1975, 「百濟語의 仇知와 實에 대하여」, 『國語學』 3, 국어학회.

都守熙, 1977, 1997, 『百濟語研究』, 百濟文化社.

都守熙, 2007, 「지명어 음운론」, 『지명학』 13, 한국지명학회.

심상육, 2005, 「百濟時代 印刻瓦에 關한 研究」, 公州大學校 大學院 석사학위논문.

이강로, 2001, 「加知奈·加乙奈→ 市津의 해독에 대하여」, 『지명학』 5, 한국지명학회.

이건식, 2016, 「중국식 한자 지명 표기의 음가적 표음성과 비상관적 표의성」, 『지명학』 25, 한국지명학회.

이기문, 1998, 『新訂版 國語史槪說』, 태학사.

李崇寧, 1971, 「百濟語 研究와 資料面의 問題點-특히 地名의 考察을 中心으로 하여-」, 『百濟研究』 2, 충남대
　　학교 백제연구소.

趙載勳, 1973, 「百濟語研究序說」, 『백제문화』 6, 공주대학교 백제문화연구소.

洪再善, 1983, 「論山 皇華山城考」, 『고문화』 23, 한국대학박물관협회.

충남대학교박물관, 2002, 『부여의 문화유산』, 충청남도·충남대학교박물관.

천소영, 1990, 『고대국어의 어휘연구』, 고려대학교 민족문화연구소.

충남대학교박물관, 2002, 『부여의 문화유산』, 충청남도 충남대학교박물관.

〈Abstract〉

The Historical Meaning of the Korean Language of Place Name Notations, ‘Galnaseong(葛那城),

Ipnae(笠乃), Ipnae(立乃),’ in Wamyeongmun(瓦銘文) Discovered from Nonsan(論山)

Hwanghwasanseong(皇華山城) Excavation(出土)

-Regarding the acceptance process of knowledge culture in the Chinese characters-

Lee Keonsik

This paper studied the significance of the Korean language history implied by these notations, focusing on the relationship between the place names such as ‘Galnaseong(葛那城), Ipnae(笠乃), Ipnae(立乃)’ on the the Myeongmun(銘文) of roof tiles and ‘Gajinaehyeon(加知奈縣) and Gaeulnae(加乙乃) in Hyeonmyeong(縣名) of Baeje.’

Geongsa(丁巳) of Myeongmun in ‘Galnaseongjeongsawa(葛那城丁巳瓦)’ is estimated to be 532 years old. This fact helps understand the relationship between the notations of ‘Gajinaehyeon(加知奈縣), Gaeulnae(加乙乃), Galnaseong(葛那城), Ipnae(笠乃), Ipnae(立乃).’

‘Gaji(加知)’ was notated to the degree of ‘*Gadi’ and ‘Gaeulnae(加乙乃), Galna(葛那)’ to the degree of ‘*Gal’. On the bases of these, it can be seen that a change of ‘ㄷ〉ㄹ’ occurred at the end of Baekje, around 532, and the drop of the final vowel.

‘Gaeulnae(加乙乃) and Galna(葛那)’ which notated to the degree of ‘*Gal’ open up the possibility that Ip(笠) of Ipnae(笠乃) might be a notation based on the meaning(Hundok(訓讀)). This also represents that ‘Gaji(加知)/*Gaji, Gaeul(加乙)/*Gal, Gal(葛)/*Gal’ mean ‘Gat[冠].’ In addition, it could be confirmed that Ipnae(笠乃) is a notation of the Unified Silla.

It was mentioned that ‘Gajinae(加知奈), Sijin(市津), Sinpo(薪浦), and etc. are not in a relationship of different notations, but in a relationship of byname notations as the name of the river. This suggestion is based on the fact that Incheon(仁川) which is a different name of Gajinae(加知奈) was maintained as the upper stream name.

On the bases of the different notations in ‘Gajinae(加知奈), Galna(葛那), Gaeulnae(加乙乃), Ipnae(笠乃), Ipnae(立乃), Incheon(仁川)’, it was identified that there was a change in borrowed notations of place names.

In borrowed notations of place names, the second element consisting of a place name was notated with the ideographic notation(訓讀) different from phonetic notation(音假). It was also confirmed that the first element about feature names went through the following steps: 'phonetic notation(音假)- integrated phonetic notation – analytic phonetic notation – ideographic notation(訓讀) – borrowed phonetic notation(讀字의 音假) – phonetic notation(音假).'

It was identified that through the different names of Gajinae(加知奈) which are 'Galna(葛那), Gaeulnae(加乙乃), Ipnae(笠乃), Ipnae(立乃), Incheon(仁川),' which are town names in Baekje, the meaning in 'Gaji(加知)' of Gajinae(加知奈) could be identified as 'Got(갓/冠).' In the Baeje era, "Got(갓/冠)' included the meaning of 'Gari(가리)' which means 'Mudeogi(무더기:mound)' and on the bases of the change shown in '*Gadi(가디)>*Gari(가리)>*Gal(갈)', this paper could identify that the pronunciation change of 'ㄷ〉ㄹ' and the drop of final vowel occurred at the end of the Baekje era.

▶ Key words: place name, Hwanghwasanseong(皇華山城), Galnaseong(葛那城), Gaeulnae(加乙乃), Ipnae(笠乃), the ideographic notation(訓讀 表記), phonetic notation(音假 表記)

차자표기법 '역상불역하譯上不譯下'의
생성 과정과 생성의 주체

백두현[*]

Ⅰ. 연구 목적
Ⅱ. 훈독법의 발달과 역상불역하의 생성
Ⅲ. 역상불역하의 생성 주체와 배경
Ⅳ. 요약과 해석

〈국문초록〉

중국 한문자 수용과 발전에 있어서 신라는 고구려와 백제에 비해 시기적으로 뒤처졌다. 그러나 신라는 고구려와 백제에서 볼 수 없는 독창적 차자표기법을 창안했다. 앞글자는 훈으로 읽고, 뒷글자는 음으로 읽는 역상불역하(譯上不譯下)라는 차자법이 바로 그것이다. '譯上不譯下'라는 표현은 『삼국유사』 제4권 「원종흥법 염촉멸신(原宗興法猒髑滅身)」 기사에 처음 보이는데 '猒髑'(염촉)의 앞글자는 번역하고 뒷글자는 번역하지 않음을 뜻한다. 두 글자 이상의 차자 표기에서 한자의 훈(뜻)이 중심[主]이 되고, 음이 뒤따름[從]을 뜻하는 훈주음종(訓主音從)과 역상불역하는 그 본질이 유사하다. '역상불역하'라는 표현이 신라 당대 자료에 나타난 것은 아니지만 향가와 이두문 등의 표기에 이용되었다.

신라 사람들은 한자의 음과 훈을 빌려 표기 수단으로 이용하였고, 여기에 창의적 변용을 더하였다. 이 과정(process)을 〈학습⇒내면화⇒창의적 변용〉으로 요약할 수 있다. 한자의 음과 훈을 이용한 차자법을 만들고, 신라어 표현에 가장 적합한 '역상불역하'의 방법을 창안해 냈다. 한문자의 학습과 내면화 그리고 창의적으로 변용한 작업에는 이것을 행한 행위 주체가 있게 마련이다. 7세기 중반~8세기에 신라의 학승 음의가(音義家, 원측·순경 등) 수십 명이 활동하였다. 이들은 화엄경 등 여러 불경에 음과 뜻을 풀이한 주석을 달았다. 이 작업은 불경의 한문을 신라말로 이해하기 위한 것이었다. 주석의 상당 부분은 한자, 한문구, 한자음에 대한 풀이[釋名]이다. 비문과 목간문을 작성한 문척(文尺)도 이두문의 발달에 일정한 역할을 했을 것이

---

* 경북대학교 명예교수

다. 유교 경서를 공부한 유학자를 대표하는 인물은 설총과 강수이다. 설총은 경서를 신라어로 풀이함으로써 유학 공부는 물론 구결의 발전에 기여했다. 화랑은 경서를 학습하고, 향가를 짓고 부름으로써 차자법 발달에 일정한 역할을 했다. 화랑도 교육은 백제와 고구려에 없는 신라 특유의 청년 교육 제도였고, 향가 역시 신라 특유의 것이다. 역상불역하의 차자표기법도 신라 특유의 것이니 지도자로서의 승려, 교육생으로서의 화랑, 이들이 지어 부른 향가, 향가를 표기하기 위한 역상불역하의 원리는 서로 밀접한 상관성을 맺으며, 차차표기법 발달의 배경이 되었다.

▶ 핵심어: 역상불역하, 훈주음종, 향가, 이두, 문척, 음의가 학승

I. 연구 목적

'역상불역하(譯上不譯下)'란 두 개 이상의 차자 구성에서 앞 글자는 뜻으로 번역해서 읽고 뒷글자는 번역하지 않고 음으로 읽는 차자표기법이다.[1] 역상불역하의 방법은 고유명사 표기 및 향찰 표기에 공히 적용되었다. 고유명사를 음독자 혹은 음가자로 적는 방식은 고구려와 백제 자료에도 쓰인 것이지만 한자의 훈과 음을 빌려 고유어를 표기하는 역상불역하 방법은 신라 자료에서만 관찰된다. 역상불역하는 한문자를 토착적으로 변용한 차자 방식이며, 오늘날 훈주음종(訓主音從)[2]이라고 표현하는 방식과 그 성격이 비슷하다. '역상불역하'는 역자(譯字)의 위치가 위(上, 앞)이고, 불역자(不譯字)의 위치가 아래(下, 뒤)에 놓임을 명기한 표현이고,[3] '훈주음종'은 주와 종의 관계 즉 중심과 주변의 관계로 훈독자와 음독자의 위상을 구별한 표현이다.

'譯上不譯下'라는 표현은 『삼국유사』에서 '異次頓(이차돈)(506~527)'의 성명을 설명한 문맥에 처음 쓰였

---

1) '역상불역하'라는 표현을 가장 먼저 주목한 학자는 홍기문이다. 홍기문은 『삼국유사』의 '厭髑'을 설명하면서 "우는 번역하고 아래는 번역치 않기 때문에 厭髑이라고 하고", "여기서 우만 번역하였다는 것은 결국 厭으로 의역을 했다는 의미요, 아래를 번역치 않았다는 것은 髑 覩 등 음역을 그대로 두었다는 의미다."라고 하였다(홍기문, 1957, 『리두연구』, 과학원출판사, pp.20-21). 그는 의역과 음역에 의한 반반의 번역을 '반음역(半音譯)'이라고 불렀다. 홍기문 이후 역상불역하의 의의를 조명한 연구로 김민수(2002, 「차자표기 음독의 『隨書者之便』에 대하여」, 『구결연구』 9, 구결학회)와 정광(2003, 「한반도에서 한자의 수용과 차자표기의 변천」, 『구결연구』 11, 구결학회)이 있다.

2) 김완진은 '川理=나리', '心音=ᄆᆞᅀᆞᆷ' 등과 같이 "뜻을 나타내는 글자를 머리에 놓고 다음 글자로 그 형태의 끝부분을 나타내는 방식"을 훈주음종(訓主音從)이라고 명명하였다(김완진, 1980, 『향가 해독법 연구』, 서울대학교 출판부, p.17). 그런데 김완진, 1980, 앞의 책에 역상불역하에 대한 언급은 없다. 한편 유창균은 '훈주음종의 기준'을 '幹訓尾音의 機制'(간훈미음의 기제)라 바꾸어 불렀다(유창균, 1994, 『鄕歌批解』, 형설출판사, p.45).

3) 양주동은 '의자말음첨기법(義字末音添記法)'이란 용어를 썼다(양주동, 1965/1983, 『증정 고가연구』, 일조각, p.61). "詞腦歌에 가장 慣用된 記寫法은 體·用言의 一單語를 몬저 義字로 表示하고 다음 그 말의 末音 또는 末音節을 主로 音借字로 添記함이니 이를 義字末音添記法이라 한다."라고 하였다. '훈주음종'이란 용어에 앞서서 만들어진 것이 '의자말음첨기법(義字末音添記法)'인 셈이다.

다.[4] 이차돈의 성은 '朴'이고 이름은 '猒髑[5](염촉)'이라 하면서, '猒髑'의 '猒(=厭)'은 번역해서 뜻으로 읽고, '髑'은 번역하지 않고 음으로 읽는다는 것[6]이다. '猒髑'에서 앞의 글자를 전부(前部) 요소, 뒤의 글자를 후부(後部) 요소라 할 때, 전부 요소는 번역해서 읽고 후부 요소는 음으로 읽는 것이 역상불역하이다. 음으로 읽는 후부 요소는 쓰는 사람의 편의에 따라 달리 쓰는 '도움말=조사(皆隨書者之便 乃助辭也)'라고 하였다. 뜻으로 읽는 전부 요소를 '훈차자', 음으로 읽는 후부 요소를 '음차자'라 부른다.[7] 전부 요소 즉 훈차자는 표기면에서 그 배치가 상당히 폐쇄적임에 비해 후부 요소 즉 음차자는 개방적이며, 훈차자가 문장의 근간을 이루지만 음차자가 훨씬 능동적 기능을 발휘하여 기능부담량이 높고 다양한 특성을 가진다.[8]

김민수는 '隨書者之便(수서자지편)'과 '譯上不譯下'를 용자(用字) 규칙의 두 원리라 하고, 전자는 譯上[훈독]과 不譯下[음독]에 두루 적용되고, 후자는 '猒髑'과 같은 일부 어형에 적용된다고 보았다.[9] 김민수는 '수서자지편'을 중국 운학의 계련법(系聯法)과 유사한 것으로 보고, 청나라 음운학자 陳澧(진례)(1810~1882)가 『절운(切韻)』을 연구하여 계련법[10]을 발견한 사실과 관련지어, 역상불역하는 반절에 나타난 계련법을 신라 방식으로 변용한 것이라고 해석했다.[11] 김민수는 계련법의 발견이 19세기 중국 음운학계의 성과라고 각광받아왔으나 기실은 이미 고대 한반도에서 창안된 '수서자지편'의 아류라고 하고, 수서자지편은 계련법과 상통한다는 점에서 "보편성의 경지를 개척한 것"이라고 평가했다.[12] 정광은 역상불역하 방식을 혼합표기라 부르고, 이 방법은 한국어에서 어간이 어휘적 의미를 나타내고 어미가 문법 기능을 나타내는 곡용과 활용의 형태론적 절차를 드러내는 데 유용한 것[13]이라고 하였다.[14]

고대 삼국의 차자법 중 가장 독특한 방법인 역상불역하를 만들어 낸 곳은 신라이다. 역상불역하라는 차

---

4) 『삼국유사』 제3권, 「원종흥법 염촉멸신(原宗興法猒髑滅身)」 기사, "粵有內養者, 姓朴字猒髑 [或作異次, 或云伊處, 方音之別也, 譯云猒也. 髑頓道覩獨等, 皆隨書者之便, 乃助辭也. 今譯上不譯下, 故云猒髑, 又厭覩等也.]"

5) 박방룡은 『삼국유사』 고판본과 임진왜란 이전에 이차돈순교비의 일부 내용을 판각 간행한 『元和帖(원화첩)』을 이용하여 이차돈순교비의 비문을 재판독하고, 종래 '猒髑'이라 읽던 자형을 '(胃犬)髑(위촉)'으로 읽었다(박방룡, 2020, 「이차돈 순교비의 諸檢討」, 『신라문화유산연구』 4, 신라문화유산연구원).

6) 이기문은 전자를 석독표기, 후자를 음독표기라고 칭했다(이기문, 1972, 『국어사개설』, 탑출판사, p.65). 정광은 '猒髑'의 '猒'은 훈가자로 '잊-'(惡, 厭)의 의미를 나타내고, 아래의 '髑'은 '잊-'(惡, 倦, 厭)의 말음절 ㅊ을 표기한 음가자라고 하였다. '猒髑'이란 차자표기는 반은 뜻을 빌리고, 반은 음을 빌리는 半借義 차자 방식이라고 보았다(정광, 2003, 앞의 논문, p.70).

7) 서재극, 1995, 『증보 신라향가의 어휘연구』, 형설출판사, p.9.

8) 위의 책, p.10.

9) 김민수, 2002, 앞의 논문, pp.7-8.

10) 진례(陳澧)가 『절운』과 『광운』 등의 운서에 존재한 성모를 파악하기 위해 만든 방법이 반절 계련법(反切 繫聯法)이다. 반절 계련법이란 동일한 반절 상자나 반절 하자를 사용하는 한자음은 각각 동일한 성모나 운모를 갖고 있다고 전제하고 반절자를 분류하는 방법이다.

11) 김민수, 2002, 앞의 논문, p.7·p.13.

12) 위의 논문, p.15.

13) 홍기문은 역상불역하의 이러한 특징을 "우리말에서 토를 구별해 내고 또 토의 한자 표기가 복잡한 현상을 지적한 것"이라고 해석한 바 있다(홍기문, 1957, 앞의 책, p.51).

14) 정광, 2003, 앞의 논문, p.72.

자법이 신라에서 만들어지게 된 배경은 무엇이고, 이 방법의 생성 주체는 누구일까? 이 질문은 매우 흥미로운 것이나 그 답을 찾기가 쉽지 않다. 윤선태는 한자 수용에서 뒤처진 신라가 고구려와 백제가 시도하지 않았던 전혀 새로운 이두 표기법을 발상하고 향찰로 구체화하여 이두를 완성시킨 역사적·구조적 조건을 밝히려고 하였다.[15] 윤선태 교수의 논구 내용을 필자가 이해한 대로 요약하면 다음과 같다.

> 신라는 한문자 수용 이전부터 명령을 구두로 전달하는 '구두전달체계'를 갖추고 있었다. 냉수리비, 월성해자목간 등에는 '敎교'(명령), '白백'(보고), '口구'(집행), '譖도'(이의 제기) 등 구두전달체계를 표현하는 한자가 쓰였다. 남산신성비의 '爲聞敎令위문교령'은 '듣게 한' 구두 명령 행위를 표현한 문구이다. 고구려나 백제와 달리 신라는 한문자에 의한 문서 행정을 시작하기 이전에 구두 명령 전달 시스템이 작동했고, 문서 행정이 수용된 이후 문서 표현 방식에 구두 명령 즉 구어체를 재현하는 방향으로 나아갔다. 이러한 흐름의 결과로 문서 기록에 신라어 요소를 가미한 이두가 탄생한 것이다. 신라인들은 구두 명령 체계에서 달성한 의사소통 수준을 문서의 형식과 내용에 담으려 했고, 이것이 이두 탄생의 '신라적 조건'으로 작용했다. 7세기 후반 설총이 이두를 창안했다는 이야기는 식자층 전반이 이두를 공유한 최종적 발달 단계를 상징한다.[16]

이 설명에서 신라의 문서 행정을 오랫동안 연구하면서 축적된 식견과 통찰력의 깊이를 엿볼 수 있다. 필자는 이 설명을 적절히 수용하면서 역상불역하라는 신라 특유의 차자표기법을 만든 주체를 밝히고, 이것이 생성된 과정과 사회적 배경을 파헤쳐 보려 한다. 신라 학승의 불경 연구와 금석문 등의 문서를 작성한 문척 (文尺)의 역할을 중시하고, 아울러 신라의 제도 운영에 나타난 특유 요소를 고려하여 역상불역하의 생성 과정과 시기, 생성 주체와 배경을 더 넓은 관점에서 설명하는 것이 이 글의 목적이다.

II. 훈독법의 발달과 역상불역하의 생성

1. 신라의 한문자 수용과 발전 단계

고대 삼국 중 신라의 한문자 유입과 정착이 시기적으로 가장 늦다. 송기호의 연구[17]에서 고구려, 백제, 신라의 한문자 수용과 관련된 몇 가지 사실을 간추려 그 연대를 비교해 보면 다음과 같다.

---

15) 윤선태, 2011, 「백제와 신라의 한자·한문의 수용과 변용」, 『동아시아의 문자교류와 소통』, 동북아역사재단, p.131.
16) 위의 논문, pp.155-158.
17) 송기호, 2002, 「고대의 문자생활 -비교와 시기 구분」, 『강좌 한국고대사』(제5권 문자생활과 역사서의 편찬), 가락국 사적개발 연구원, pp.24-25.

표 1. 삼국의 문자 사용과 관련된 사실의 연대 비교(송기호, 2002, 앞의 논문, pp.24-25에서 발췌)

나라 항목	고구려	백제	신라
교육기관 설치	372년 경당(扃堂) 설치	*404년(?) 박사 아직기(阿直岐)가 일본에 건너감 *513년 오경박사를 둠	*651년 박사와 조교를 둠 *682년 국학 설치
서적 수입	*372년 불상 경문을 보냄 *5세기 말 오경을 읽음	*404년(?) 아직기가 경전을 읽음 *450년『易林』과『式占』을 구함	*565년 불교 경론서 1700여 권을 보냄 *648년 晉祠碑幷新撰晉書를 내려줌
역사서 편찬	*국초에 유기(留記) 편찬 *600년 신집(新集) 편찬	375년 서기(書記) 편찬	545년 국사(國史) 편찬
율령 반포	373년 율령 반포	262년 도적 등 범죄 처벌령을 내림	520년 율령 반포

한문자 사용과 관련된 교육기관 설치, 서적 수입, 사서 편찬, 율령 반포 등에서 신라의 상대적 후진성이 이 표에 역력히 나타나 있다. 사서를 편찬하려면 인명, 국명, 지명 등 고유명사를 적어야 하기 때문에 사서 편찬은 한문자 사용의 토착화와 밀접히 연관되어 있다. 사서 편찬에서 신라는 고구려와 백제에 비해 200~300년 정도 뒤처진 모습을 보여 준다.

신라에서 문자 사용의 발전 계기로 율령 반포(법흥왕, 520), 이차돈의 순교(527)와 불교 공인, 승려의 견당 유학(遣唐留學), 유학의 확산과 국학 설치(682)를 꼽을 수 있다. 율령을 반포한 것은 문서 행정의 시작을 의미한다. 549년에 최초의 유학승인 각덕이 귀국하였고, 565년과 576년에 이르러 불경을 들여오기 시작하였다.[18] 원광은 25세 되던 589년에 중국 남조의 진(陳)으로 유학하였고, 신라로 돌아와서 유교적 가르침이 담긴 세속오계를 지어 시대가 요청한 덕목을 제시했다.[19] 진흥왕이 설치한 대서성에 고승을 임명한 것은 당시에 승려층이 한문 작성에 가장 뛰어났음을 의미한다.[20] 7세기 중엽에 활동한 강수는 신라의 변방인 충주 지역에 살면서도 당나라 사자가 가져온 황제의 조서를 막힘 없이 풀이하였다(654).[21]

---

18) 위의 논문.

19) 이희준, 2016, 「제2편 통일신라-제5절 유학과 문학」,『(개요)신라 천년의 역사와 문화: 문화편』, 신라 천년의 역사와 문화 편찬위원회 편, 경상북도문화재연구원, p.313.

20) 『삼국사기』 권40, 직관 하(職官 下)에 진흥왕 대에 안장법사(安臧法師)가 대서성(大書省)으로 임명되었다. 이와 동일한 승려 이름이 천전리서석 갑인명(川前里書石 甲寅銘)에도 나온다. 〈한국사 데이터베이스〉의 〈한국고대금석문〉 울주 천전리 각석(이문기 집필)에서 인용함. https://db.history.go.kr

21) 强首 中原京沙梁人也. (…중략…) 及太宗大王卽位 唐使者至傳詔書 其中有難讀處 王召問之 在王前一見說釋無疑滯 王驚喜 恨相見之晚. 〈삼국사기 권46, 列傳 第六 强首 崔致遠 薛聰〉. 이 기록에서 강수가 중원경 즉 충주 지역 출신임을 알 수 있다. 강수가 왕경[경주]에서 멀리 떨어진 변방에 살면서도 당나라 외교 문서까지 이해한 것이다. 이러한 강수의 한문 능력은 당시의 충주 지역에 당의 외교 문서를 읽어낸 한문 능통자가 살고 있었음을 암시한다.

신라 금석문으로서 연대가 가장 앞선 중성리비(501)의 한문은 고구려 광개토왕비(414)의 한문 수준과 큰 격차를 보인다. 400년에 가야와 왜가 연합하여 신라를 침공하였고, 광개토왕이 신라를 구하기 위해 구원병을 보냈다. 이를 계기로 고구려의 문자 자료(서봉총 출토 은합우 명문)가 신라로 유입되었다. 신라 사회에 한문이 수용되고 내적 발전이 이루어지는 과정[22]을 고구려의 영향 및 불교의 수용과 관련지어 설명한 주보돈은 금석문과 사료 등에 나타난 문자 관련 기록을 근거로 신라의 한문 수용과 발전 과정을 세 단계로 구분했다.[23] 1단계는 6세기 초 이전까지이고, 2단계는 6세기 초에서 7세기 후반까지, 3단계는 7세기 후반 이후로 나누었다.[24] 2단계에 속한 6세기의 신라 금석문 자료는 한문자 수용의 역사에서 특히 중요한 의미를 가진다. 중성리비(501), 냉수리비(503), 봉평비(524), 천전리서석 원명(525)과 추명(539), 적성비(551?), 임신서기석(552 혹은 612), 명활산성비(551), 창녕 진흥왕척경비(561), 무술오작비(578), 남산신성비(591) 등이 여기에 해당한다.[25]

2. 6세기 후기에 역상불역하가 존재했을까?

역상불역하 방식이 어느 시기까지 거슬러 올라 갈 수 있는지를 검토해 보자. 역상불역하 방식은 향찰 해독의 열쇠로 김완진이 제시한 훈주음종의 기준[26]과 유사하다. 여러 학자들이 훈주음종의 기원을 당대 사료(금석문 혹은 목간문)에서 찾으려고 시도해 왔다. 이승재는 함안 성산산성목간(6세기 중반)의 '文尸[*글]'(4회), '蒜尸[*마놀]', '糸利[*시리]', '四刂[*너 리]', '乡利[*터리]', '盆丁[*더뎡]', '丨乡[*다솜]' 등에 훈주음종을 적용하여 해독하였다.[27] 이와 함께 이성산성목간, 월성해자목간, 경주박물관터목간, 안압지목간 등에 쓰인 '大舍[*한사]'(3회), '赤居[*블거]', '有史[*이시]', '三巴[*사둡]', '一巴[*ᄒᆞ둡]', '助史[*맛]'(6회) 등에도 훈주음종을 적용하여 해독했다. 이승재의 이러한 해독은 훈주음종 방식이 6세기 중엽에 일반화되었다고 본 셈이다. 권인한은 성산산성목간의 고유어를 분석하면서 '文尸', '蒜尸'은 훈독 가능성이 농후한 표기라고 언급했다.[28]

그러나 백두현은 '文尸' 뒤에 '只' 혹은 '伊'가 붙은 용례를 중시하여 '文尸只'와 '文尸伊'[29]는 묶어서 읽어야 한다고 보았다.[30] '蒜尸支'[31]도 이와 같다. 아울러 '盆丁' 등의 해독도 더 많은 문증이 필요하다고 하며 판단

---

22) 주보돈, 2001, 「신라에서의 한문자 정착 과정과 불교 수용」, 『영남학』 1, 경북대학교 영남문화연구원, p.200.

23) 주보돈, 2002b, 「신라의 漢字字 정착 과정과 불교 수용」, 『금석문과 신라사』, 지식산업사; 주보돈, 2009, 「職名·官等·地名·人名을 통해 본 6세기 신라의 漢文字 정착」, 『한국 고대사 연구의 현단계(석문 이기동교수 정년기념논총)』, 논총간행위원회, 주류성.

24) 주보돈, 2002b, 앞의 논문, p.402.

25) 이영호는 1980년대 이후에 새로 발견된 신라의 금석문, 목간문, 기와 명문, 묵서 자료, 토기 명문 등 20점의 자료를 종합 정리하고 그간의 연구 동향과 연구 가치를 논하였다(이영호, 2010, 「신라의 신발견 문자 자료와 연구 동향」, 『한국고대사연구』 57, 한국고대사학회). 이 중에서 6세기 자료를 확인하여 그 가치를 재확인할 필요가 있다.

26) 김완진, 1980, 앞의 책.

27) 이승재, 2013, 「신라목간과 백제목간의 표기법」, 『진단학보』 117, 진단학회.

28) 권인한, 2020, 「함안 성산산성목간의 고유명사 표기자 분석」, 『목간과 문자』 25, 한국목간학회, p.17.

29) 성산산성목간의 예: 陽村文尸只(국가귀속번호 가야42), 陽村文尸只稗(국가귀속번호 가야1597), 及伐城文尸伊稗石(국가귀속번호 가야2004), 及伐城文尸伊急伐尺稗石(국가귀속번호 가야2005).

을 유보하였다. '文尸只', '文尸伊', '蒜尸攴'의 끝에 붙은 '攴'~'只', '伊'는 인명에 붙는 접미사이며, 음가자 '기'[32]와 '이'로 읽을 수 있다. 이 접미사 앞의 '文尸'을 훈독하여 '글'로 읽고, '蒜尸'을 훈독하여 '마늘'로 읽는다면 '文尸只'는 '글기', '文尸伊'는 '글이', '蒜尸攴'는 '마늘기'가 된다. '尸'는 어간 말음 ㄹ을 표기한 것이 된다. 만약 이 독법이 옳다면 성산산성목간이 쓰여진 560년경[33]에 훈독법은 물론 앞글자를 번역해서 읽고 뒷글자는 그것의 말음을 표기한 말음첨기법[34]까지 존재한 것이 된다.

그런데 '文尸只', '文尸伊', '蒜尸攴'의 첫 글자가 훈독되었고, 이 예들의 '尸'가 ㄹ을 표기한 말음첨기자라고 보는 것은 쉽지 않다. 성산산성목간에 기재된 여러 인명과 지명들은 모두 음가자로 쓰였다. 예컨대 '居利支', '波兮支', '仇仍支', '阿那休支', '阿那[衆]支', '卜利古支', '內隱支', '居助支' 등의 인명들은 모두 음가자 표기이다. 훈독자로 볼 만한 예가 없다. 성산산성목간에 기재된 지명 역시 접미어로 쓰인 '村', '谷' 등을 제외하고 대부분 음가자로 표기되어 있다. 인명과 지명이 모두 음가자로 표기되었는데, '文尸只', '文尸伊', '蒜尸攴'만 선행 두 자를 '글'과 '마늘'로 훈독하는 것은 문제가 있다. '文尸'과 '蒜尸'가 '글'과 '마늘'로 읽혔음을 논증하려면 '尸'가 말음 ㄹ을 표기한 예를 다른 6세기 금석문과 목간문에서 찾아내야 한다. '文尸只', '文尸伊', '蒜尸攴'의 '文尸'와 '蒜尸'를 훈독자 및 말음첨기자의 선구적 예라고 간주하려면 이를 뒷받침해 주는 증거가 필요하다.

설령 '文尸'과 '蒜尸'의 뒷글자 '尸'는 훈독된 어간(글, 마늘)의 말음첨기자라고 보더라도 이것을 역상불역하라고 말하기에 모자람이 있다. '尸'가 '불역하'로서 음차된 것이라 하기 어렵기 때문이다. 게다가 청제비 병진명(536)에 나타나는 인명 중에는 '尸支'(시기)가 있다. 이 '尸支'는 '文尸只' 및 '蒜尸攴'에 포함된 '尸只' 혹은 '尸攴'와 같은 형태이며, 이들의 음상도 같았을 가능성이 있다.[35] 이 점을 고려하여 필자는 성산산성목간의 '文尸只', '文尸伊', '蒜尸攴'의 '文尸'와 '蒜尸'를 각각 '글'과 '마늘'로 훈독하지 않는다.

역상불역하 방식이 적용된 '赫居世'(붉거세?), 훈독자만으로 표기된 '齒理'(닛금), 음가자만으로 표기된 '尼師今(니사금)~尼叱今(닛금)'과 같은 어휘들은 고려시대에 편찬된 『삼국유사』와 『삼국사기』에 실려 있다. 『삼국유사』나 『삼국사기』는 후대에 편찬된 문헌이어서 '赫居世'와 같은 '훈독자-음가자' 구성이 초기 신라에 존재했다는 증거가 될 수 없다. '赫居世'라는 표기가 신라 시대의 어느 시점엔가 존재하였었고, 김부식과 일연대사는 신라의 '고기'(古記)에 적힌 '赫居世' 등의 표기형을 참고했을 것이다. 그러나 '赫居世'란 표기가

---

30) 백두현, 2020, 「당대 자료로 본 훈독법의 생성 시기 고찰」, 『구결연구』 45, 구결학회, pp.46-47.

31) 蒜尸攴(성산산성목간, 국가귀속번호 가야79)(목간자전 [城]80).

32) 攴 zhī tsye (tsy- + -je A) *ke

33) 성산산성목간의 연대에 대한 제 학설의 검토는 이경섭, 2004, 「함안 성산산성목간의 연구현황과 과제」, 『신라문화』 23, 동국대학교 신라문화연구소, pp.216-218을 참고하였다.

34) 말음첨기의 생성과 발달에 대한 논의는 신중진, 1998, 「말음첨기(末音添記)의 생성과 발달에 대하여-음절말 자음 첨기를 중심으로」, 『구결연구』 4, 구결학회를 참고하기 바란다. 이용은 일반 문자론적 관점에서 '말음첨기'를 '음성 보충자'(phonological complement, phonetic complement)로 볼 수 있다고 하였다(이용, 2023, 「차자표기에 나타나는 초성·종성 통용자」, 『구결연구』 50, 구결학회, pp.207-209).

35) 그런데 청제비 병진명(536)의 인명 '尸支'(시기)는 '支'가 접미사가 아닐 가능성을 보여 준다. 이 '尸支'는 使人(사인)의 이름을 나열하는 문맥 "述利大烏第 尸支小烏帝"에 쓰인 것이다. 이 부분의 판독상 문제점과 이견은 〈한국사데이터베이스〉(한국고대금석문-신라-비문-영천 청제비 병진명)의 주석 32~35에 요약되어 있다.

신라 시대에 존재했다고 하더라도 당대 사료에 쓰인 예가 없기 때문에 '赫居世'의 생성 시기를 특정하여 말할 수 없다.

신라의 역사서인 『국사』는 545년에 편찬되었다. 신라 역사를 쓰려면 왕호와 왕칭어가 필수적이다. 545년에 편찬된 『국사』에 '혁거세', '차차웅', '니사금'과 같은 왕칭어가 어떻게 표기되어 있었을까? '次次雄'(차차웅)과 '尼師今'(니사금)은 모두 음가자로 구성되어 있다. 이런 맥락으로 보면 545년의 『국사』에서 신라 시조를 '赫居世'로 표기했을 가능성은 거의 없다. 중성리비(501), 냉수리비(503), 봉평비(524) 등의 비문에 훈독자+음가자 구성을 보인 표기례는 전혀 없기 때문이다. 6세기 말기에 세워진 남산신성비(591)에 다수의 인명 표기례가 나오지만 이들은 모두 음가자로 표기되어 있다. 이 점으로 보아 『국사』에 표기된 신라 시조명은 『삼국유사』 권1, 「신라시조혁거세왕」 기사에서 '或作弗矩內王'이라고 한 '弗矩內'(불구내)로 봄이 적절하다. '弗矩內'는 '次次雄'과 '尼師今'처럼 음가자로만 구성된 표기이다. 이러한 논의를 통해 필자는 6세기 중엽에도 역상불역하의 원리가 만들어지지 않았다고 판단한다.

3. 신라의 관등명 '波珍'(바돌)이 갖는 과도기적 성격

신라의 관등명 '波珍'은 천전리서석 추명(525)과 적성비(551?)에 '波珍干支'로 쓰였다.[36] 이기문은 『삼국사기』의 관등명 '波珍飡或云海干'에서 '波珍'을 *patʌr(海, 바돌)로 읽었다.[37] 또한 백제 지명 "石山縣本百濟珍惡山縣"과 "馬突縣一云馬珍"에서 '石:珍:突'의 대응 관계에 주목하여 '珍'의 釋을 *tur(돌)로 재구했다.[38] 남풍현은 단양적성비의 '波珍干支'와 『일본서기』의 '珍'을 관련지어 '珍'을 '돌'로 훈독했다.[39] '波珍'의 '珍'을 훈독하여 '돌'로 읽으면서 '波珍'을 '바돌'로 해독하는 것은 차자표기법의 발달 과정에서 중요한 의미를 가진다. '珍'의 상고음은 tien 혹은 tiən에 가까운 음으로 재구되어 있어서 '돌'은 '珍'의 고음(古音)이 될 수 없다.[40] 따라서 천전리서석 추명과 적성비에 쓰인 '波珍'은 '바돌'로 읽는다.[41] '波珍'(바돌)에서 '波'(바)는 음가자이고, '珍'(돌)은 훈가자이다. 달리 말해 '波'(바)는 음차자이고, '珍'(돌)은 훈차자이다. '波珍'(바돌)은 뒷글자를 훈으로 읽고 앞글자를 음으로 읽어 역상불역하를 뒤집어 놓은 것처럼 보인다.[42] 금석문이라는 당대 자료에 등장

---

36) 백두현, 2020, 앞의 논문, p.34.

37) 이기문, 1972, 앞의 책, p.65.

38) 위의 책, p.37.

39) 남풍현, 2000, 『이두연구』, 태학사, p.127.

40) 백두현, 2020, 앞의 논문, p.35.

41) 시대가 뒤처지는 화엄경사경조성기(755)의 지명 표기 '仇叱珍兮縣'[굿돌히현]과 '武珍伊州'[무돌이주]의 '珍'[돌]도 그 성격이 같다.

42) 향가를 해독하면서 서재극은 훈차자가 음차자 뒤에 놓이는 예를 언급한 바 있다(서재극, 1995, 앞의 책, p.9). 서재극은 「우적가」 제2행 '兒史毛達只'을 '줏 모ᄌ락'(形體를 부족하게)로 풀이하면서 '毛達只'[모ᄌ락]이 그 예라고 하였다. '毛'는 음가자 '모'로 읽고, '達只'는 훈독자+음가자 구성인 'ᄌ락'으로 읽었다. 그런데 '毛達只'의 해독 어형은 향가 해독자에 따라 다른 점이 있어서 여기서 적극적으로 이용하지 않는다. 서재극은 『향약구급방』에서 '蒼耳'를 '升古休伊'[돗고마리]로 적은 것도 음차자가 훈차자 앞에 놓인 것이라고 하였다. 그러나 '升古'[돗고]의 '升'은 훈차자 '도'(〈되)이고, '古'는 음차자 '고'로 보고, '休伊'[말이] 역시 훈차자 '休'와 음차자 '伊'의 결합으로 보는 것이 일반적이다.

한 '波珎'(바돌)은 역상불역하의 발달 과정에서 일정한 의미를 갖는다. '波珎'은 '海'의 훈 '바돌'을 두 자의 한 자로 표기한 것인데, '珎'은 훈차자로 이용되었다. '波珎'(바돌)은 역상불역하로 나아가는 초기 단계의 모습을 띠고 있다.[43]

이밖에도 신라 고유어를 한자의 음과 훈으로 표기해 보려는 노력은 '啄部'(탁부)나 '沙啄部'(사탁부)에 쓰인 신라 조자(造字) '啄'(탁)자에서 찾아볼 수 있다. '돍~돌'로 독음된 '啄'(탁)은 신라의 고유어 '돍'을 표기하려는 노력의 결과이다. 『삼국사기』에서 '啄部'를 '梁部'로, '沙啄部'를 '沙梁部'로 고쳐 표기한 것은 '梁'의 독법이 '啄'과 같았음을 의미한다. 『훈몽자회』(1527)에 "梁 돌 량"(존경각본 上 5a)이 나오고, 이보다 앞선 『월인석보』(1450)의 협주에 "梁은 ᄃᆞ리라"(21, 77a)가 발견된다. 따라서 '梁'의 훈은 '돌~둘'로 잡을 수 있다. 이 훈은 '啄'의 신라식 독음인 '돌~달'과 근사하다. '梁'(돌)은 훈독자이고, '啄'(돌~달~닥)은 음가자이다.[44] 이 한자들은 신라 고유어를 표기해 보려는 노력과 그 과정의 일면을 보여 준다.

'波珎'(바돌)과 '沙啄部'(사돍부)에서 '珎'(돌)은 훈가자처럼 쓰였고, '啄'(돍)은 음가자로 쓰였다. 그런데 '珎'와 '啄'의 음상은 '돌'과 '돍-둘'로 서로 유사한 점이 있다. 신라어 '돌' 혹은 '둘'을 표기하기 위한 노력이 '波珎'(바돌)과 '沙啄部'(사돍부)와 같은 차자 표기를 생성한 것이다. 6세기 초기 1차 자료에 등장한 이러한 표기들은 '역상불역하'의 방법이 나오기 이전 시대의 것이다. 이 점을 고려하여 필자는 '波珎'과 같은 표기가 훈독법 생성의 씨앗이 아닌가 추정해 본다.

4. 안압지목간 '加火魚 助史'의 독법

안압지목간 188번(8세기 중후기)에 나온 '加火魚(가화어) 助史(조사)'에 대한 연구도 훈독법과 관련되어 있다. '加火魚'의 '加火'를 '가불~가부리'로 읽는 견해가 여기에 해당한다.[45] 이 견해에 따라 '加火魚'를 '가블어'로 읽는다면 '加火'의 '加'는 음가자이고, '火'(블)는 훈가자가 되어, 역상불역하의 앞뒤를 뒤집어 놓은 것이 된다. 이것은 '波珎'(바돌)처럼 제2음절을 훈독하고 훈독 어형을 훈가자로 전용(轉用)한 것이다.

그러나 '加火魚'를 '가블어'로 읽을 수 있는지 판단하기 어렵다. 한자어 '加火魚'의 중간자 하나만 훈독하는 것은 어색해 보인다. 만약 '*加火利魚'(가화리어)와 같이 말음절 첨기자 '利'를 가진 표기례가 있다면 '火利'는 '브리'로 훈독된 것이라 할 수 있다. 그러나 이런 표기례가 없을 뿐 아니라 '가블어' 혹은 '가브리어'와 같은 한글 물명 표기가 역대 문헌과 방언 자료에 쓰인 예가 없다.[46] 이런 사실로 보아 안압지목간의 '加火

---

43) 그런데 〈한국사데이터베이스〉 한국고대금석문의 적성비 판독문에는 '彼珎干支'(피진간지)로 되어 있다. 이 '彼珎'은 '波珎'처럼 '바돌'로 읽어야 한다. 그래야 '彼珎'을 '海干'(해간)의 '海'와 대응시킬 수 있다.

44) '梁'과 '啄'에 대한 선행 연구의 요점은 백두현(2020: 33-36)을 참고하기 바란다. 필자는 특히 '梁'(돍), '啄~啄'(독-닥), '涿~啄'(독-닥)이라는 김영만(2007)의 해독과 '啄'을 '탁'으로 읽고, '닭'과 관련지어 해석한 주보돈(1999: 582-583)의 연구를 중시하였다.

45) 이용현, 2007a, 「문자 자료로 본 삼국시대 언어문자의 전개」, 『구결연구』 19, 구결학회, p.213; 김영욱, 2007, 「고대 한국목간에 보이는 석독표기 : 향가 표기법의 기원을 찾아서」, 『구결연구』 19, 구결학회, p.175.

46) 경상방언에 '가부리'는 있지만 '가브리어'나 '가부리어'는 없다.

魚'는 '가화어'로 음독되었을 가능성도 있다.[47]

'加火魚' 뒤에 붙은 '助史'는 '젓'의 음차 표기일 수 있다는 최초의 제안은 하시모토 시게루에서 이루어졌고,[48] 이용현[49]과 이승재[50]에서 언급되었다.[51] 이들의 연구는 '助史'를 '젓'(醢해, 鮓자)으로 읽고 '史'를 말음 첨기자(末音添記字)로 보았다. 이 해독이 옳다면 '助史'는 음가+음가 구성이 된다. 이 견해와 달리 이문기는 안압지목간을 궁문 경비 파수꾼과 관련된 8세기 후반의 목간으로 보고, '助史'가 쓰인 5개 목간을 분석하여, '助史'는 말단 관원인 '史'를 보조하던 궁중 잡역인을 가리킨 것이라고 결론지었다.[52] '干'은 전문 기술직을 뜻한 직명이고, '史'는 말단 관원이며,[53] '助史'는 '史'를 보조한 잡역인을 뜻한다고 보았다. 이런 맥락으로 보면 '加火魚 助史'는 '가블어 젓'이 아니라 '加火魚의 관리를 맡은 助史[말단 관리]'를 뜻한다.

그러나 이 목간은 창고 정리용 꼬리표 목간[荷札木簡][54]이어서 관직명이 들어갈 문맥이 아니다. 안압지목간에서 '助史'는 '加火魚助史', '猪助史', '赤魚助史', '獐助史'의 예처럼 어류와 육류 명사 뒤에 쓰이고 있으며, 젓갈을 뜻하는 '醢' 혹은 그릇을 뜻하는 '醯'와 교체되는 문맥에 쓰여 있다.[55] '助史'와 '醢'의 교체에서 전자는 고유어 '젓'의 음가자 표기이고, 후자는 이것을 한자어로 표기한 것이라는 해석을 끌어낼 수 있다. 고유어 물명을 음가자로 표기한 '助史'(젓)와[56] 이것을 한역(漢譯)한 표기 '醢'(젓 해)가 안압지목간이 제작된 시기(8세기 중후기)에 병용되었음을 알 수 있다.[57] 이렇게 보더라도 '加火魚助史'는 역상불역하의 예가 아니다.

---

47) '加火魚'는 세종실록 148권 지리지 경기도 부평 도호부와 154권 지리지 평안도 항에 특산물 이름으로 실려 있다. 세종실록 지리지에 실린 한자어 표기 '加火魚'가 '가블어'로 독음되었을 가능성은 없다.

48) 하시모토 시게루(橋本 繁), 2007, 「雁鴨池 木簡 判讀文의 再檢討」, 『신라문물연구』 창간호, 국립경주박물관.

49) 이용현, 2007b, 「안압지와 東宮 庖典」, 『신라문물연구』 창간호, 국립경주박물관.

50) 이승재, 2009, 「목간과 국어학」, 『고대의 목간, 그리고 산성(국립가야문화재연구소 학술총서 제44호)』, 국립가야문화재연구소·국립부여박물관, p.182.

51) 이경섭, 2013, 『신라 목간의 세계』(경인한국학연구총서110), 경인문화사, pp.106~107.

52) 이문기, 2005, 「안압지 출토 목간으로 본 신라의 궁정 업무 -궁중 잡역의 수행과 궁정 경비 관련 목간을 중심으로」, 『한국고대사연구』 39, 한국고대사학회.

53) 신라 왕궁의 어룡성(御龍省) 산하 수공업 담당 관청에 '干'과 '史'를 두었다(노중국, 2001, 「新羅時代의 尺과 干 - 技術職으로서의 尺의 성립과 地位 변화를 중심으로 -」, 『한국고대사연구』 23, p.271·p.275). 노중국, 2001, 앞의 논문, p.271에는 『삼국사기』 권 제39, 잡지 제8 직관 중에 나온 干과 史의 배속 관청 이름(麻典, 肉典, 滓典, 楊典, 瓦器典, 机概典 등) 및 배속 인원수가 밝혀져 있다. 최일례는 신라 직관명 '史'를 종합적으로 연구하여 '史'가 배치된 관청과 왕대별 배치 인원의 증감 등을 자세하게 기술하였다(최일례, 2022, 「신라 직관명 '史'에 대한 검토」, 『세계역사와 문화연구』 63).

54) 이 용어는 한국 고대 목간을 용도별로 분류한 윤선태, 2007, 「한국고대목간의 형태와 종류」, 『역사와 현실』 65, 한국역사연구회, p.178에서 가져온 것이다.

55) 甲寅年壹月仇日作加火魚醢(221번), [三]月□日作 [猪]醢□(216번), 三月卄一日作獐助史缶□(222번), □□□正月十□日作□猪助史 百十瓮(211번), 猪水助史第一□瓮一入(183번), 十一月卄七日入□赤 魚助史六十□(215번), [朔]三月日作□醢瓮(195번)
※ 이 자료는 이재환·오택현이 한국목간학회 제39회 정기발표회(2023.4.8. 중앙대학교)에서 "백제·신라 목간의 집계와 범례의 제안"을 발표하면서 공개한 엑셀 파일에서 가져온 것이다. 두 분의 노고에 깊이 감사드린다.

56) 신라의 고유어를 음가자로 표기한 예는 8세기 전기 자료인 일본 동대사본 『화엄경』 및 미츠이기념미술관 소장본 『판비량론』의 각필 자료에 나타나 있다.

57) 한편 '加火魚 助史'의 '助史'는 이두문에서 양인 여성을 뜻하는 '召史'(조시)와 음상(音相)이 같다. 한글 표기 '조시'는 17세기 초기에 곽주가 쓴 현풍곽씨언간의 3번 및 25번 편지에 나타나 있다.

5. 8세기 초기 자료에 모습을 보인 훈독법

8세기 전기에 필사된 『판비량론』 및 동대사본 『화엄경』에 나타난 '當Ḿ'[58](반두기), '言白'(숣-), '或刀'(도)쪼), '說乃伊'(나이-), '餘多留'(다르-)는 모두 훈독법의 존재를 문증하는 예들이다(후술 2.6절 2)항 참조). 이 예들 중에서 '當Ḿ'(반두기)는 훈주음종에 해당하는 표기로서 역상불역하에 가장 근접한 것이다.

8세기 초기 자료인 황복사석탑금동사리함명(706)의 '韓舍'와 '韓奈麻', 화엄경사경조성기(755)에 공존하는 '大舍'와 '韓舍'는 '大'를 '한'으로 훈독한 증거이다.[59] 이런 예들은 8세기 초기 혹은 직전 시기의 신라에 훈독법이 존재했음을 문증한다.[60]

그런데 훈독법이 존재했다고 하여 역상불역하가 성립되었다고 단정할 수 없다. 훈독법은 역상불역하의 필요조건이 될 수 있으나 충분조건은 아니기 때문에 양자를 연관시켜 그 존재를 단정하는 것은 조심스럽다. '大舍'와 '韓舍'의 대응은 역상불역하의 성립 가능성을 뒷받침한다. 7세기 중엽에 의상이 귀국하고, 8세기 중엽 이후에 『화엄문의요결』 등이 일본에 전해지는 등 화엄학이 성행한 사실로 보아 『화엄경사경조성기』가 이루어진 8세기 중엽에는 차자법이 상당한 수준으로 발달했음을 짐작할 수 있다. 『화엄경』의 조성 경위를 적은 『화엄경사경조성기』에 표기된 다양한 이두 형태는 이 시기의 발달된 차자표기 수준을 반영한 것이다.

6. 역상불역하의 생성

1) 원가(怨歌)의 배경 설화로 본 역상불역하의 생성 시기

역상불역하의 성립 여부를 탐색하는 또 하나의 방법은 향가가 문자로 기록된 시기를 확인하는 것이다. 필자가 2018년에 이 문제를 논한 바 있고,[61] 그 요점은 다음과 같다. 『삼국유사』에 실린 향가의 배경 설화를 통해 향가가 불린 시기를 짐작할 수 있다.[62] 배경 설화에 따르면 서동요와 혜성가는 진평왕(재위 579~632년) 시대에 노래로 구송되었다. 6세기 말기와 7세기 초기에 향가가 지어졌음은 향찰식 차자 표기(특히 역상불역하)의 성립 가능성을 암시한다. 그러나 서동요와 혜성가가 창작 당시부터 구송만 되고 문자

---

58) '當Ḿ'와 같이 표기한 아래 첨자는 각필자임을 뜻한다. 이하 같다.

59) 小林芳規는 일본 大谷大學 소장 『판비량론』(8세기 전반 필사, 원효가 55세에 지은 저술)의 '根'자에 각필자 'ㄱㅔ'가 있다고 판독하고, '根'의 훈 '뿌리'와 관련지어 해석했다(小林芳規, 2006, 「日本 訓點의 一源流」, 『구결연구』 17, 구결학회, pp.19-20). 김영욱은 『判比量論』의 '根'자에 붙은 이 각필자를 '슿, \'로 전사하고, '火是'(블-이)로 읽었다(김영욱. 2004, 「漢字·漢文의 한국적 수용」, 『구결연구』 13, 구결학회; 김영욱, 2008, 「한국어 표기의 기원과 전개 과정」, 『한국문화』 42, 서울대학교 규장각한국학연구원, p.178). 그런데 『판비량론』을 정밀하게 조사한 정재영과 권인한은 '根'자 옆의 각필자를 찾지 못한 것으로 결론지었다(권인한, 2019, 「大谷大學藏 『判比量論』角筆點의 언어문화사적 의의」, 『구결연구』 42, 구결학회, p.12). '根'자의 훈독 표기 여부는 종결된 것으로 보인다.

60) 백두현, 2020, 앞의 논문, p.51.

61) 백두현, 2018, 「월성 해자 목간의 이두 자료」, 『목간과 문자』 20, 한국목간학회, p.296.

62) 이승재, 2013, 앞의 논문, p.178.

화되지 않았을 수도 있기 때문에 향가의 창작이 향찰식 차자 표기의 성립을 보장하지 못한다.

향가의 문자화 시기를 알려 주는 증거는 원가(怨歌)의 배경 설화에서 찾을 수 있다.[63] 효성왕(재위 737~742년)은 즉위하기 이전에 신충(信忠)을 만나 벗하며 바둑을 두다가 그에게 훗날을 언약하였다. 그러나 즉위 이후에 효성왕이 약속을 지키지 않자 신충이 원망의 뜻을 담은 노래를 지어 잣나무에 걸었더니[帖 於栢樹(첩어백수)] 잣나무가 누렇게 시들어 버렸다. 이 설화에서 우리의 관심을 끄는 내용은 노래를 지어 이것을 "잣나무에 걸었다"라는 사실이다. 노랫말을 나무에 걸려면 문자로 적어야 한다. 신충이 스스로 지은 원가의 노랫말을 문자로 표기했다는 점이 중요하다. 향찰식 표기법이 효성왕이 즉위하기 이전(737년 이전)에 일정한 수준으로 발달하지 않았더라면 신충의 문자화는 불가능했을 것이다. 원가의 배경 설화를 통해 우리는 8세기 전기(737년 이전)에 향찰식 표기법이 존재했다고 말할 수 있다. 원가 가사에는 명사의 말음 첨기법을 보여 주는 '物叱'(갓), '栢史'(잣), '秋察尸'(ᄀᆞ슬)뿐 아니라 연결어미 표기자인 '米'(-미)와 '乃'(-나), 관형사형 어미 표기자인 '尸'(-ㄹ)과 '隱'(-ㄴ), 조사 표기자인 '矣'(-의), '叱'(-ㅅ) 등의 차자가 쓰였다.[64] 이러한 사실을 근거로 말음첨기법을 포함한 역상불역하 표기 방식은 적어도 8세기 전기(737년 이전)에 존재했다고 추정한다.[65] 『삼대목』이 편찬된 888년에는 향가가 전면적으로 문자화되면서 역상불역하 등의 향찰식 표기법이 더욱 체계화되었을 것이다.

그런데 향가를 문자로 기록한 시기는 남풍현이 13세기 후반이라고 하였고,[66] 양희철은 이 문제를 집중적으로 검토한 후 몇 가지 결론을 내렸다.[67] 이 결론 중에서 필자의 논의에 필요한 부분만 발췌하면 다음과 같다.

> 『삼국유사』에서 향가 관련 설화 내용은 거의 고기록의 잔흔을 갖고 있어서 『삼국유사』 소재 향가는 일연 이전의 고기록에서 전사한 것이다. 금석문의 이두에 비추어 볼 때 이두와 향찰의 원리는 6세기에 완성된 것이다.[68] 『삼국유사』 소재 향가는 균여 향가와 다른 면이

---

63) 향가의 문자화 문제를 가장 먼저 연구한 분은 홍기문이다. 홍기문은 '입으로부터 글로의 발달'이란 소절을 두고 입으로 불리던 향가가 글로 기록된 과정을 논하였다(홍기문, 1956, 『향가해석』, 평양: 과학원(1990, 여강출판사, 김지용 해제 첨부 재출간, pp.50-52)). 『삼국유사』의 향가 중 가장 오래된 혜성가와 서동가가 입으로 노래된 것임을 말하고, 죽지랑가 등이 글로 저작된 증거는 없다고 하였다. 다만 신충이 「잣나무가」(怨歌)를 잣나무에 붙인 것은 글로 저작되었음을 분명히 보여 준다고 했다. 특히 『삼국유사』, 권2, 「경문대왕」 조에 왕을 따르던 요원랑, 예흔랑, 숙종랑 등의 화랑이 노래 세 편을 짓자 이를 대거(大炬)라는 중에게 보내어 세 노래를 지으라고 명한 사실에 주목하고, "화랑들이 입으로 지은 것을 대거에게 보내서 글로 지었다는 말이 아닐까?"라고 짐작하였다.

64) 신충이 문자화한 「원가」와 『삼국유사』에 전하는 「원가」의 표기가 서로 같았다고 판단할 근거는 없다. 현재의 연구자로 다른 선택의 여지가 없기에 『삼국유사』 소재 「원가」를 제시하였다.

65) 백두현, 2018, 앞의 논문, p.296.

66) 남풍현, 1981, 「한자·한문의 수용과 차자표기법의 발달」, 『한국 고대문화와 인접 문화와의 관계』, 한국정신문화연구원, p.185.

67) 양희철, 1992, 「향가의 기록 연대와 작가명」, 『인문과학논집』 11, 청주대학교 인문과학연구소.

68) 밑줄 친 이 문장에는 오해가 있다. 6세기 금석문 자료에서 향찰식 표기법인 훈주음종(혹은 역상불역하) 표기례를 찾을 수 없

있으며 시대가 더 빠르다. 금석문 이두에서 '乙'(목적격조사)이 941년에 처음 등장하는 점으로 보아 「처용가」와 「서동요」를 제외한 『삼국유사』 소재 향가는 최소한 9세기에 기록되었을 것이다. 『삼국유사』 소재 향가는 창작 당시의 상한선으로부터 9세기 하한선까지 기록되어 오던 것을 일연이 전사한 것이라 할 수 있다. 처용가의 '東京'은 9세기에 이미 쓰인 것이고, 서동요의 '乙'은 경덕왕 대에 이미 쓰인 것이므로 이를 근거로 두 작품의 연대를 확정할 수 없다.[69] (밑줄은 필자의 것)

위에서 논의된 내용의 요지는 최소한 9세기에는 향가가 문자화되었고, 이것은 『삼대목』의 편찬 연대(888)와 부합한다. 『삼대목』에서 향가가 집대성됨으로써 기존 향가 작품의 문자화가 전면적으로 이루어졌으며, 일연대사는 문자화된 이 향가 가사를 보고 『삼국유사』 편찬에 이용했다는 것이다. 그런데 문제의 핵심은 '개별 향가 작품이 창작된 당시에 문자화가 이루어졌을 것인가?'라는 것이다. 신충의 「원가」 이외에는 창작 당시의 문자화를 알 수 없다는 것이 이 논의의 한계점이다.

2) 8세기 중엽 화엄경사경조성기에 나타난 역상불역하 표기

화엄경사경조성기(755)에는 한자로 표기한 동사 어간에 활용어미가 결합한 예들이 여러 개 나타나 있다. '用弥'(쓰며), '齊食弥'(제를 먹으며~제식ㅎ며), '進之'(나사겨다), '寫在如'(벗기겨다), '散弥'(쓰리며), '韓舍'(한사) 등은 역상불역하의 원리에 따라 읽은 것이다. 향찰 표기에 흔히 쓰인 어간 표기 훈독자와 어미 표기 음가자의 결합 구성이 화엄경사경조성기에 존재한다. 따라서 8세기 중엽에는 역상불역하의 방법이 완성되어 있었다고 말할 수 있다.

9세기 초(817)에 세운 이차돈순교비에 '猒髑'과 같은 역상불역하 방식의 표기는 이러한 흐름 속에서 나타난 것이다. 이차돈순교비의 3~6면에 '猒髑'(염촉)이 쓰인 사실은[70] 역상불역하 방식이 이 비가 세워진 817년[71] 이전에 이미 존재했음을 뜻한다. 이보다 앞선 시기에 향가가 창작되어 문자로 기록되었을 것이고, '赫居世'나 '尼叱今'이란 표기가 신라 고기(古記)에 존재했을 수 있다.

기 때문이다.

69) 위의 논문, p.44.

70) 박방룡, 2020, 앞의 논문, pp.32-35.

71) 『삼국유사』 권3, 흥법3 원종흥법(原宗興法)에 헌덕왕 9년(817)에 "國統 惠隆과 法主 孝圓·金相郎, 大統 鹿風, 大書省 眞恕, 波珍湌 金嶷 등이 舍人의 옛 무덤을 고치고 큰 비를 세웠다"라는 내용이 있다(박방룡, 2019, 「異次頓 舍人 묘와 사당에 대한 단상」, 『신라문화유산연구』 3, 신라문화유산연구원, p.12). 헌덕왕대(809~825)에 이르러 이차돈의 무덤을 수축하고 묘비와 사당을 건립하는 등 이차돈 현창 사업이 일어났다(위의 논문, p.6).

III. 역상불역하의 생성 주체와 배경

1. 음의가(音義家) 학승(學僧)의 불경 주석

고구려와 백제에 비해 신라에는 각종 불전을 연구하여 여기에 주석을 달고 풀이한 음의가 학승[72]과 이들이 찬술한 불교 문헌이 압도적으로 많다.[73] 『한국불교찬술문헌총록』에는 고구려의 학승 승랑(僧朗)과 그가 찬술한 문헌 2종, 백제의 학승 담욱(曇旭)·혜인(惠仁)·도장(道藏)·의영(義榮) 등 4인이 소개되어 있다.[74] 이에 비해 신라의 학승은 47인이고 찬술 문헌은 수백 종에 달한다. 원광(圓光)이 찬술한 문헌 2종, 혜장(惠藏)이 찬술한 문헌 5종, 원측(圓測) 찬술 문헌 19종, 신방(神昉) 찬술 문헌 9종, 원효 찬술 문헌 86종, 의상(義湘) 찬술 문헌 6종, 경흥(憬興)[75] 찬술 문헌 40종, 지인(智仁) 찬술 문헌 5종, 영인(靈因) 찬술 문헌 3종, 순경(順璟)[76] 찬술 문헌 4종, 도증(道證) 찬술 문헌 13종, 승장(勝莊) 찬술 문헌 7종, 현일(玄一) 찬술 문헌 10종, 지통(智通) 찬술 문헌 2종, 의적(義寂) 찬술 문헌 25종, 도륜(道倫) 찬술 문헌 18종, 혜초(慧超) 찬술 문헌 3종, 태현(太賢) 찬술 문헌 52종 등 많은 학승이 수많은 논소(論疏)·장소(章疏)·석문(釋文) 등을 찬술했다.

박용진은 신라의 학승이 찬술한 35종 화엄장소의 목록과 학승별 찬술 부수를 표로 정리하였다.[77] 이 표에 실린 신라 학승은 가귀(可歸), 도신(道身), 명효(明皛), 범여(梵如), 연기(緣起), 원효(元曉), 의상(義想), 의융(義融), 지통(智通), 진숭(珍嵩), 태현(太賢), 표원(表員)이다. 신라 화엄학과 불경 연구가 크게 융성했음을 확인할 수 있다. 고려본 『화엄경』 권말에 부재된 음의[78]는 신라의 화엄학을 이룩한 학승들의 연구 성과를 이어받은 것이라고 할 수 있다.

권인한은 신라 고승(원측, 순경, 경흥, 태현)의 주석이 일본 승려 중산이 찬한 묘법연화경석문에 인용된

---

72) 불교 경전을 이해하기 위해 경전 문장의 한자 음과 뜻을 주석한 승려를 '음의가 학승'이라 칭한다.

73) 신라에 불경을 주석하거나 논소(論疏) 저술자가 많은 까닭은 신라가 삼국을 통일하고 장기간 존속한 점이 중요한 요인으로 작용했을 것이다. 백제와 고구려는 끊임없는 전란을 치르다가 7세기 중엽에 멸망해 버렸다. 학문은 평화로운 시기에 융성한다. 신라에서 음의가 학승이 압도적으로 많은 까닭은 신라가 삼국을 통일하여 장기간 융성한 사실에서 찾을 수 있다.

74) 동국대학교 불교문화연구소, 1976, 『한국불교찬술문헌총록』, 동국대학교 출판부, pp.3-93.

75) 『삼국유사』에 경흥은 속성이 水씨이고, 웅천주[公州] 출신인데 18세에 출가하여 삼장(三藏)에 달통하여 명망을 크게 떨쳤다고 한다(『한국불교찬술문헌총록』, 40-41).

76) 순경은 신라에서만 공부하여 당나라 현장의 유식론을 깨달아 스스로의 학설 '決定相違不定量'을 세우고, 4종의 논서를 지었다 (『한국불교찬술문헌총록』, 51-52). 권인한은 남풍현(2003, 「신라승 순경과 경흥의 법화경 주석서에 대하여」, 『구결연구』 10, 구결학회, p.33)과 김상현 선생의 연구를 인용하여 순경이 7세기 중반부터 8세기 초기에 걸쳐 활동했으며, 『法華經料簡』(1권), 『大毘婆沙心論抄』(10권), 『成唯識論料簡』(1권), 『因明入正理論抄』(1권)을 지었으나 전해지지 않음을 밝힌 바 있다(권인한, 2022, 「『妙法蓮華經釋文』으로 본 통일신라의 한자 문화」, 『영남학』, 79, 경북대학교 영남문화연구원, pp.150-151).

77) 박용진, 2019, 「고려 의천 찬 『신편제종교장총록』과 동아시아의 화엄 장소(章疏)」, 『신편제종교장총록 수록 문헌 총람』, 고려대장경연구소, p.219.

78) 이승재는 고려의 재조본 『화엄경』 권말에 실린 음의(音義)의 기원을 거란본 『화엄경』, 『법화경』 등과 비교 검토하고, 『화엄경』의 音義는 11세기 말엽의 고려본에서 가장 먼저 나타난 것임을 밝혔다(이승재, 2010, 「재조본 『화엄경』에 附載된 권말 音義의 기원」, 『진단학보』, 109, 진단학회). 고려본 『화엄경』의 음의는 한자의 음에 대한 정보를 반절법 혹은 직음법으로 기술한 내용이다.

사실을 논하며, 7세기 중반~8세기 초엽에 통일신라의 한자 문화가 상당한 경지에 도달했음을 밝혔다.[79] 경전을 논하고 주석하는 작업은 문자를 다루는 일이니, 이 일을 하는 과정에서 한자의 음훈으로 신라어를 표기하는 방법을 찾아냈을 것이다. 일본에 전해지는 『화엄경』, 『판비량론』 등 신라 학승들이 편찬한 경전에는 한자와 한문구의 뜻을 풀이한 주석 이른바 석명(釋名)과, 한자의 음가를 반절법 혹은 직음법(直音法)으로 표기한 각필자가 씌어 있다. 경전의 권말에는 난해한 한자를 별도로 모아 주석을 붙이거나, 『화엄경』처럼 별도의 권책으로 음의석(音義釋)을 묶어서 붙인 사례도 있다.

남풍현은 일본 동대사 소장 신라 화엄경에 '良'자의 초서자를 비롯하여 각필자 '占 白 乃 叱 沙 目 ㆆ 毛 刀 自'가 출현함을 말하고 각 각필자의 기능을 논하였다.[80] 특히 '言'에 붙은 '白'자 등 여러 훈독 부호가 기입되어 있음을 밝힌 바 있다. 정재영은 동대사본 화엄경에 기입된 각필자 구결, 성점 표시 부호, 교정에 사용된 삭제 부호, 단어나 구절을 표시하는 합부선, 범패보(梵唄譜) 등을 밝혀 기술했다.[81] 동대사 소장 화엄경의 '或'(49, 51행)에 붙은 각필자 '刀'(도)쪼), '乃'(167행)에 붙은 각필자 '沙'(부사 '사'), '說'(167행)에 붙은 각필자 '乃伊'(*나이-)[82]는 전훈독자 용례들이다.[83] 용언 어간을 음가자로 표기한 훈독 각필자의 예들은 동대사본 화엄경(740년경 필사된 신라 사경)에 다수 나타나 있다. 이 자료에는 격조사, 연결어미, 말음첨기자 등 다양한 문법형태가 각필되어 있다.[84]

小林芳規에 따르면 일본에서 각필 부호는 10세기 이후에야 사용되기 시작했다.[85] 따라서 일본 大谷大學 박물관 소장본 『판비량론』의 각필 부호는 8세기 전기의 신라 학승에 의해 기입된 것으로 본다. 김영석은 일본 미츠이 기념미술관 소장본 『판비량론』에 'ㅂ', 'ㅂ' 등 해독 가능한 21자와 해독이 어려운 17자가 있음을 지적한 바 있다.[86] 권인한은 『판비량론』의 각필점들을 각필자(角筆字), 성점(聲點), 범패부(梵唄符), 합부선(合符線)으로 분류하고, 차자표기는 물론 한자음과 범패창 연구의 측면에서 이 문헌이 갖는 가치를 논하였다.[87] 『판비량론』의 '當只'에 붙은 각필자 '只'는 부사 '當'이 훈독된 것임을 뜻한다.[88] 또한 '言白'에 붙은 각필자 '白'은 '言'이 동사 '숣-'으로 훈독되었음을 보여 준다.[89] 『판비량론』에서 '餘多留'의 각필자 '多留'가 '餘'의

---

79) 권인한, 2022, 앞의 논문.

80) 남풍현, 2013, 「東大寺 소장 신라화엄경 사경과 그 석독구결에 대하여」, 『구결연구』 30, 구결학회.

81) 정재영, 2014, 「신라 사경에 대한 연구」, 『구결연구』 33, 구결학회, pp.112-113.

82) 남풍현은 '乃(伊)'를 "부처님이 말하다"라는 의미의 동사로 보았다(남풍현, 2013, 앞의 논문, p.67). '乃伊'(나이-)내-)는 부처님이 말하는 행위를 특별하게 표현한 동사라는 것이다. 말하는 행위는 입으로 음성을 '내는' 행위이다.

83) 권인한, 2019, 앞의 논문, p.19.

84) 구결학회 월례연구발표회(2023.4.22)에서 권인한 교수가 발표한 「동대사 화엄경 각필 자료집 각필점 색인」을 참고하였다.

85) 小林芳規, 2006, 앞의 논문, p.18.

86) 김영석, 2017, 「원효 『판비량론』의 새로운 발굴-고토미술관 및 미츠이기념미술관 소장본을 중심으로」, 『불교학보』 81, 동국대학교 불교문화연구원, p.100.

87) 권인한, 2019, 앞의 논문.
    상성과 거성이 서로 섞이는 상거상혼(上去相混)의 단초를 찾을 수 있는 점, 범패창의 기원을 밝히는 데 기여할 수 있다고 본 점도 학계의 관심을 끈다.

88) 위의 논문, p.10·p.18.

문맥적 의미 '다르-'를 뜻하는 전훈독자 표기라면[90] 용언 어간을 음가자로 표기한 특이례가 된다. '中'자의 오른쪽 아래[右下]에 기입된 각필자 '良'의 초서자는 처격조사 '-아'를 표시한 것이다.[91]

8세기 전기 자료인 일본 동대사 소장 『화엄경』에는 '或[刀]'(*도)쪼)(49, 51행), '乃[沙]'(사부사)(167행), '說[乃伊]'(*나이-) 등과 같이 한자 우측에 기입된 전훈독자 용례들이 있다.[92] 또 일본에 전해지는 『화엄문의요결문답』의 여러 이본들 중 伊藤本(사토본)과 延曆寺本(연력사본)은 8세기 사본인데, 사토본에는 부호구결과 석독지시부호, 교정부호, 구두 표시 등이 있으며, 이들은 신라의 구결을 그대로 옮겨 적었을 가능성이 크다.[93]

신라의 학승들은 한자의 음과 석, 난해구를 밝혀 풀이하는 작업을 통해 언어와 문자를 분석하고 표현하는 능력을 키웠고, 이 능력은 신라어를 표기해 내는 힘으로 작용했을 것이다. 이 힘을 바탕으로 신라에서 다수의 불교서가 저술된 것이다. 7세기 후기에 활동한 원효(617~686)는 불교학을 크게 진작시켰다. 이것이 이어져 7세기 중반~8세기 초엽에 활동한 원측(圓測 613~696), 순경(順憬)[94], 경흥(憬興), 태현(太賢)은 묘법연화경 등 불경을 주석하였고, 이것이 일본 법상종의 학승 중산(中算)이 지은 『묘법연화경석문』(妙法蓮華經釋文)에 인용되었다.[95] 권인한은 네 분의 학승이 행한 44개 한자 주석을 적출하여, 이를 자형주(字形註), 자음주(字音註), 자의주(字義註), 기타주로 분류하였다.[96] 이들이 행한 주석에는 반절법으로 한자음을 풀이한 것, 『설문해자』와 『옥편』 등을 인용하여 한자음과 뜻을 풀이한 것 등이 있다.[97] 경흥과 순경은 한자학에 밝았으며, 특히 순경의 주에는 학문적 자신감과 깊이가 드러나 있다.[98]

이러한 고찰을 통해 7세기 중반~8세기 전기에 활동한 학승들의 한문자 지식과 이해 수준이 높았음을 알 수 있다. 음의가 학승들의 주석 작업은 한문자에 대한 지식을 심화시켜 한자의 음훈으로 역상불역하와 같은 차자법을 창안해 내는 동력이 되었을 것이다. 필자는 역상불역하의 원리를 창안해 낸 주체는 불경을 주석하고 논소를 저술한 음의가 학승이라고 판단한다. 이두 문법형태가 가장 발달한 수준으로 표기된 화엄경사경조성기는 승려가 지은 글이다. 이두가 풍부하게 표기된 화엄경사경조성기는 8세기 중엽의 승려가 높

---

89) 위의 논문, p.18.

90) 위의 논문, p.19.

91) 이 각필자는 동대사본 화엄경에서 호격조사 '-아', 연결어미 '-아/어' 자리에도 쓰였다(위의 논문, p.10).

92) 위의 논문, p.19.

93) 정재영 2009, 「『화엄문의요결문답(華嚴文義要決問答)』에 대한 문헌학적 연구」, 『구결연구』, 23, p.62.
사토본 『화엄문의요결문답』의 부호구결과 문법형태에 대한 연구는 박용식, 2010, 「佐藤本 『화엄문의요결문답(華嚴文義要訣問答)』의 부호구결과 8세기 신라의 문법 형태」, 『구결연구』, 24, 구결학회와 안대현, 2013, 「佐藤本 『화엄문의요결문답(華嚴文義要決問答)』과 고대 한국어의 'ㅿ/矣'」, 『구결연구』 31, 구결학회를 참고하기 바란다.

94) 순경은 7세기 중반부터 8세기 초에 걸쳐 활동하였고, 경흥은 7세기 후반기, 태현은 경덕왕 대에 활동하였다(권인한 2022, 앞의 논문, pp.150-151).

95) 권인한, 2022, 앞의 논문.

96) 위의 논문, pp.138-164.

97) 위의 논문, p.159·p.161.

98) 위의 논문, p.166.

은 수준의 이두문 작성 능력을 가지고 있었음을 보여 준다.

2. 문척(文尺)의 기록 문서 작성

신라에는 '尺'을 붙여 표시한 전문 기능인과 관련 직제(職制)가 있었다. 노중국은 '尺'이 쓰인 금석문의 용례를 모두 적출하여 '人'이 '尺'으로 변해간 표기 변화의 과정, 기술직을 가리키는 것으로 변한 '尺'의 의미변화와 사회적 지위의 하락 등을 종합적으로 고찰한 바 있다.[99] 『삼국사기』 권32, 「樂條」(악조)에 고기(古記)를 인용하여 정명왕(政明王=신문왕, 재위 681~692년) 9년에 설행된 주악(奏樂)의 악공 구성원을 기술해 놓았다. 이 기사에 악공을 가척(笳尺), 무척(舞尺), 금척(琴尺), 가척(歌尺)이라 칭하고, 그 말미에 "신라 때 악공을 모두 '척(尺)'이라고 불렀다(羅時樂工皆謂之尺)"라고 하였다. 이 기사에 이어진 고구려와 백제 음악의 주악 구성원 직명에는 '척(尺)'이 사용되어 있지 않다. 전문 직명 표기의 '척(尺)'은 신라 특유의 것임을 알 수 있다. '文尺'은 문서 작성을 맡은 전문 기술 직명이자 공적 문서 작성자를 가리킨다. '文尺'은 신라 특유의 문서를 작성했으며, 이들의 문서화 작업은 이두 표기를 발달시켰다. 6~8세기의 신라 금석문과 목간의 이두문은 文尺이 작성한 것이 많다.

6세기 신라의 금석문과 목간문은 분쟁이 된 사건을 처결하고 그 경위를 기록한 것, 상위자에게 올리는 보고 문서, 수취 관련 짐꼬리표 등 여러 가지 형식에 다양한 내용을 담고 있다. 이러한 금석문과 목간문에는 문서 작성자의 직명과 이름이 나타나 있다. 금석문의 경우, 문장 작성자를 가리킨 직명이 '書人'(봉평비 等), '文作人'(무술오작비), '書寫人'(명활산성작성비), '文尺'(남산신성비 제1·2·3·9비), '書尺'(남산신성비 제4비) 등 서로 다르게 쓰여 있다. 목간문의 경우, 6세기 자료인 월성해자목간에는 '文尺智'(월성해자2018-6), 주공지목간에는 '文人'이 문서 작성자로 기록되어 있다.[100] '文人'은 한문식 한자어이고, '書寫人'과 '書人' 역시 그러하다. 그러나 '文作人'(글 지은 사람)은 한국어 어순으로 구성된 합성어이다. '文尺'과 '書尺'은 신라에서 조어한 이두식 한자어이다. '文尺' 등의 '尺'은 전문 기능인을 뜻한 접미사로 쓰인 것이다.[101] 성산산성목간에는 '文尸只'와 '文尸伊'라는 인명 표기가 나타나는바[102] 이들은 '글'하는 사람일 가능성이 있다.

국가의 공무를 처리한 후 그 내용을 문서로 기록하는 전통은 고대 삼국에서 큰 차이가 없었던 듯하다. 그런데 현전 금석문 자료 혹은 문헌 자료에는 신라에 관한 자료가 압도적으로 많다. 삼국이 공존했던 6세기의 금석문 자료를 보면 신라의 것이 가장 많다. 국가의 축성 사업을 기록한 문서의 경우, 신라의 남산신성비(1비~10비) 및 명활산성비처럼 축성자 및 작업 내역을 자세히 적은 사례는 고구려와 백제에서 찾아보기 어렵다. 고구려의 6세기 평양성 각자 성석(平壤城 刻字 城石) 5건이 있으나 축성을 맡은 지역과 거리 정

---

99) 노중국, 2001, 앞의 논문.

100) 백두현, 2018, 앞의 논문, pp.291-292.

101) 예컨대 무술오작비의 '大工尺仇利支村壹利刀兮'에서 '대공척'은 '塢'(수리시설의 둑)를 축조한 공사 감독관을 뜻한다. 안압지 출토 명활산성비(551)의 '大工尺㐘兮之'에도 '대공척'이란 직명이 보인다.

102) 백두현, 2020, 앞의 논문, p.46에서 '陽村文尸只'(43-1), '及伐城文尸伊稗石'(148-1), '及伐城文尸(只)稗石'(214-1)을 언급한 바 있다.

도만 표기되어 있을 뿐이다.[103] 신라의 남산신성비에는 축성에 참여한 주요 인물의 출신지, 관등, 이름이 나열되어 있고, 이들에게 '위문교령'(爲聞教令)하고 삼 년 내에 붕괴되면 죄를 받는다고 맹서한 내용이 기재되어 있다. 신라의 남산신성비가 문서 형식을 띤 서약문이고, 고구려의 평양성 각자 성석은 축성 참여자와 거리만 간략히 적은 기록문이다. 남산신성비에는 축성 작업 내용과 책임 소재를 말로 알려 주고, 이를 돌에 새긴 내용이 있다. 남산신성비의 이 방식은 작업 내용을 작업자의 마음에 각인시키는 데 효과적이었을 것이다.

분쟁이 된 사건의 처리 결과를 기록한 중성리비, 냉수리비, 봉평비 등은 문서화가 신라의 통치 행위에서 매우 중요한 것이었음을 말해 준다. 신라 특유의 문척들은 축성 작업 등 국가적 사업과 통치에 필요한 문서를 작성하였고, 국가의 통치 행위를 기록한 문서 작성 실무자 문척을 둔 이 제도는 한문자의 신라적 변용을 가능케 한 토대가 되었을 것이다.

3. 설총의 유교 경서 훈해(訓解)

음의가 학승뿐 아니라 유교 경서를 훈해한 설총도 차자법(특히 구결)의 발달에 기여했다고 본다. 설총의 경서 해석과 관련된 주요 기록은 다음 두 가지이다. ① "방언으로 아홉 경서를 읽어 후생을 훈도하였으니, 지금까지 학자들이 그를 종주로 여긴다(以方言讀九經 訓導後生 至今學者宗之)"(『삼국사기』 권46, 열전6 강수 최치원 설총). ② "방음(方音)으로 화이(華夷)의 방속(方俗)과 명물(名物)을 두루 깨우쳐 육경(六經)을 훈해(訓解)하였다(以方音通會華夷方俗物名 訓解六經文學)"(『삼국유사』 권4, 원효불기元曉不羈). 두 기록은 설총이 구경 혹은 육경 문학[104]을 신라어로 풀이했음을 말하고 있다. 설총이 한문 경서와 문학을 신라어로 풀이했다는 것은 차자법의 성립을 전제한다.

그런데 설총의 경서 훈해가 구두 강론에 그친 것인가? 훈해한 결과를 문자화하였을까? 이 질문은 차자 표기의 발달과 직접 관련되어 있다. 만약 후자였다면 설총의 경서 훈해는 신라어로 경서를 번역 표기한 것이 된다. 이 작업에는 음가법과 훈독법이 모두 필요하고, 역상불역하의 방법도 이용되었을 듯하다. 그러나 훈해 결과의 문자화 여부는 알 수 없는 것이어서 추론 이상으로 나아갈 수 없다. 불교 경전과 달리 설총의 경서 훈해는 어떤 자료도 남기지 않았다. 따라서 설총의 경서 훈해가 차자법 발달에 미친 영향을 구체적으

---

103) 여호규, 2011, 「고구려의 한자문화 수용과 변용」, 『동아시아의 문자교류와 소통』, 동북아역사재단과 기경량, 2017, 「평양성 출토 고구려 각자 성석의 판독 및 위치 재검토」, 『사학연구』, 127, 한국사학회에 판독문과 이에 대한 설명이 있다. 제3석과 4석의 각문은 다음과 같다.

　　제3석: 己丑年三月卅一日 自此下向西下二里 內中百頭 上位使 尒丈 作節矣 (569년)

　　제4석: 丙戌十二月中 漢城下後卩 小兄 文達 節自此西北行涉之 (566년)

104) 구경(九經)은 한대(漢代)의 오경(五經)인 주역·상서·모시·예기·춘추좌씨전에 주례·의례·춘추공양전·춘추곡량전을 더한 과목이다. 당나라 유학생들에게 부과한 이 아홉 과목을 唐九經(당구경)이라 부른다(황위주, 2016, 한문의 수용과 창작 활동, 『신라의 언어와 문학』, 신라 천년의 역사와 문화 연구총서 16, 경상북도, p.307; 이장희, 2018, 신라어 표기 발전과 설총의 공헌, 『설총과 문자 그리고 신라의 유학』, 삼성현역사문화관 학술총서 2, p.208). 六經文學(육경문학)은 중국 춘추 시대의 여섯 가지 경서(經書). 역경, 서경, 시경, 춘추, 예기, 악기(樂記)를 가리킨다. 악기 대신 주례를 넣기도 한다.

로 논할 수 없다. 구두에 그친 것이든, 문자화까지 나아간 것이든 간에 설총의 경서 훈해는 유교 경서를 신라어로 표현해 냄으로써 차자법의 발달과 유교 사상의 확장에 기여했을 것이다.

4. 구송 가요인 향가의 창작과 문자화

신라에는 고구려와 백제에 없는 도솔가라는 노래가 있었다. 유리니사금(재위 24~57) 1년(기원후 24년) 기사에 "(이때부터) 도솔가를 짓기 시작했으니 차사(嗟辭=감탄어)가 있는 사뇌격이다."[105]라는 내용이 있다. 한편 『삼국사기』에는 유리니사금 5년(기원 후 28년) 11월에 왕이 나라를 순행하면서 굶주려 얼어 죽게 된 노파를 보고 스스로의 부덕함을 탄식하고, 홀아비·과부·병자·늙은이에게 양식을 주니 민속이 즐겁고 편안해져 처음으로 도솔가를 지었고, 이것이 가악(歌樂)의 시초가 되었다는 기록이 있다.[106] 두 사료의 기록은 유리니사금 재위 초기에 도솔가라는 가요가 지어져 구송되었음을 알려 준다.

『삼국유사』 권5(경덕왕 19, 760년)의 「월명사도솔가」에 월명사가 지은 도솔가와 제망매가가 실려 있고, 그 끝에서 "신라 사람들은 향가(鄕歌)를 숭상한 자가 많았으니 이것은 대개 시(詩)나 송(頌)과 같은 것이다. 그러므로 이따금 천지와 귀신을 감동시킨 것이 한두 가지가 아니다."라고 하였다. '鄕歌'라는 용어가 여기에 처음 등장한다.[107] 일연대사는 월명사가 지은 노래가 '산화가'가 아니라 '도솔가'라고 밝혔으니[108] 향가는 유리니사금 이래 지어 부른 도솔가의 전통을 이은 것으로 보인다. 월명사가 경덕왕에게 아뢴 말 중에 "신승(臣僧)은 국선(國仙)의 무리에 속해 있는지라 오직 향가만 알고, 범성(梵聲)은 모릅니다."라고 하니, 왕이 "향가를 씀도 가하다."라고 답한 내용이 있다. 월명사는 국선(=화랑) 무리를 가르치는 스승이었고, 국선의 무리들이 향가를 짓고 노래했음을 짐작할 수 있다. 현전 향가에 승려가 지은 것과 화랑의 덕을 사모하는 작품(찬기파랑가, 모죽지랑가 등)이 있음은 향가의 창작과 구송 주체가 승려와 화랑이었음을 뜻한다.

그런데 향가는 기본적으로 구송 가요여서 입에서 입으로 전파된 것으로 보인다. 서동이 선화공주에 관한 노래를 지어 아이들에게 가르쳐 퍼뜨렸고, 원효대사가 "누가 자루 없는 도끼를 내게 빌려주려는가. 나는 하늘을 떠받칠 기둥을 찍으리라."[109]라는 노래를 지어 세상에 퍼뜨린 것은 구송 전파의 사례이다.

구송 가요인 향가를 언제부터 문자로 표기하여 문서화했는지 정확히 말하기 어렵다. 효성왕(孝成王, 재

---

105) 『삼국유사』 권1, 紀異, "第三弩禮王朴弩禮尼師今[一作儒禮王] (…중략…) 始作兜率歌, 有嗟辭, 詞腦格."

106) 『삼국사기』 권1, 신라본기 유리니사금 5년, "五年, 冬十一月, 王巡行國內, 見一老嫗飢凍將死曰 (…중략…) 仍命有司, 在處存問鰥寡孤獨老病不能自活者, 給養之. 於是, 隣國百姓, 聞而來者衆矣. 是年, 民俗歡康, 始製兜率歌, 此, 歌樂之始也."

107) 『삼국사기』에는 '鄕歌'가 전혀 쓰이지 않았다. 양주동은 '사뇌가(詞腦歌)'의 '詞腦'는 '시니'를 표기한 것이며, '시니'의 '시'는 '東'의 뜻이고, '東'은 곧 동쪽 나라인 신라를 의미하므로 '시니'는 결국 '東土'의 뜻이라고 하였다. '鄕歌'도 이와 같은 맥락에서 풀이하였다(양주동, 1965/1983, 앞의 책, pp.33-65). 사뇌가는 곧 향가임을 논증한 것이다.

108) "臣僧但屬於國仙之徒, 只解鄕歌, 不閑聲梵," 王曰: "旣卜緣僧, 雖用鄕歌可也." 明乃作兜率歌賦之. 이 기사에는 "지금 세간에서는 이를 산화가라고 하지만 잘못이다. 마땅히 도솔가라고 해야 할 것이다. 산화가는 별도로 있는데 그 글은 많아서 싣지 않는다."(今俗謂此爲散花歌, 誤矣, 宜云兜率歌. 別有散花歌, 文多不載.)라는 내용도 있다. 월명사가 지은 향가 이름이 '산화가'가 아니라 '도솔가'라고 말한 것이다.

109) 『삼국유사』 권4, 義解, "元曉不羈誰許沒柯斧, 我斫支天柱."

위: 737-742년) 때 신충(信忠)이 지은 「원가」(怨歌)의 배경 설화에 신충이 이 노래를 지어 잣나무에 걸었다(帖於栢樹)고 하였으니, 효성왕 즉위 이전(737년 이전)에 향찰식 표기법이 존재했음은 분명하다. 향가를 전면적으로 집성한 『삼대목』(888)을 편찬하면서 향찰 표기법은 더 정비되었을 것이다.[110]

IV. 요약과 해석

1. 역상불역하의 생성 과정과 시기

신라 사람들은 한문자와 외래 문명을 학습하고 수용함에 있어서 그것을 내면화하여 고유의 방식을 만들었으며, 여기에 창의적 변용을 더하였다. 이 과정(process)을 〈학습⇒내면화⇒창의적 변용〉으로 요약할 수 있다. 역상불역하는 끝에 놓인 창의적 변용에 속한다. 한자의 음훈을 빌린 차자표기법이 내면화되는 과정에서 한자의 훈을 이용하여 고유어를 표기하는 방법이 역상불역하보다 먼저 고안되었다. 6세기의 천전리서석 추명(525)과 적성비(551?)에 쓰인 '波珎干支'(海干)의 '波珎'은 '바돌'로 읽는다. '波珎'(바돌)은 고유어 '바돌'(海)를 '음가자+훈가자'로 표기한 것이다. 6세기 금석문에 나오는 부명 '沙喙'과 '喙'은 고유어 '돍~돌 ~달'을 표기하기 위한 음가자이다. 『삼국사기』에서 '喙部'를 '梁部'로, '沙喙部'를 '沙梁部'로 고쳐 표기한 것은 '梁'의 훈 '돌'을 이용하여 신라식 조자(造字) '喙'을 대체한 것이다. 이런 예들은 신라어를 표기하려는 차자법의 내면화 과정에서 생성된 것이다. '波珎'(바돌)은 훈독법이 생성되는 과정의 초기 단계에 만들어진 것이다.

안압지목간의 '加火魚(가화어) 助史(조사)'를 '가블어 젓'으로 해독한다면 '加火魚'(가블어)는 훈독법이 어중에 들어간 특이례가 되어 문제가 있다. '助史'를 '젓'으로 읽고, '助史'와 교체되는 문맥에 쓰인 '醢'(젓갈 해)는 고유어를 한역한 것이다. 안압지목간에 함께 쓰인 '助史(젓)-醢'는 고유어의 음가자 표기와 한역 표기가 공존한 것이며, 훈독법이 생성되기 이전 단계를 반영한다.

8세기 초기 자료인 황복사석탑금동사리함명(706)의 '韓舍'와 '韓奈麻' 그리고 화엄경사경조성기(755)에 공존하는 '大舍'와 '韓舍'는 '大'를 '한'으로 훈독한 증거이다. 향가에서 어간과 어미가 결합한 구성은 역상불역하의 방법으로 표기되어 있다. 따라서 향가의 문자화 기록을 근거로 역상불역하가 성립되었다고 말할 수 있다. 이런 점에서 신충이 지어서 잣나무에 걸었다고 하는 원가(怨歌)(737년 이전의 창작)는 737년 이전에 역상불역하가 존재했음을 함의한다. 향가를 집성한 『삼대목』(888) 편찬은 역상불역하가 확립되어 있었기에 가능한 일이었다.

화엄경사경조성기에 쓰인 '用弥'(쓰며), '散弥'(쓰리며), '進在之'(나사겨다), '寫在如'(벗기겨다) 등은 어간

---

110) III장에서 논한 네 가지 사항 이외에 신라 특유의 어휘 표기에 나타난 고유성도 역상불역하의 생성 배경으로 간주할 수 있다. 신라인은 국명(斯盧, 斯羅 등), 육촌명(珍支村, 高耶村 등), 육부명(梁部, 沙梁部, 本彼部 등), 왕칭어(赫居世, 次次雄, 麻立干 등), 관등명(舒發翰, 迊湌, 波珍湌 등)의 표기에 신라 고유어를 반영하였다. 국가 제도와 관련된 주요 어휘의 표기에 고유어를 반영해 온 이러한 노력과 전통이 역상불역하라는 차자법을 생성한 배경이 되었을 것이다. 이에 대한 자세한 논의는 생략한다.

표기 훈독자와 어미 표기 음가자가 결합한 구성이다. 이 구성은 역상불역하에 해당한다. 화엄경사경조성기가 작성된 755년 이전에 역상불역하의 방법이 완성되었음을 알 수 있다. 8세기 중엽에는 역상불역하의 방법이 확립되어 있었던 것이다. 이차돈순교비(817년)의 '獻髑'(염촉)은 이러한 흐름 속에서 생성된 것이다.

'波珎', '喙部'와 '梁部', '加火魚 助史~醢', '大舍~韓舍'의 교체, '大奈麻~韓奈麻'의 교체 등에서 신라 고유어를 표기하기 위해 한자의 음과 훈을 빌린 차자법 발달 과정을 관찰할 수 있었다. 이러한 차자 표기를 통해 신라어 표기 경험이 축적되었고, 이 경험은 통일신라시대에 활동한 음의가 학승들이 불교 경전을 주석하면서 획득한 언어와 문자 관련 지식(반절법 등)과 결합하였다. 이러한 과정을 거쳐 역상불역하 표기법이 생성되었고, 그 시기는 8세기 초기로 추정되지만 7세기 후기로 거슬러 올라갈 가능성도 있다.

2. 역상불역하의 생성 주체와 생성 배경

한문자의 〈학습⇒내면화⇒창의적 변용〉의 작업 과정에는 실천하는 행위 주체가 있어야 한다. 불경에 주석을 달고, 논소 등을 저술하며 문자에 대한 지식을 획득한 음의가(音義家) 학승들이 한자의 음훈을 이용한 차자법 발달 과정에서 핵심적 역할을 하였다. 7세기 중반~8세기에 음의가 학승(원측, 순경 등) 수십 명이 활동하였고, 이들은 다수의 불경 논소와 주석을 편찬하였다.[111] 논소와 주석 작업의 상당 부분은 한자, 한문구, 한자음에 대한 풀이[釋名]이다.

음의가의 주석 중에는 한자음을 반절법으로 표기한 것이 있다. 하나의 한자음을 성모자와 운모자로 나누어 표기하는 것이 반절법이다. 예컨대 '東'(동)의 음을 '德'(성모 ㄷ)과 '紅'(운모 ㅎ)으로 나누어 표기하는 것이다. 이분법이라는 점에서 반절의 음가 표시 방식은 '역상불역하'의 이분법과 같다. '역상불역하'의 이분법 원리는 반절법의 이분법을 신라어 표기에 알맞도록 변용(變容)한 것이라고 볼 수 있다. 그런데 반절법의 상자(上字)와 하자(下字)는 모두 음을 표상한 것이다. 그러나 역상불역하에서 상자는 뜻을 나타내고, 하자는 음을 나타낸다는 점이 반절법과 다르다. 역상불역하는 반절법의 창의적 변용이라고 할 만하다.

승려들은 불교 주석서를 저술했을 뿐 아니라 향가도 창작하였다. 승려가 지은 향가 작품이 있고, 향가집 『삼대목』의 편찬 주체는 대구화상이었다. 음의가 학승들은 역상불역하와 수서자지편(隋書者之便)뿐 아니라 어간말 자음 혹은 어간 말음절을 표기한 말음(절)첨기법을 창안해 냈다. 찬기파랑가에 나온 '雲音'(구름)의 '音'은 음절말 자음 ㅁ을 표기한 것이고, '汀理'(믈시브리)와 '川理'(나리)의 '理'는 '믈시브리'와 '나리'의 음절 말음 '리'를 표기한 것이다. 말음첨기법은 역상불역하의 '불역하'와 연관되어 있다. '불역하'에 해당하는 차자가 '역상'에 해당하는 한자 훈의 말음을 표기하는 것이 말음첨기법이다. 신라의 학승들은 역상불역하의 방법을 창안하고, 이것을 더 정교하게 발전시킨 말음(절)첨기법까지 만들어 냈다. 역상불역하, 수서자지편, 말음첨기법과 같은 차자법은 한어(漢語) 성운학에 관한 지식을 신라어 표기를 위해 창의적으로 변용한 것이다.

역상불역하 원리는 음독법과 음가법, 훈독법과 훈가법과 결합하여 향가를 기록한 수단이 되었다. 향가

---

111) 이들이 편찬한 글 중의 일부(판비량론, 화엄문의요결문답 등)이 일본으로 건너가 필사본으로 전해지고 있다.

는 역상불역하의 원리가 작동할 수 있는 마당을 제공한 셈이다. 향가 표기를 통해 역상불역하 원리를 포함한 음차법과 훈차법이 더욱 정련된 표기 체계로 발달할 수 있었다. 축성 작업 등 주어진 과업을 보고하고 기록한 이두 문서만 있었다면 신라의 차자법은 정밀한 수준으로 발달하지 못했을 것이다. 역상불역하 원리가 창안됨으로써 신라어의 문장화가 가능해졌고, 구송된 향가의 노랫말을 문자화할 수 있었다.

신라의 월성해자목간(149호)과 백제의 능산리목간(4면 목간)에 기록된 문서에는 문장 종결사 뒤에 빈칸이 있고, 이 빈칸은 구두와 같은 기능을 하며 차자 표기를 발전시키는 기초가 되었다고 본다.[112] 비문과 목간문 등의 문장을 지은 신라의 문척(文尺)은 문서 작성에 필요한 이두어를 만들고, 상위자에 대한 존경을 표현하기 위해 '賜', '白', '在' 등의 차자를 발전시키는 역할을 했을 것이다. 6~8세기의 비문과 목간문을 작성한 문척들은 문서 작성에 필요한 이두를 발전시킨 주역이었다.

유교 경서를 공부한 유학자를 대표하는 인물은 설총과 강수이다. 설총은 경서를 훈해함으로써 신라어로 표현된 구결 현토의 발전에 기여했다. 화랑은 향가의 창작 혹은 향유와 관련되어 있다. 원광법사가 세속오계를 만들어 화랑도의 행동 규범을 제시했고, 화랑도는 집단을 이루어 경서와 풍류도를 배웠으며, 이들의 교육 과정에 향가가 이용되었다. 화랑도 교육은 백제와 고구려에 없는 신라 특유의 청년 교육 제도였고, 향가 역시 신라 특유의 것이다. 화랑은 경서를 학습하고 향가를 짓거나 부른 행위자 역할을 했을 것이다.

역상불역하의 차자 표기법은 신라 특유의 것으로 불경의 주석 작업을 행한 음의가 학승이 중심이 되어 발전시킨 차자법이었다. 그리고 문서 행정의 주체였던 문척, 향가의 창작과 향유에 참여한 승려와 화랑, 유교 경서를 신라말로 풀이한 설총 등이 신라의 차자표기법 발전에 기여하였다.

3. 차자표기에서 역상불역하가 갖는 의의

역상불역하는 인명과 지명, 향가 표기에 적용됨으로써 차차표기법 발달의 기본 원리로 작용하였다. 역상불역하의 원리는 한자를 빌려 한국어 문장을 표현하는 데 유용한 장치였다. 한국어 문장은 체언 어간+조사, 용언 어간+어미의 구성을 가지며 어간부는 의미부이고, 조사와 어미는 형태부이다. "사람은 고기를 삶아서 먹는다"에서 '사람', '고기', '삶-', '먹-'은 의미부이고, '-은', '-를', '-아서', '-는다'는 형태부이다. 의미부에는 '역상'(뜻으로 읽기=훈독)이 적용되고, 형태부에는 '불역하'(음으로 읽기=음차)가 적용되었다. 역상불역하는 한국어 문장에서 의미를 나타내는 어간 즉 의미부는 한자의 뜻을 빌려 표기하고, 조사와 어미 등 문법 기능을 나타내는 형태부는 한자의 음을 빌려 표기하는 방법이다. 체언과 조사의 결합을 표기한 '法伊'(법-이), '法肹'(법-을), '紙作伯士那'(지작박사-나) 등은 음독법과 음가법이 적용된 차자표기이다. 용언 어간과 어미의 결합을 표기한 '用弥'(쓰-며) 등은 어간을 훈독한 것이어서 역상불역하에 해당한다. 이러한 예는 동대사본 화엄경 각필구결에 여러 예가 나타나 있으므로 740년경에 역상불역 방법으로 어간과 어미의 결합을 표기했음을 알 수 있다.

어간 형태를 표기한 '當旀'(반ᄃ기), '飾旀'(빗기-), '令旀'(시기-), '无叱'(없-), '從叱'(좇-)에 쓰인 '旀'와 '叱'은 말

---

112) 윤선태, 2008, 「목간으로 본 한자문화의 수용과 변용」, 『신라문화』 32, 동국대학교 신라문화연구소, pp.189-192.

음(절)첨기자이다. 말음첨기자의 앞에 놓인 차자는 훈독되었고, 훈독 어간의 말음(절)을 표기한 말음첨기자는 음가자로 기능하였다. 이 점은 역상불역하의 원리와 상통한다. 여기서 말음첨기법과 역상불역하의 선후 관계를 생각해 볼 수 있다. 역상불역하의 방법이 앞선 것이라고 본다면 말음첨기법은 어간을 보다 정교하게 표기하기 위해 역상불역하법을 더 발전시킨 것이라고 할 수 있다. 말음첨기법은 훈독법을 전제하는 것이므로 전자가 후자를 앞서는 것이라고 하기 어렵다. 양자의 관계를 어떻게 설정해야 하는지 더 깊은 고찰이 필요하다.

　말음첨기법과 역상불역하의 원리는 향찰 표기의 수단으로 이용되어 신라 특유의 향가 문학의 문자화를 가능케 하였다. 향가의 노랫말을 문자로 표기할 수 있게 된 것은 역상불역하의 원리가 있었기 때문이라고 해도 과언이 아니다. 20세기의 향가 연구자들이 향가를 해독해 낼 수 있었던 것은 역상불역하로 이루어진 향찰 표기의 원리를 간파했기 때문이다.

투고일: 2023.10.25.　　　심사 개시일: 2023.11.27.　　　심사 완료일: 2023.12.11.

권인한, 2008, 「신라 국호 이표기와 고대 한국어 음운현상의 전개」, 『구결연구』 20, 구결학회.

권인한, 2016, 「어휘」, 『신라의 언어와 문학』, 신라 천년의 역사와 문화 16권, 경상북도.

권인한, 2019, 「大谷大學藏 『判比量論』 角筆點의 언어문화사적 의의」, 『구결연구』 42, 구결학회.

권인한, 2020, 「함안 성산산성목간의 고유명사 표기자 분석」, 『목간과 문자』 25, 한국목간학회.

권인한, 2022, 「『妙法蓮華經釋文』으로 본 통일신라의 한자 문화」, 『영남학』 79, 경북대학교 영남문화연구원.

기경량, 2017, 「평양성 출토 고구려 각자 성석의 판독 및 위치 재검토」, 『사학연구』 127, 한국사학회.

김민수, 2002, 「차자표기 음독의 '隨書者之便'에 대하여」, 『구결연구』 9, 구결학회.

김영만, 2007, 「신라 지명 喙(훼)와 啄(탁)의 자음상 모순을 어떻게 볼 것인가」, 『지명학』 13, 한국지명학회.

김영석, 2017, 「원효 『판비량론』의 새로운 발굴-고토미술관 및 미츠이기념미술관 소장본을 중심으로」, 『불교학보』 81, 동국대학교 불교문화연구원.

김영욱, 2004, 「漢字·漢文의 한국적 수용」, 『구결연구』 13, 구결학회.

김영욱, 2007, 「고대 한국목간에 보이는 석독표기 : 향가 표기법의 기원을 찾아서」, 『구결연구』 19, 구결학회.

김영욱, 2008, 「한국어 표기의 기원과 전개 과정」, 『한국문화』 42, 서울대학교 규장각한국학연구원.

김완진, 1980, 『향가 해독법 연구』, 서울대학교 출판부.

김지오, 2023, 「향찰의 문자 표기론적 고찰」, 『훈민정음 창제 이전의 문자생활과 불교계』, 2023영축총림 통도사 추계학술대회 발표 자료집.

남풍현, 1981, 「한자·한문의 수용과 차자표기법의 발달」, 『한국 고대문화와 인접 문화와의 관계』, 한국정신문화연구원.

남풍현, 1991, 「신라 화엄경사경조성기에 대한 어학적 고찰」, 『동양학』 21, 단국대학교 동양학연구소.

남풍현, 2000, 『이두연구』, 태학사.

남풍현, 2001, 「『삼국사기』와 『삼국유사』에 나타난 설총 관련 기사 분석」, 『어문연구』 29-4, 한국어문교육연구회.

남풍현, 2003, 「신라승 순경과 경흥의 법화경 주석서에 대하여」, 『구결연구』 10, 구결학회.

남풍현, 2013, 「東大寺 소장 신라화엄경 사경과 그 석독구결에 대하여」, 『구결연구』 30, 구결학회.

노중국, 2001, 「新羅時代의 尺과 干 - 技術職으로서의 尺의 성립과 地位 변화를 중심으로 -」, 『한국고대사연구』 23.

동국대학교 불교문화연구소, 1976, 『한국불교찬술문헌총록』, 동국대학교 출판부.

박방룡, 2019, 「異次頓 舍人 묘와 사당에 대한 단상」, 『신라문화유산연구』 3, 신라문화유산연구원.

박방룡, 2020, 「이차돈 순교비의 諸檢討」, 『신라문화유산연구』 4, 신라문화유산연구원.

박용식, 2010, 「佐藤本 『화엄문의요결문답(華嚴文義要訣問答)』의 부호구결과 8세기 신라의 문법 형태」, 『구결연구』 24, 구결학회.

박용진, 2019, 「고려 의천 찬 『신편제종교장총록』과 동아시아의 화엄 장소(章疏)」, 『신편제종교장총록 수록 문헌 총람』, 고려대장경연구소.

백두현, 2018, 「월성 해자 목간의 이두 자료」, 『목간과 문자』 20, 한국목간학회.

백두현, 2019, 「이두」, 『문자와 고대 한국 1』(한국목간학회 연구총서 03: 주보돈교수 정년기념 논총), 한국목간학회편, 주류성.

백두현, 2020, 「당대 자료로 본 훈독법의 생성 시기 고찰」, 『구결연구』 45, 구결학회.

서재극, 1995, 『증보 신라향가의 어휘연구』, 형설출판사.

小林芳規, 2006, 「日本 訓點의 一源流」, 『구결연구』 17, 구결학회.

小林芳規, 2012, 「일본 소재 8·9세기 花嚴經 및 그 주석서의 加點」, 『서지학보』 39, 한국서지학회.

小倉進平, 1929/1974, 『鄕歌及び吏讀の硏究』, 京城帝國大學 法文學部/亞細亞文化社影印.

송기호, 2002, 「고대의 문자생활 -비교와 시기 구분」, 『강좌 한국고대사』(제5권 문자생활과 역사서의 편찬), 가락국 사적개발연구원.

신중진, 1998, 「말음첨기(末音添記)의 생성과 발달에 대하여-음절말 자음 첨기를 중심으로」, 『구결연구』 4, 구결학회.

안대현, 2013, 「佐藤本 『화엄문의요결문답(華嚴文義要決問答)』과 고대 한국어의 'ㅿ/矣'」, 『구결연구』 31, 구결학회.

양주동, 1965/1983, 『증정 고가연구』, 일조각.

양희철, 1992, 「향가의 기록 연대와 작가명」, 『인문과학논집』 11, 청주대학교 인문과학연구소.

여호규, 2011, 「고구려의 한자문화 수용과 변용」, 『동아시아의 문자교류와 소통』, 동북아역사재단.

유창균, 1994, 『鄕歌批解』, 형설출판사.

윤선태, 2007, 「한국고대목간의 형태와 종류」, 『역사와 현실』 65, 한국역사연구회.

윤선태, 2008, 「목간으로 본 한자문화의 수용과 변용」, 『신라문화』 32, 동국대학교 신라문화연구소.

윤선태, 2011, 「백제와 신라의 한자·한문의 수용과 변용」, 『동아시아의 문자교류와 소통』, 동북아역사재단.

이경섭, 2004, 「함안 성산산성목간의 연구현황과 과제」, 『신라문화』 23, 동국대학교 신라문화연구소.

이경섭, 2013, 『신라 목간의 세계』(경인한국학연구총서110), 경인문화사.

이기문, 1972, 『국어사개설』, 탑출판사.

이문기, 2005, 「안압지 출토 목간으로 본 신라의 궁정 업무 -궁중 잡역의 수행과 궁정 경비 관련 목간을 중심으로」, 『한국고대사연구』 39, 한국고대사학회.

이승재, 2009, 「목간과 국어학」, 『고대의 목간, 그리고 산성』(국립가야문화재연구소 학술총서 제44호), 국립가야문화재연구소·국립부여박물관.

이승재, 2010, 「재조본 『화엄경』에 附載된 권말 音義의 기원」, 『진단학보』 109, 진단학회.

이승재, 2013, 「신라목간과 백제목간의 표기법」, 『진단학보』 117, 진단학회.

이영호, 2010, 「신라의 신발견 문자 자료와 연구 동향」, 『한국고대사연구』 57, 한국고대사학회.

이용, 2023, 「차자표기에 나타나는 초성·종성 통용자」, 『구결연구』 50, 구결학회.

이용현, 2007a, 「문자 자료로 본 삼국시대 언어문자의 전개」, 『구결연구』 19, 구결학회.

이용현, 2007b, 「안압지와 東宮 庖典」, 『신라문물연구』 창간호, 국립경주박물관.

이우태, 2005, 「금석문을 통하여 본 한자의 도입과 사용 -신라 금석문의 '之'의 용례를 중심으로-」, 『한국고
　　대사연구』 38, 한국고대사학회.

이장희, 2018, 「신라어 표기 발전과 설총(薛聰)의 공헌」, 『설총과 문자 그리고 신라의 유학』, 삼성현역사문
　　화관 학술총서 2.

이희준, 2016, 「제2편 통일신라-제5절 유학과 문학」, 『(개요)신라 천년의 역사와 문화: 문화편』, 신라 천년
　　의 역사와 문화 편찬위원회 편, 경상북도문화재연구원.

정광, 2003, 「한반도에서 한자의 수용과 차자표기의 변천」, 『구결연구』 11, 구결학회.

정재영, 2009, 「『화엄문의요결문답(華嚴文義要決問答)』에 대한 문헌학적 연구」, 『구결연구』 23, 구결학회.

정재영, 2014, 「신라 사경에 대한 연구」, 『구결연구』 33, 구결학회.

주보돈, 1999, 「신라의 달구벌 천도 기도와 김씨 집단의 유래」, 『백산학보』 52, 백산학회.

주보돈, 2001, 「신라에서의 한문자 정착 과정과 불교 수용」, 『영남학』 1, 경북대학교 영남문화연구원.

주보돈, 2002a, 「6세기 신라 금석문과 그 특징」, 『신라문화제 학술발표논문집』 23, 동국대학교 신라문화연
　　구소.

주보돈, 2002b, 「신라의 漢文字 정착 과정과 불교 수용」, 『금석문과 신라사』, 지식산업사.

주보돈, 2009, 「職名·官等·地名·人名을 통해 본 6세기 신라의 漢文字 정착」, 『한국 고대사 연구의 현단계』
　　(석문 이기동교수 정년기념논총), 논총간행위원회, 주류성.

최연식, 2011, 「신라 및 고려시대 화엄학 문헌의 성격과 내용」, 『불교학보』 60, 동국대학교 불교문화연구원.

하시모토 시게루(橋本 繁), 2007, 「雁鴨池 木簡 判讀文의 再檢討」, 『신라문물연구』 창간호, 국립경주박물관.

하시모토 시게루, 2020, 「월지(안압지) 출토 목간의 연구 동향 및 내용 검토」, 『한국고대사연구』 100, 한국
　　고대사학회.

홍기문, 1956, 『향가해석』, 평양: 과학원(1990, 여강출판사, 김지용 해제 첨부 재출간).

홍기문, 1957, 『리두연구』, 과학원출판사.

황위주, 2016, 「한문의 수용과 창작 활동」, 『신라의 언어와 문학』(신라 천년의 역사와 문화 연구총서 16),
　　경상북도.

⟨Abstract⟩

A study on the creation process and creators of Chinese character borrowing notation 譯上不譯下 translate leading kanj not translate trailing kanji

Paek, Doo-hyeon

Silla lagged behind Goguryeo and Baekje in the adoption and development of Chinese characters. However, Silla's adoption and development of Chinese characters led to the creation of a unique system of writing not found in Goguryeo and Baekje. This is the method known as Translate Leading Kanj not Translate Trailing Kanji(譯上不譯下), abbreviated term: TLK-nTLK), where the first character is read as hun(訓=meaning) and the second character is read as yin(音=sound). The phrase "譯上不譯下" first appeared in the article 「原宗興法猒髑滅身」in Volume 4 of 『三國遺事』.

The Silla people borrowed the Chinese yin(音) and hun(訓) and used them in a way unique to Silla, adding creative variations to them. This process can be summarised as ⟨learning⇒internalization⇒creative transformation⟩. By accepting the yin(音) and hun(訓) of Chinese characters and internalizing them, they created the most suitable script for Silla expression. The learning, internalization, and creative transformation of Chinese characters must have had actors who performed them. There were dozens of Silla's annotator monks(圓測=Won-cheuk, 順璟=Sun-gyeong, etc.) who were active in the mid-seventh to eighth centuries. They annotated various Buddhist texts, such as the Hwaehum Sutra, by attaching sounds and meanings to them. This was done in order to understand the Korean text of the Buddhist scriptures in Silla. A large part of the annotations are explanations of Chinese characters, Chinese phrases, and Chinese sounds. These authors are called "yin yi monk"(音義家 學僧).

The 文尺, who wrote stele inscriptions and woodcuts to record events, may have played a role in the development of Idu-sentence(吏讀文). Seol-chong(薛聰) and Kang-su(强首) are representative of scholars who studied Confucian texts. Seol-chong may have contributed to the internalization of Confucianism and the development of Gugyeol(口訣) by translating the texts into Silla. Hwarang(花郎) would have made his own contribution by learning the scriptures and building or singing Hyangga(鄕歌). Hwarangdo education was a youth education system unique to Silla that did not exist in Baekje(百濟) and Goguryeo(高句麗), and Hyangga(鄕歌) was also unique to Silla. The TLK-nTLK notation method is also unique to Silla, so monks as leaders, Hwarangs as trainees, the Hyangga they sang, and the TLK-nTLK principle for notating Hyangga are closely related to each other, and served as the background for the development of Chinese character borrowing method(漢字借字法).

▶ Key words: yeoksangbulyeokha(譯上不譯下), hunjueumjong(訓主音從), Hyangga(鄕歌), Idu(吏讀), muncheok(文尺), annotator monks(音義家 學僧).

「청주운천동비」의 판독과 건립 시기에 대한 종합적 검토

윤경진[*]

> I. 머리말
> II. 자획과 문맥을 통한 비문의 판독
> III. 비문의 내용을 통한 건립 시기 비정
> IV. 맺음말

〈국문초록〉

이 연구는 운천동비를 새로 판독하고, 비의 건립 시기를 파악한 것이다. 최근 다시 제기된 7세기 건립 주장을 반박하고, 10세기 건립의 근거를 추가하면서 그동안의 논의를 종합하였다.

글자의 판독에서 문법적 구조와 문맥을 통한 접근을 병행함으로써 자획을 통한 접근의 한계를 보완하였다. 그 결과 '塔'과 '昭' 등 10세기 건립에 부합하는 글자들을 확인하였다.

그리고 비의 건립 시점을 보여주는 새로운 지표들을 추가하였다. 이 비는 塔碑로서 본문에 六代 등 禪宗과 관련된 내용이 확인된다. 비의 전면은 본문, 후면은 비의 後記로서 탑이 조성되고 비문이 찬술된 후 뒤늦게 비가 건립된 사례이다.

또한 비문을 검토한 결과 여전히 7세기 건립에 부합하는 근거를 찾을 수 없었고, 河洛靈圖, 四海, 阿干 등 주요 내용들이 10세기 건립으로 수렴되는 것을 재차 확인하였다.

▶ 핵심어: 청주운천동비, 塔, 昭, 六代, 河洛靈圖, 四海, 阿干

---

* 경상국립대학교 사학과 교수

I. 머리말

「청주운천동비」(이하 '운천동비'로 약칭함)[1]는 1982년 3월에 청주 운천동에서 발견되어 이듬해 11월 학계에 공식 소개되었다.[2] 이때 7세기 후반에 제작된 신라의 寺蹟碑로 파악되었다. 이후 비문의 판독 등과 관련하여 추가적인 검토가 있었으나[3] 비의 성격이나 제작 시기는 큰 논란 없이 받아들여졌다(이하 '7세기설'로 칭함).

운천동비의 내용 중 "合三韓而廣地"라는 구문은 몇몇 문헌 기사와 더불어 7세기 삼한일통의식의 증거로 채용되었다. 이것은 다시 7세기 전쟁의 결과를 '삼국통일'로 평가하는 전통적 인식에 힘을 더하였다.[4]

그런데 2013년 이 비가 7세기에 건립되었다고 볼 수 없다는 주장이 나왔다.[5] 그동안 비의 건립 시기를 7세기로 보는 근거는 비문 중에 보이는 "壽拱(垂拱) 2년"이라는 구문이다. 이 구문은 비의 건립이 아니라 비와 관련된 어떤 사적의 시점을 나타낸 것인데, 종래에는 이것이 비의 건립과 관련되며 시간적으로도 멀지 않을 것이라고 추측하였다.[6]

하지만 수공 2년이 비의 건립과 관련되거나 건립 시점과 근접한다는 근거는 어디에도 없으며, 비문의 내용 중에는 7세기에 나오기 어려운 것들이 다수 보인다는 것이 비판의 핵심이다. 창업주의 사적에 적용되는 '河洛靈圖', 독자적인 천하관에서만 사용되는 '四海', 內戰 상황을 반영한 사회상, 단월 명단에 나오는 阿干과 그 기재 방식 등을 통해 이 비가 나말려초에 건립된 것이라고 주장하였다(이후 건립 시기를 고려초로 구체화했으므로 '10세기설'로 칭함). 여기에 太宗 시호 기사와 김유신 헌의 등 7세기 삼한일통의식의 근거로 채용된 문헌 자료에 대해서도 비판이 이루어졌다.[7]

이것은 이 자료들을 통해 수립된 7세기 삼한일통의식, 나아가 신라의 '삼국통일'에 대해서도 근본적으로 의문을 제기하는 것이기에 기존 학계에서 다수의 반론이 나왔는데,[8] 주로 운천동비를 중심으로 논의가

---

1) 종래 이 비는 '淸州雲泉洞新羅寺蹟碑'로 명명되었다. 신라에서 세운 것이며 사찰의 사적을 담은 碑라는 판단에 따른 것이다. 그러나 필자는 이것이 고려에서 건립되었다는 판단에 따라 '신라'를 제외하였고, 본고에서는 이것이 사적비가 아니라 塔碑임을 재차 확인함에 따라 '사적'도 제외하고 '청주운천동비'라고만 부른다.

2) 車勇杰, 1983, 「淸州 雲泉洞 古碑 調査記」, 『湖西文化研究』 3; 李丙燾, 1983, 「西原 新羅寺蹟碑에 대하여」, 『湖西文化研究』 3.

3) 신정훈, 2003, 「淸州 雲泉洞 新羅寺蹟碑 再檢討」, 『白山學報』 65.

4) 盧泰敦, 1982, 「三韓에 대한 認識의 變遷」, 『韓國史研究』 38, pp.137-140.
   이 논고는 운천동비가 정식 소개되기 전인 1982년 9월에 발표된 것으로, 운천동비를 신라 삼한일통의식을 보여주는 결정적인 자료로 채용함으로써 이후 학계의 운천동비 이해에 큰 영향을 미쳤다.

5) 윤경진, 2013a, 「'청주운천동사적비'의 건립 시기에 대한 재검토」, 『사림』 45.

6) 비의 측면에 보이는 "主聖大王 炤"가 신문왕을 가리킨다는 해석도 한 준거가 되었지만, 신문왕의 字는 '日炤'여서 설득력이 떨어진다. 이는 7세기 건립을 전제로 해당 글자를 신문왕으로 연결한 쪽에 가깝다. 해당 글자 또한 '炤'가 아니라 '昭'로 판독되는데, 이에 대해서는 본문에서 자세히 언급할 것이다.

7) 윤경진, 2013b, 「新羅 太宗(武烈王) 諡號 논변에 대한 자료적 검토 : 原典에 대한 이해를 중심으로」, 『역사와실학』 51; 윤경진, 2013c, 「新羅 中代 太宗(武烈王) 諡號의 追上과 재해석」, 『韓國史學報』 53.

8) 박승범, 2014, 「7세기 전반기 新羅危機意識의 실상과 皇龍寺9층木塔」, 『新羅史學報』 30; 김수태, 2014, 「신라의 천하관과 삼국통일론」, 『新羅史學報』 32; 김수태, 2015, 「일연의 삼한·삼국통일론」, 『서강인문논총』 43; 박남수, 2016, 「신라 문무대왕의 삼국

진행되었다. 문헌 기사들은 후대의 인식에 따라 가공된 요소를 가지고 있는 반면, 운천동비는 금석문 자료로서 입비 시점이 확정되면 그 내용의 규정력도 명확해지기 때문이다.

7세기설의 반론은 대체로 10세기설이 제시한 주요 지표들에 대해 이견을 제시하는 형태로 이루어졌다. 곧 '하락영도'는 무열왕에게도 적용될 수 있다거나 '사해' 관념, 혹은 '아간' 직명이 7세기에도 나올 수 있다는 주장이 대세를 이루었다.

그런데 반론 대부분은 단지 해당 지표들이 7세기에도 나올 수 있다는 취지를 밝힐 뿐, 그것을 뒷받침하는 방증을 수반하지 못하였다. '하락영도'를 무열왕에 적용한다면 창업주 이외에 적용된 사례나 무열왕을 창업주로 간주한 사례를 제시해야 한다. 신라의 사해 용례는 실물적 바다로서 제사처를 나타내므로 천하관으로서 사해와는 층위가 다르다. 단월의 阿干은 명칭 자체가 중요한 것이 아니라 기재 방식이 가지는 시간성과 지역성을 따져야 한다.

엄밀히 7세기설의 반론은 비가 7세기에 세워졌다는 것을 입증한 것이 아니다. 7세기 삼한일통의식을 전제한 뒤 10세기설의 논거가 확정적이지 않으므로 그대로 7세기설이 유효하다는 맥락이다. 하지만 7세기설이 구체적으로 입증되지 않는 한 10세기설의 주요 지표들의 증거 능력을 희석한다고 해서 7세기설이 수립되는 것은 아니다. 7세기 건립을 직접 입증하는 증거, 다시 말해 10세기에는 나올 수 없는 지표가 제시되어야 한다.

이후 7세기설의 새로운 논거로 書體가 제시되었다. 비문의 서체가 7세기의 書風에 부합한다는 것이다.[9] 그런데 해당 내용은 10세기에도 적용되며 오히려 10세기 상황에 더 부합한다는 반박이 있었다. 그리고 이 과정에서 비문의 제작 시기를 가늠할 수 있는 결정적인 몇몇 글자에 대한 새로운 판독이 제시되었다.[10]

그리고 최근 다시 비문 판독에 대한 이견이 나왔다.[11] 골자는 비문의 시점 파악에 단서가 될 수 있는 몇몇 글자들의 상태가 현재 판독이 곤란하므로 증거 능력을 인정할 수 없다는 것이다. 그리고 일부 글자를 새롭게 판독하고 그에 맞추어 비문도 달리 해석하였다.

고대사 연구에서 재판독은 그동안 읽었던 것과 다른 글자로 읽거나 읽지 못했던 글자에 대해 새로운 가능성을 제시함으로써 논의의 폭을 넓히는 것이 일반적이다. 그런데 이와 반대로 기존에 여러 판독이 있던 글자를 읽을 수 없다고 처리하는 것은 오히려 논의의 폭을 좁히는 것이라는 점에서 선뜻 수긍이 가지 않는다. 물론 불분명한 글자를 임의도 판독하는 것은 왜곡의 위험을 가지므로 유의해야 하지만, 명확한 판독을 전제로 한다면 고대 금석문의 많은 글자들은 불명으로 처리될 수밖에 없고 해당 논의는 진전될 수 없다. 예를 들어 「광개토왕릉비」의 신묘년조 기사는 여러 가능성을 열어 놓지 않으면 어떤 논의도 불가능하다. 기존의 논의에 비추어 운천동비의 주요 글자들이 판독 불가로 처리할 수준인지, 아니면 충분히 판독 의견을

통일과 宗廟制 정비」, 『新羅史學報』 38.

9) 전진국, 2019, 「「청주운천동신라사적비」의 제작 연대 검토 : 서체와 주변 환경을 중심으로」, 『韓國史研究』 184.

10) 윤경진, 2019, 「「청주운천동사적비」의 건립 시기와 건립 배경 : 최근 비판에 대한 반론과 추가 판독」, 『韓國史研究』 186.

11) 하일식, 2023, 「운천동사적비의 역사환경, 판독 교정」, 『木簡과 文字』 30.

낼 수 있는 것인지 되짚어볼 필요가 있다.[12]

아울러 해당 논고에서는 7세기설의 근거로서 비문 내용이 7세기에 더 부합한다는 주장을 폈는데, 여전히 그에 상응하는 방증은 보이지 않는다. 이에 비문의 내용이 다른 자료에서 파악되는 7세기 상황에 더 부합하는지 검증할 필요가 있다.

하락영도, 사해, 아간 등의 지표는 前稿에서 이미 자세히 논하였으므로 주요 논지만 간단히 언급하며, 새로운 지표로 추가되는 사항들을 중심으로 논의를 진행하기로 한다. 특히 본고에서는 불교사적 지표에 주목할 것이다. 과연 7세기에 이런 비가 출현할 수 있는지, 그리고 비문에 담긴 불교사적 내용이 7세기에 부합하는지 등을 따져볼 것이다.[13]

이에 Ⅱ장에서는 비문의 각 행을 단위로 남은 자획과 문법·문맥을 통해 판독을 진행할 것이다. 이를 통해 일부 글자에 대해 문맥을 감안하면서 새로운 판독 의견을 제시할 것이다. Ⅲ장에서는 이를 토대로 비문의 내용이 가지는 역사성을 불교사적 지표와 정치·사회사적 지표로 나누어 살펴볼 것이다. 다만 필자는 불교사에 대한 이해가 미흡한 탓에 논지에 부족한 점이 있을 것으로 생각한다. 이 부분은 관련 연구자들의 관심과 논의를 통해 보완해 나갈 것이다.

Ⅱ. 자획과 문맥을 통한 비문의 판독

금석문 자료의 이용에서 가장 먼저 진행되는 작업은 판독이다. 오랜 풍화 작용으로 인해 마멸되거나 파손으로 결획됨으로써 글자를 온전히 알아볼 수 없는 경우가 많기 때문이다. 어느 정도 글자의 형태가 드러나거나 자획이 남아 있는 경우 이를 토대로 글자를 추정하게 된다. 당연히 보는 사람에 따라 다른 판독 의견이 나올 수밖에 없다. 이중 초기 연구에서 이루어진 판독이나 다수가 합의한 것이 연구의 기초가 된다. 하지만 이후 다른 판독 의견이 나오면서 논쟁이 진행되기도 한다.

이처럼 금석문 판독은 본원적으로 한계를 가지지만, 자료가 빈약한 고대사 연구에서 당시의 사정을 직접 전하는 금석문의 중요성은 두말할 나위가 없기에 보다 합리적인 판독을 위한 노력도 계속될 수밖에 없다. 이에 형태적 접근과 더불어 문법과 문맥을 통해 파악하는 내용적 접근이 병행된다.

비문처럼 정제된 한문은 어휘의 구성, 대구를 통한 전개, 문법적 위치 등에서 뚜렷한 형식성을 가지기 때문에 이를 고려하여 글자의 속성을 판단할 수 있다. 이를 바탕으로 자획을 통해 유추할 수 있는 글자 중에

---

12) 해당 논고에서는 운천동비의 역사 환경도 자세하게 다루고 있다. 그러나 이 비는 입비처를 떠나 오랜 기간 다른 용도로 사용된 것이기 때문에 입비처가 출토지 권역에 속해 있었다고 볼 수 없다. 이 문제는 전고(윤경진, 2019, 앞의 논문)에서 이미 지적했으므로 여기서 다시 다루지 않는다.

13) 그동안 운천동비는 "合三韓而廣地"라는 구절을 통해 7세기 삼한일통의식을 말하는 데 이용되었을 뿐, 실제 7세기 역사를 이해하는 데 이용된 경우는 찾기 어렵다. 운천동비를 7세기 자료라고 규정하면서 그 내용이 7세기 역사 연구에 활용되지 않는 것은 모순적이다.

해당 문맥에 부합하는 글자가 무엇인지 찾음으로써 판독의 합리성을 높이는 것이다.

실물과 탁본에서 파악되는 자형과 자획만으로 글자를 파악하고 그에 따라 내용을 해석하는 것은 주관적인 판단에 의존하게 되고, 이로부터 유도된 해석은 오류의 위험이 커질 수밖에 없다. 반대로 문맥만을 내세워 자획과 동떨어진 글자를 판독하는 것 또한 곤란하다.

판독의 궁극적인 목적은 자료의 내용을 더 명확하게 이해하는 데 있으므로 자획과 문맥은 서로 교차 검토되어야 할 것이다. 이에 자획을 통한 판독과 문맥을 통한 유추를 병행하면서 운천동비의 글자를 판독하고 그 내용을 파악해 보기로 한다.[14]

비문의 순서는 앞서 내용이 많이 남아 있는 면을 1면으로, 그 반대쪽을 2면, 측면을 3면으로 했으나 내용상 1면이 후면으로 파악되므로 전면·후면·측면으로 구분하여 순서를 바꾸었다. 한편 비는 상단부가 손상되어 완만한 곡선 형태로 파여 있는데, 측면의 첫 글자인 '主'의 위치로 볼 때 각 행의 상단에 한 글자씩 더 있었던 것으로 판단된다. 실제 양쪽 가장자리 행에서는 상단에 글자의 흔적이 보인다. 이에 각 행의 판독문에 1칸을 추가하였다.

판독문은 기존 판독을 바탕으로 하여[15] 최근 이루어진 판독 의견을[16] 함께 검토 대상으로 삼는다. 판독 의견이 갈리는 부분을 검토하는 한편 일부 새로운 판독 의견을 개진할 것이다. 개중에는 많은 부분 추정에 의존하거나 관점에 따라 비판이 나올 수밖에 없는 부분도 있겠지만, 차후 해당 부분의 자료적 활용과 학계의 논의를 위한 토대를 삼는 의미에서 최대한 글자를 찾아보고자 한다.[17]

[전면 1행]

전	a	b	c	d	e	f	g	h	i	j	k	l	m	n	o	p	q	r	s	t
1	□	□	□	□	□	□	□	三	尊	之	□	□	□	六	代	之	徽	緒	□	□

비의 전면은 손상이 심하여 판독할 수 있는 글자가 별로 없지만, 1행에 몇 개의 글자가 파악된다. [전1i]는 '尊' 또는 '寶'로 읽고 있다. 글자의 상단부가 '八'의 형태가 보이고, 하단부를 '寸'의 형태로 유추할 수 있다는 점에서 '尊'으로 판독하는 것이 좀더 타당할 것으로 본다.

---

14) 판독용 탁본은 후면과 측면은 趙東元 編, 1988, 『增補 韓國古代金石文大系(Ⅱ)』, 원광대학교 출판국의 것을 저본으로 하였고, 전면은 단국대학교 석주선박물관 소장본을 이용하였다. 후면과 측면에서 필자의 새 판독과 관련하여 두 탁본에서 차이는 없다.

15) 신정훈, 2003, 앞의 논문의 판독문을 기초로 한다.

16) 하일식, 2023, 앞의 논문.
이하 최근의 판독은 이 논고를 말하는 것으로, 판독 의견 각각에 대해 일일이 주기하지 않는다.

17) 최근의 판독은 탁본과 사진을 통한 형태적 접근을 중심으로 하고 있다. 이는 판독의 효율을 높이는 점에서 방법론적으로 중요한 부분이다. 다만 그것이 해당 글자의 판독에서 기존과 다른 결정적인 근거를 제공한다고 보기는 어렵다. 본고는 운천동비가 형태적 접근의 한계가 명백하다는 관점에서 문맥적 파악을 병행하며, 시각 자료는 판독의 유효성을 가늠하는 수준에서 제시한다. 차후 양자를 아우른 학계의 진전된 논의를 기대한다.

[전1o]는 기존에 '代'로 판독했으나 판독하지 않는 견해도 있다. 그런데 자획이 '代'로 보는 데 무리가 없다. 왼쪽 획은 글자가 파이기는 했으나 원래 획이 'ㅓ'으로 보이고, 오른쪽 획도 'ㅓ'으로 판단할 수 있다. '六代'는 계보를 나타낸다. 계보가 나올 수 있는 대상은 주로 王系나 家系이지만, 불교 교단의 法脈에도 적용된다. 이 부분은 입비 시기 판단의 새로운 준거로 주목되는데, 자세한 내용은 다음 장에서 다룰 것이다.

[전1r]은 기존에 '經'으로 읽었는데, 최근 이를 '終'에 가깝다고 본 견해도 있다. 하지만 앞의 '徽'와 함께 단어를 구성한다는 점에서 '終'은 어색하다. 그리고 이 두 글자는 '之'를 통해 앞의 '六代'와 묶여 구문을 형성한다. 그렇다면 해당 구문은 6대 계보의 아름다운[徽] 계승을 찬미하는 것이 된다.[18] 곧 [전1r]은 '徽'의 수식을 받는 명사로서 '계승'의 의미를 담은 글자이다.

이러한 의미를 염두에 두고 남은 획을 통해 글자를 찾아보자. 남은 자획에서 왼쪽의 '糸'는 어느 정도 파악된다. 기존 판독도 이 부분에서는 일치한다. 따라서 이 글자는 '계승'의 의미를 담은 '糸' 부수의 글자일 것인데, 가장 가능성이 높은 것은 '緖'이다. 오른쪽 자획이 분명치 않아 단정할 수 없지만, 현재 남은 자획과 문맥을 통해 유추하는 것이 불가능하지는 않다. 『續高僧傳』圓光傳의 "振續徽緖"라는 구문에서 '徽緖'의 용례를 찾을 수 있다.[19]

'三尊之'와 '六代' 사이에는 세 글자가 들어간다. 그리고 문장 구성은 "□三尊之□□"과 "□六代之徽緖"의 대구가 된다. 각 구문의 첫 글자는 나머지 부분을 목적어로 취하는 동사이다. '삼존'과 '육대' 등 불교의 일반론적인 개념이 나오는 것에서 이 부분이 비 본문의 도입부라는 것을 짐작할 수 있다.

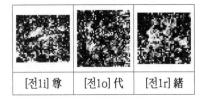

[전1i] 尊	[전1o] 代	[전1r] 緖

[전면 2행]

전	a	b	c	d	e	f	g	h	i	j	k	l	m	n	o	p	q	r	s	t
2	□	□	□	□	□	□	□	□	□	□	□	□	□	□	國	主	大	王	□	□

2행도 말미의 네 글자 정도만 보인다. '大'의 경우 판독이 곤란하다고 보기도 하지만, 다음 글자인 '王'과 조합될 글자라는 점과 손상을 고려하여 자획을 가늠하면 '大'로 보는 데 무리는 없다.

---

18) 六代는 禪宗의 계보 관념에 등장하는 것으로, 비문의 건립 시기 판단에 새로운 근거가 된다. 이에 대해서는 다음 장에서 자세히 언급할 것이다.

19) 『續高僧傳』 권13, 釋圓光傳.

[전면 14-15행]

전	a	b	c	d	e	f	g	h	i	j	k	l	m	n	o	p	q	r	s	t
14	□	□	□	□	□	□	□	□	□	□	□	善	天	壽	山	長	□	□	□	□
15	□	□	□	□	□	□	□	陰	陽	□	□	□	□	□	□	上	下	□	□	□

전면 말미의 두 행에서도 일부 글자가 판독되고 있으나 대부분 글자가 분명치 않다. 문맥 파악도 곤란하고 판독 내용이 비문 이해에 직접 영향을 미치지는 않으므로 기존 판독을 그대로 수용한다.

[후면 1-2행]

후	a	b	c	d	e	f	g	h	i	j	k	l	m	n	o	p	q	r	s	t
1	□	□	□	□	□	□	□	□	□	□	□	□	□	□	□	□	□	□	□	□
2	□	□	□	□	□	□	□	□	□	□	發	□	□	□	□	□	□	□	□	□

후면 1행과 2행의 글자는 거의 판독되지 않는다. 다만 [후2k]는 자획이 특징적이어서 '發'로 읽을 수 있지 않을까 하여 하나의 안으로 제시한다. 이외에도 몇몇 글자는 방법에 따라 판독할 수도 있어 보인다. 앞으로의 추가 판독을 기대한다.

후술하듯이 후면은 後記로 파악되며, 1행에 그 제목이나 도입부 서술이 있었을 것으로 짐작된다. 그리고 2행은 3-5행에 서술된 제왕의 출현 배경으로서 시대적 상황에 대한 서술이 있었을 것으로 추정된다.

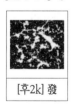

[후2k] 發

[후면 3행]

후	a	b	c	d	e	f	g	h	i	j	k	l	m	n	o	p	q	r	s	t
3	□	□	□	□	□	□	□	趣	皎	皎	而	生	□	□	□	□	□	□	□	□

[후3k]를 '四'로 판독하는 경우가 있으나 아래 가로획이 나타나지 않으며 상단 가로획 위로 획이 더 있다. 6행에 보이는 '四'와 형태가 다른 것이 분명하다. 기존과 같이 '而'로 판독하는 것이 타당하다.

'生'은 누군가의 출생을 말한 것이며, '皎皎'[20]는 달빛처럼 희고 밝게 빛나는 모습을 나타내는 것으로, 태어난 아이의 모습을 묘사한 것이다. 이 구문은 뒤에 나오는 제왕의 출생을 서술한 것으로 짐작된다.

---

20) 두 번째 '皎'는 같은 글자의 반복을 뜻하는 ' 〃 '로 되어 있다.

[후3k] 而

[후면 4행]

후	a	b	c	d	e	f	g	h	i	j	k	l	m	n	o	p	q	r	s	t
4	□	□	□	□	□	□	□	□	遂	燭	□	慈	□	□	□	□	□	□	□	□

'遂'는 앞의 내용으로부터 시간적 경과나 논리적 귀결을 통해 수립되는 상황을 유도한다. '燭'은 지혜를, '慈'는 자애로움을 각각 나타내는데, 인물의 자질을 불교적 가치를 통해 표현한 것이다. 이 구절은 3행에서 출생한 제왕의 성장을 담은 것으로 보인다.

[후면 5행]

후	a	b	c	d	e	f	g	h	i	j	k	l	m	n	o	p	q	r	s	t
5	□	□	□	□	□	□	□	□	河	洛	靈	圖	□	□	□	□	□	□	□	□

판독에 이견이 없는 부분인데, [후5m]는 '圖'의 외곽(囗)을 생략하고 안쪽만 쓰는 略字를 새겼다. 하락영도는 河圖洛書를 말하는 것으로서 제왕의 출현을 나타내는데, 이에 대해서는 다음 장에서 자세히 언급할 것이다.

[후5m] 圖

[후면 6행]

후	a	b	c	d	e	f	g	h	i	j	k	l	m	n	o	p	q	r	s	t
6	□	□	□	□	天	德	展	流	於	四	海	義	心	宣	揚	於	□	□	□	□

후면 6행에 대해 최근 판독에서는 '天德', '流', '四' 정도만 식별 가능하다는 의견이 있었다. 일단 [후6g]는 손상부가 있어 명확한 판독이 곤란하다. 하단부는 '長'과 유사한 점이 있지만, 전체 자획을 '長'으로 보기 어렵다. 특히 다음 행에 '長流'라는 표현이 나오고 있어 같은 단어를 반복 사용할 가능성은 낮다.

다만 하단부의 자획이 '長'과 유사한 형태여서 비슷한 자획을 가진 다른 글자를 찾아볼 수 있다. 그리고 위아래 글자와 대비할 때 글자가 오른쪽으로 치우친 느낌이다. '德'의 '彳'과 '流'의 '氵'에 해당하는 위치에 획이 있었을 것으로 짐작된다. 탁본에는 왼쪽 하단에 약간의 자획이 보인다.

이러한 조건에서 '流'와 조합되고 天德을 주어로 그 움직임을 표현할 수 있는 글자를 찾는다면, 가장 유력한 글자는 '展'이다. 천덕이 모든 곳에 영향을 미친다는 취지이므로 '펼쳐지다'라는 의미에 부합한다. 확정은 어렵지만, '長'보다는 '展'으로 보는 것이 합리적이다.

다음에 종래 '海'로 읽었던 [후6k]에 대해 살펴보자. 최근 '氵'의 흔적만 겨우 인정할 수 있다는 의견이 있기 때문이다. 이 글자는 '天德'[21]이 '流'하는 대상으로서 '四'와 묶여 단어를 이룬다. 글자의 왼쪽에 '氵'가 있는 글자로서 이 기능에 맞는 것을 찾으면, '海'가 우선 상정된다.[22] 이러한 이해를 바탕으로 남은 오른쪽 자획을 유추할 때 충분히 '每'로 볼 수 있다. 문맥과 자획을 함께 고려하면 충분히 '海'로 판독할 수 있다.

대구로 나오는 구분에서 '義心宣揚'도 판독이 가능하다. 먼저 [후6l]과 [후6m]은 앞의 '天德'과 대응하는 위치에 있다. 그리고 두 구문은 모두 제왕의 영향력을 표현하며 이것이 천하에 구현된다는 맥락이다. 천덕이 백성을 사랑하는 마음이라면, 그 대구는 악을 응징하는 취지를 담는다. 이러한 내용의 어휘로서 남은 자획과 부합할 수 있는 단어를 찾을 때, 첫 글자를 '義'로 판독할 수 있다.

글자의 손상을 감안하여 원래의 자획을 유추하면, 글자의 상단부를 '羊'으로 파악할 수 있다. 하단부가 '我'로 보기에는 일견 남은 획이 부합되지 않아 보인다. 그런데 이 글자는 우측 하단부의 획이 비정상적으로 길다. 이는 글자 아래가 파이면서 획이 연장된 것이다. 중간 부분의 가로획은 '羊'의 아래 획이 아니라 '我'의 중간 가로획이라고 보면 이 글자를 '義'로 보는 데 무리가 없다.

이어 '義'와 조합될 수 있고 '德'과 대응하는 글자로 남은 자획에 부합하는 것을 찾으면, 이 또한 '心'으로 볼 수 있다. 이에 대해 최근 판독에서는 첫 획의 흔적이 없고, 둘째 획이 이어지지 않으며, 셋째, 넷째 획에 해당하는 부분을 찾을 수 없다고 지적하였다. 그런데 첫 획과 둘째 획은 글자가 파이면서 붙은 형태이고 셋째 획과 넷째 획은 오른쪽 상단에 그 흔적이 나타난다. 이 글자는 자획이 많지 않아 원래 글자가 복잡하지 않았음을 짐작할 수 있다. 이러한 내용을 종합하면 [후6m]을 '心'으로 판독할 수 있다.

다음 [후6n]과 [후6o]도 하나의 단어를 구성한다. [후6n]는 상단의 '宀'이 보이고, 그 아래에 '亘'과 유사한 획이 보이므로 '宣'으로 볼 수 있다. 이 글자는 앞 구문에서 '流'를 수식하는 '展'과 같은 기능을 하는데, '널리'라는 의미로 이해된다.

[후6o]는 왼쪽에 '扌'가 보이지만 오른쪽 획은 분명치 않다. 그런데 이 글자는 대구에서 '流'와 조응한다. 통상 '德'은 '흐르는' 것으로, '義'는 '義旗'라는 단어에서 드러나듯이 '드날리는' 것으로 묘사된다는 점에서 이를 '揚'으로 보는 것이 가능하다.

'宣揚' 다음의 세 글자는 손상된 부분인데 "於萬邦"으로 추정하기도 한다. [후6p]는 일부 획만 남아 있어

---

21) '하락영도'를 천지 운행의 원리로 해석하면서 天德도 천지자연 운행의 주재자로 해석하기도 한다(하일식, 2003, 앞의 논문, p.312). 그런데 바로 7행에는 불교에 관련된 표현들이 등장한다. 불교비에서 천지 운행의 서사를 말할 이유가 없다.

22) 「大安寺寂忍禪師碑」에 보이는 "無法之法 流於海表"라는 구문을 참고할 수 있다.

판단이 어렵지만, 앞 구문과 대구를 이룬다는 점에서 '於'로 판단할 수 있다.

萬邦은 결락된 부분을 앞의 '四海'에 맞추어 추정한 것이다. 주인공의 天德과 義心이 적용되는 공간은 동일하다. 같은 내용을 다른 식으로 표현하는 것인데, 이 경우 온 세상을 뜻하는 여러 단어 중 義心의 宣揚으로 묘사된 주인공의 행위 대상으로는 萬邦이 가장 적합하다는 점에서 기존 추정이 그렇게 불합리하지는 않다. 물론 이는 판독이 아니라 추정이다.

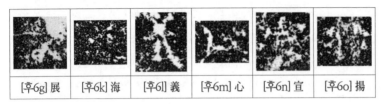

[후6g] 展	[후6k] 海	[후6l] 義	[후6m] 心	[후6n] 宣	[후6o] 揚

[후면 7행]

후	a	b	c	d	e	f	g	h	i	j	k	l	m	n	o	p	q	r	s	t
7	□	□	□	□	□	蘭	香	盛	而	長	流	貨	寶	繹	而	□	□	□	□	□

[후7e]를 '路'로 읽기도 하는데 왼쪽 자획은 '足'이 분명하지만, 오른쪽 자획은 '各'과 차이가 있어 다른 글자일 것으로 짐작된다. 이 글자에서 구문이 나뉘기 때문에 문맥상의 접근도 할 수 없어 불명으로 처리한다.

다음 구문은 "蘭香盛而長流 貨寶繹而□□"의 대구이다. 최근 판독에서는 [후7f]를 '蘭'보다 '扇'에 가깝다고 보고, '盛'으로 판독하던 [후7h]도 '風'에 가깝다고 보았다. 그런데 이렇게 해당 부분을 "扇香風"으로 보면 문장을 제대로 이해할 수 없다.[23]

문장의 대응 관계를 보면, '香'(향기)과 '寶'(보배)가 대응하며, 각각에 앞 글자가 붙어 단어를 구성한다. 그리고 다음 글자는 그것의 움직임을 나타내고 그 다음 내용은 그 움직임의 성격이나 결과를 제시하는 구도로 문장이 전개된다. 여기서 향기는 주인공의 영향력이 미치는 것을 상징하고, 보배는 영향을 받은 대상이 그 대응으로 취하는 행동을 나타낸다.

이 구도에서 '扇'은 '香'의 앞에서 단어를 구성하는 글자로서 어색하다. 반면 '蘭香'은 가장 우아한 향기라는 의미로 널리 사용된다. 그리고 해당 글자의 자획을 보면 '門'의 모습과 그 안의 글자 형태가 나타나며, 상단의 획도 '艹'로 볼 수 있다. 따라서 [후7f]를 '蘭'으로 판독하는 데 문제가 없다.

'香'의 다음 글자는 향기의 움직임으로서 '而' 뒤에 나오는 '長流'와 시간적 혹은 인과적으로 연결된다. 대구에서 보배가 '이어진다(계속 들어온다)'라는 의미인 '繹'과 조응한다. 향기의 통상적 속성에 비추어 볼 때 이 구문은 결국 "향기가 넘쳐흐른다"라는 의미가 유추되므로 '風'은 부적절하다.

---

23) 「태자사낭공대사비」에는 "扇香風於上國"이라는 구문이 보인다. 그런데 이 구문은 "향풍을 상국에 흩뿌렸다"라는 것으로서 '風'은 명사, '扇'은 동사로 쓰였다. 반면 운천동비의 해당 구문은 '香'과 앞 글자가 명사가 되고 다음 글자가 뒤의 '長流'와 함께 동사를 구성하는 구도로서 문맥이 다르다.

이 글자의 자획을 보면, 글자의 좌우에 손상이 있지만, 상단과 하단이 나뉘는 형태가 보인다. 이러한 구조와 '蘭香'의 움직임으로 설정할 수 있는 글자를 찾을 때, 기존 판독대로 '盛(가득차다)'으로 보는 데 무리는 없다.

[후7i]는 불명으로 처리하기도 하는데, 상단의 가로획이 보이고 중단의 가로획은 모호하지만 하단의 4개의 세로획이 보여 '而'로 판독할 수 있다. 해당 구문이 대구로 이루어져 있고 이 글자는 [후7o]의 '而'와 대응하기 때문에 같은 기능을 하는 접속어가 올 것이므로 내용적으로도 '而'로 볼 수 있다.

다음에 이와 대구를 이루는 구문은 '寶'가 중심이 된다. 그 앞 글자인 [후7i]은 寶와 한 단어를 이룬다. 자획의 하단이 손상되어 판독이 곤란하지만, 하단 획이 본래 '貝'였을 가능성이 보이는 등 남은 형태상 '貨'로 보는 것이 가능하고 의미상으로도 무리가 없으므로 기존 판독을 유지한다. 한편 '繹而' 다음의 두 글자는 '繹'의 의미에 조응하여 '無絕'로 추정하기도 한다.

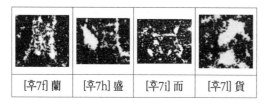

[후7f] 蘭	[후7h] 盛	[후7i] 而	[후7l] 貨

[후면 8행]

후	a	b	c	d	e	f	g	h	i	j	k	l	m	n	o	p	q	r	s	t
8	□	□	□	堅	固	善	根	具	足	□	□	□	常	行	廻	□	□	□	□	□

8행의 구문 중 "善根具足"은 판독에 이견이 없다. '善根'은 좋은 결과를 낳을 수 있는 자질과 행위를 말하며 '具足'은 이를 갖추었다는 의미이다. 그 앞의 "□□堅固"는 "善根具足"과 대구를 이루며, 흔들리지 않는 信心을 표현한 것으로 이해된다.

뒤에 이어지는 내용은 이에 조응하는 제왕의 활동을 나타내고 있다. 역시 4자 형태로 "□□□常 行廻□□"로 나누어 이해할 수 있다. [후8m]은 통상 '常'으로 판독하지만 '不'로 보는 견해도 있는데, 문장 구조상 '不'이 올 수 있는 위치가 아니다. 해당 글자를 구성하는 상단 획과 가운데의 '口', 아래의 '巾'이 비교적 뚜렷하여 '常'으로 보는 데 무리가 없다.

그 앞 글자인 [후8l]은 '於'로 판독한 경우가 있는데, 4자의 단락 구조를 가지는 데 비추어 어조사가 들어갈 여지가 없다. 이 행은 제왕의 신심을 평가하는 내용으로서, '常'과 '行廻'는 그러한 신심의 변함없는 유지를 나타내는 것으로 짐작된다.

[후8m] 常

[후면 9행]

후	a	b	c	d	e	f	g	h	i	j	k	l	m	n	o	p	q	r	s	t
9	□	□	□	□	竪	鼓	之	場	精	廬	遍	起	交	兵	深	林	之	地	□	□

　　9행은 '之場'과 '之地'의 대구를 통해 문장 구조를 파악할 수 있다. 문맥은 "□□竪鼓之場 精廬遍起 交兵深林之地 □□□□"의 형태이다. '竪鼓'와 '交兵'은 모두 전쟁을 상징하는 말로서 당시가 전쟁기임을 보여준다. 그리고 [후9j]는 '慮'로 읽기도 했으나 앞의 '精'과 묶여 뒤에 나오는 '起'와 연결된다는 점에서 '廬'로 판독하는 것이 타당하다. 이 구문은 전투가 벌어지던 곳에 사찰을 지었음을 말하는 것으로, 당시 전쟁이 內戰이었고 그것이 종식되었음을 반영한다.

　　다음에 [후9k]와 [후9l]는 불명으로 처리하기도 하는데, 일단 [후9l]는 '起'로 보는 데 무리가 없다. 왼쪽의 '走'가 분명하고 오른쪽도 '己'가 손상된 것으로 볼 수 있다. 의미도 사찰을 짓는다는 내용에 부합한다.

　　다만 그 앞 글자인 [후9k]를 '所'로 보는 것은 곤란하다. 자획상의 연관성도 분명치 않으며 문맥상으로도 '所'가 들어가면 앞 구문과의 연결이 어색해지기 때문이다. 이 글자는 '起'를 수식하며 전쟁터에 사찰이 건립되는 상황을 드러내는 역할을 한다. 이러한 문맥에 비추어 볼 때 해당 글자로 추정할 수 있는 것은 遍(두루)'이다.

　　자획의 상황을 보면 왼쪽 상단의 점이나 하단 획의 형태에서 '辶'을 유추할 수 있다. 오른쪽 자획은 글자를 판단하기 곤란하지만, 형태상 '扁'로 추정하는 것이 불가능하지 않다. 단정은 어렵지만 자획과 문법상 '所'보다는 '遍'으로 보는 것이 합리적이지 않을까 한다.

　　한편 [후9o]는 그동안 '深'으로 읽었으나 최근 '澡'로 읽은 견해가 있다. 그런데 이 글자의 자획을 보면 상단부는 글자가 아니라 손상부로 파악된다. 왼쪽의 '氵'를 보면 아래의 두 점은 연결되어 있고 그 위 점이 두 개 더 있다. 형태상 맨 위의 점은 글자가 아니라 손상부이다.

　　오른쪽 획의 상단부 역시 손상된 흔적으로 보인다. 최상단부는 자획의 위치로 볼 때 '品'의 중앙에 위치하게 되는 상부의 '口'로 보기 어렵다. 이에 최상단부를 배제하고 보면 그 아래에 가로획이 나타나고 여기에 4개의 작은 세로획이 형성되어 있다. 그 아래의 획도 '木'으로 파악된다. 따라서 이 글자는 '深'으로 보는 데 문제가 없다.

　　한편 이에 이어지는 '林之地'를 불명으로 처리하기도 하는데, '林'의 경우 글자가 불확실하기는 하다. 그런데 글자가 좌우 두 부분으로 구성되고 오른쪽 획은 '木'으로 보는 것이 가능하다. 문맥상 앞의 '深'과 조합되는 글자는 숲이나 골짜기 등이 될 것인데, 앞의 사찰 건립처럼 전쟁 종식에 따른 어떤 조치가 있음을 염두에 둔다면 '숲[林]'으로 이해할 수 있다.

다음에 '之'는 자획이 비교적 분명하고, 앞 구문과 대구로서 '竪鼓之場'의 '之'와 대응한다. 따라서 이 글자를 '之'로 판독하는 데 문제가 없다. 이어지는 글자는 자획의 상단만 남아 있어 판독이 곤란하다. 그런데 왼쪽 획과 오른쪽 획이 각각 '土'와 '也'의 상단부와 유사하다. 역시 대구상 '場'에 조응하기 때문에 '地'로 판독하는 데 무리가 없다.

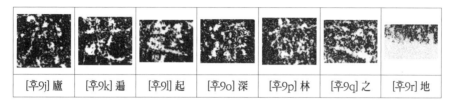

| [후9j] 廬 | [후9k] 遍 | [후9l] 起 | [후9o] 深 | [후9p] 林 | [후9q] 之 | [후9r] 地 |

[후면 10행]

후	a	b	c	d	e	f	g	h	i	j	k	l	m	n	o	p	q	r	s	t
10	弔	伐	而	□	民	合	三	韓	而	廣	地	居	濱	海	而	振	威	□	□	□

10행에는 비문 이해의 관건이 되는 '三韓'이 등장한다. 이 구문은 "合三韓而廣地"와 "居濱海而振威"를 근간으로 한다. "合三韓而廣地"는 제왕의 공업을 나타내며, '地'는 앞 구문의 '民'과 조응한다. 앞 구문에 '伐'이 있는 것으로 보아 정벌을 통해 백성을 구원한다는 의미로 풀이된다. 이 경우 [후10c]는 [후10i]의 '而'에 조응하여 같은 연결어가 들어갈 것인데 실제 글자 상단에 가로획이 보여 '而'로 판독할 수 있다.

[후10a]는 글자의 하단만 남아 있어 판독이 곤란하다. 그런데 해당 구문은 "□□伐"이 "合三韓"과 대구를 이루고 있어 "□伐"이 하나의 단어를 형성한다. 그리고 이것은 뒤에 백성과 관련된 결과를 유도한다. 이러한 취지를 가지는 정벌의 유형을 남은 획의 형태와 연계하여 찾아보면 '弔伐'을 생각할 수 있다. 조벌은 포악한 군주를 몰아내어 백성을 구원한다는 의미이다. [후10a]의 남은 획을 보면 '弓'의 아랫부분과 유사한 형태가 보인다. 이에 해당 글자를 '弔'로 판독할 수 있지 않을까 한다. 다만 자획이 온전하지 않아 단정은 어렵다.

[후10d]는 백성의 '구원'에 해당하는 글자가 있었을 것이다. 통상적 표현을 보면 '救'나 '濟', '拯' 등을 생각할 수 있으나 확정된 의견을 내리기는 어렵다.[24]

"居濱海而振威"는 이렇게 이룬 공업을 바탕으로 제왕이 해당 지역에 위세를 떨치는 것을 나타낸다. [후10m]은 종래 '滄'으로 읽던 것인데 왼쪽 획은 보이지만 오른쪽 획이 11행의 '倉'과 다르다는 지적이 있었다. 실제 '滄'은 문맥에도 맞지 않기 때문에 다른 글자를 찾아야 한다.[25]

---

24) 글자의 왼쪽에 'ㆡ'로 유추할 수 있는 자획이 보여 '濟'로 볼 수 있을 듯하지만, 남은 자획으로는 판단을 내리기 어려워 그 가능성만 제시해 둔다.

25) 필자는 앞선 논의에서 해당 글자를 '滄'으로 읽는 기존 견해를 받아들여 논의를 정리했으나(윤경진, 2019, 앞의 논문) 이번 판독에 따라 수정한다. 다만 기본 논지는 다르지 않다.

앞의 "合三韓"과 대비할 때 이 글자는 '海'와 합쳐 '居'의 목적어가 된다. 그리고 앞의 '삼한'과 사실상 같은 대상을 나타낸다. 그가 합친 삼한이 곧 '振威'의 대상이 되기 때문이다. 그런데 파도가 치는 거친 바다를 나타내는 滄海는 '居'의 공간적 토대가 되기 어렵다.

해당 글자는 '海'와 결합하여 공간을 나타낼 수 있으며 왼쪽이 '氵'인 글자이다. 여기에 가장 부합하는 것은 '濱'이다. 자획을 보면 글자 중간에 '人' 비슷한 획이 나타나는데, 이는 '濱'의 중간 획이 손상으로 변형된 것으로 짐작된다. 공간 개념으로서 '濱'은 "率土之濱 莫非王臣"이라는 『孟子』의 유명한 구절에서 유추된다. 우리나라를 "東海之濱"이나 "東溟之濱"으로 부르는 경우가 종종 보인다.

한편 후반부의 '而振威'는 불명으로 처리하기도 한다. 이 중 '而'는 판독에 문제가 없지만, 그 뒤의 두 글자는 판독이 어렵다. 그런데 이 구문은 직접 대구는 아니지만 '而'의 위치를 통해 문장 구조가 앞의 "合三韓而廣地"와 동일한 형태임이 드러난다. 이에 따라 '廣'에 조응하는 [후10p]는 동사가 되고, '地'에 조응하는 [후10q]는 명사로서 그 목적어가 된다.

한편 [후10r]은 글자의 상단과 왼쪽에서 '厂'의 획선이 보이고, 오른쪽 자획은 '戈'로 추정이 가능하다. 글자 안쪽의 '女'가 명확히 드러나지 않지만, 이러한 자형을 갖춘 명사로서 구문의 내용에 부합하는 글자는 '威'가 가장 유력하다.

[후10p]는 남은 자획만으로 글자를 추정하기 어렵다. 다만 이 글자가 동사로서 뒤의 '威'를 받아주는 역할이라는 점을 고려할 때 '振'으로 추정하는 것이 가능하다.

한편 다음은 이 구문과 유사한 구성을 보여 이해에 참고된다.

> 삼한은 나라를 이루어 오대에 이미 왕이 되었으니, 비록 동명의 바닷가에 살지만 실로 남면
> 의 봉승을 누렸다[三韓爲國 五季已王 雖居東溟之濱 實享南面之奉].[26]

위 기사는 고려 충선왕 2년(1310) 元이 왕의 3대를 추증하면서 보낸 制書의 일부이다. 고려의 역사적 정체성을 '삼한'으로 제시하며, 그가 왕으로 군림하는 공간을 '東溟之濱'으로 설명하고 있다. '居'의 대상으로서 '東溟之濱'은 비문의 '濱海'에 상응하며, 남면의 봉승을 받았다는 내용은 '振威'와 상통한다.

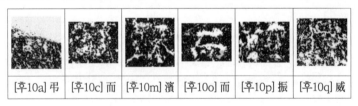

| [후10a] 弔 | [후10c] 而 | [후10m] 濱 | [후10o] 而 | [후10p] 振 | [후10q] 威 |

---

26) 『高麗史』 권33, 忠宣王 2년 7월 乙未.

후	a	b	c	d	e	f	g	h	i	j	k	l	m	n	o	p	q	r	s	t
11	□	仁	□	倉	府	充	溢	民	免	飢	寒	之	憂	水	土	□	□	□	□	□

11행은 자획이 분명한 글자가 많아 판독에 별 이견이 없다. 문맥 구조는 "倉府充溢 民免飢寒之憂"가 하나의 단락을 구성한다. 9행에서 전쟁의 종식을 말하였고, 10행에서는 그 귀결로서 삼한의 통합과 제왕의 군림을 말하였다. 그리고 11행에서는 다시 그 연장에서 민생의 안정을 말한 것이다. '倉府'에 조응하는 '水土'는 보통 농사의 조건이 되는 기후 여건을 나타내는데, 그 뒤에는 기후의 순조로움을 나타내는 표현이 있었을 것이다.

[후면 12행]

후	a	b	c	d	e	f	g	h	i	j	k	l	m	n	o	p	q	r	s	t
12	□	丹	穴	委	羽	之	君	太	平	太	蒙	之	長	奉	玉	帛	□	□	□	□

12행 역시 글자 대부분이 분명한 편이다. "丹穴委羽之君"과 "太平太蒙之長"은 먼 곳에 있는 君長들을 말하는 것으로 해석한 후 이것이 일반적으로 받아들여졌다.[27] 그런데 최근 "丹穴委羽之君"이 "봉황이 날개를 맡긴 임금, 또는 위대한 先王이 국가를 맡긴 임금"으로 해석한 견해가 있다.[28] 丹穴은 『山海經』중 南山經에서 봉황이 있다고 한 전설상의 산으로서 이곳에는 金과 玉이 많다고 한다.[29] 이후 봉황 자체를 가리키거나 훌륭한 인물 또는 그 자손을 일컫는 데도 쓰였다는 것이 근거이다.

그러나 이 해석은 문맥과 전혀 맞지 않는다. 우선 이 구문은 "太平太蒙之長"과 대구를 이룬다. '君'과 '長'이 대응하고 둘이 합쳐져 '君長'이라는 포괄적 범주를 구성한다. 다시 말해 '君長'으로 묶이는 부류를 수사적으로 둘로 나누어 표현한 것이다. 따라서 '丹穴委羽'와 '太平太蒙' 역시 같은 속성을 가지고 하나로 합쳐진다.

이때 '太平'과 '太蒙'은 각각 동쪽과 서쪽 땅끝을 가리킨다. 『爾雅』釋地에 齊州 남쪽의 태양을 이고 있는 곳이 丹穴, 북쪽의 北斗를 이고 있는 곳이 空桐, 동쪽의 해뜨는 곳이 大平, 서쪽의 해지는 곳이 大蒙이라는 내용이 있다.[30]

그런데 여기에 丹穴도 나오며, 그 의미는 남쪽 끝을 상징한다. 空桐을 제외한 세 가지가 비문과 일치한다. 그렇다면 당연히 비문의 단혈은 남쪽 끝을 상징하며 委羽가 空桐처럼 북쪽 끝을 가리킬 것이다. 결국 이 구문은 "동서남북 먼 곳의 군장들"이라는 하나의 범주가 된다.

---

27) 이병도, 1983, 앞의 논문, p.19.
28) 하일식, 2023, 앞의 논문, p.313.
29) 『山海經』南山經, "又東五百里 曰丹穴之山 其上多金玉 丹水出焉 而南流注于渤海 有鳥焉 其狀如雞 五采而文 名曰鳳皇".
30) 『爾雅』권9, 釋地, "岠齊州以南戴日爲丹穴 北戴斗極爲空桐 東至日所出爲大平 西至日所入爲大蒙".

이처럼『爾雅』의 구문을 통해 충분히 '동서남북'의 표현임을 파악할 수 있음에도 단혈에 봉황이 산다는 내용만 가져오고 다시 봉황을 징검다리로 훌륭한 임금이라는 해석으로 끌고 간 것은 지나친 비약이다. 그리고 太平과 太蒙이 병렬적 관계이듯이 대구의 丹穴과 委羽도 병렬적 관계가 되어야 하는데 '위우'를 "깃털을 맡긴다"로 풀어 해석하는 것은 불합리하다.

"奉玉帛"은 이 군장들이 제왕에게 복속하는 상황을 묘사한 것이다. 그런데 이 중 '帛'으로 판독된 [후12q]를 '帝'로 보기도 한다. 이를 '帝'로 보면 이 단어는 '玉帝', 곧 옥황상제가 되는데, 명백한 불교비에서 옥황상제가 나오는 것 역시 불합리하다.

자획의 상단부를 보면 '白'이 비교적 분명하게 보인다. 가장 위의 획이 중앙이 아니라 약간 왼쪽으로 와 있고, 그 아래의 가로획과 연결되는 양쪽의 세로획이 있다. 이는 '帝'의 상단부 획과 거리가 있다. 따라서 글자 형태상으로도 '帝'보다는 '帛'으로 보는 것이 합리적이다. 이 문장에서 '奉'의 주어는 앞의 군장들이고 다음 두 글자는 '奉'의 목적어가 된다. '奉玉帛'은 복속의례를 반영하는 상징적 표현으로 널리 쓰였다.

여기서 다음 문장을 음미해 보자.

> 群方이 의리를 숭모하고 교화를 따르며 玉帛을 다투어 바치고, 이웃 나라는 威德을 경외하
> 여 금과 비단을 더 바치고자 하였다.[31]

위 기사는 고려 정종 9년(1043) 거란에서 보낸 책봉문 중에 나오는 구문으로, 거란 황제가 자신의 위세를 과시하는 내용을 담고 있다.

여기서 "群方則慕義向風 交馳玉帛"이라고 한 것은 황제로서 군림함에 따라 주변국에서 조공을 바치는 상황을 묘사한 것이다. 群方은 운천동비의 "丹穴委羽之君 太平太蒙之長"에 조응한다. 양자 공히 "사방의 모든 군장"을 나타내며, 이들이 옥백을 바치는 것은 복속을 나타낸다.[32]

[후12p] 帛

[후면 13행]

후	a	b	c	d	e	f	g	h	i	j	k	l	m	n	o	p	q	r	s	t
13	□	塔	沙	門	普	慧	之	所	造	龜	文	鄕	生	知	行	□	□	□	□	□

---

31)『高麗史』권6, 靖宗 9년 11월 辛巳, "群方則慕義向風 交馳玉帛 鄰國則畏威懷德 增納金繒".

32) 이와 대구를 이루는 후속 구문은 宋과의 관계를 표상한다. 당시 거란은 송과의 전쟁에서 승리한 후 송으로부터 매년 막대한 재화를 받았는데, 이를 '歲貢'으로 표현하였다.

13행은 판독과 내용 파악에서 가장 논쟁이 된 부분이다. 여기서 [후13b], [후13j], [후13l]은 종래 '者', '也', '海'로 읽었는데, 이를 '塔', '龜', '鄕'으로 각각 판독한 의견이 있었고, 최근 [후13b], [후13j]는 '者'와 '也'로 읽고, [후13l]는 '弥(=彌)'로 읽는 견해가 있었다.

최근 견해는 [후13b]를 '者'로 보면서 글자가 선명하여 언급할 필요도 없다고 하였으나 과연 이 글자의 자획이 '者'에 부합하는지 납득하기 어렵다. 이를 '者'로 판독하는 것은 왼쪽 획의 존재를 간과한 것이다. 이 부분을 빼고 보면 해당 글자는 우측으로 치우치게 된다. 다음 글자인 '沙'의 'ㅏ'와 맞추어 보면 이 글자도 왼쪽 획의 존재를 판단할 수 있다.

또한 이 글자를 '者'로 보면 오른쪽 하단이 '日'이 되어야 하는데, 가운데 가로획이 파악되지 않아 '口'로 보는 것이 타당하다. 그리고 오른쪽 상단의 획은 '++', 그 아래 획은 '八'의 형태가 나타난다. 곧 해당 글자의 모양이 '荅'과 유사한 것이다. 왼쪽의 하단 획은 점이 아니라 선의 형태를 띠고 있어 왼쪽이 '土'임을 짐작할 수 있다. 자획의 형태만으로도 해당 글자를 충분히 '塔'으로 판독할 수 있다. 이는 후술하듯이 문장 구성과 문맥을 통해서도 뒷받침된다.

[후13l]은 기존에 '海'로 읽었던 부분이다. 그런데 왼쪽 획의 형태가 'ㅏ'가 될 수 없어 따르기 어렵다. 이 부분에 대해 최근 '弥'(彌)로 읽기도 했지만, 역시 자획과 부합하지 않는다. '弥'의 왼쪽 획인 '弓'은 세 개의 가로획이 나타날 것인데, 현재 자획은 손상을 감안하더라도 여러 개의 가로획을 설정하기 어렵다.

이 글자는 명확히 세로로 삼등분된 형태이다. 따라서 이러한 형태의 글자로서 뒤의 '生'과 결합하여 하나의 단어를 구성할 수 있는 글자를 찾아야 한다. '弥'는 두 부분으로 구성되어 형태가 맞지 않는다. 특히 해당 글자의 가운데 부분 아래쪽 획이 'ㄴ' 모양으로 나타나는데 '弥'에서는 이에 해당하는 부분이 삐침 형태여서 서로 유관성이 없다.

글자 형태 구성과 문맥에 가장 부합하는 글자는 '鄕'이다. 글자의 세 부분을 '鄕'의 각 부분과 대비해 보면 형태가 유사하다는 것을 알 수 있다. 특히 글자의 왼쪽 부분의 흐름이 '鄕'의 왼쪽 획과 매우 유사하다. 의미상으로도 '鄕生'은 앞이 '沙門'과 대구의 위치에서 후술할 '文'의 작자로 파악되며, 이 점에서 한문 지식을 갖춘 지방 선비 정도로 이해할 수 있다.

한편 [후13k]는 기존에 '也'로 읽었다. 왼쪽 상단부가 유사하게 느껴질 수 있지만, 해당 부분이 왼쪽으로 쏠려 있고 아래 획만 우측으로 길게 이어진 형태이다. 비문에서 '也'를 이렇게 쓸 이유가 없다. 또한 남은 획이 '也'보다 복잡한 양상을 보인다.

이 글자를 '龜'로 본 것은 문맥을 고려한 것이다. 이 행을 대구를 감안하여 배치해 보면 다음과 같다.

　　□塔沙門普慧之所造
　　龜文鄕生知行[之所作]

비문 중 '之所作'의 '之'는 판독이 어렵고 '所作'은 파손된 부분으로 추정된 내용이지만, 비문의 일반적 형식성에 비추어 이 구문이 대구로 이루어져 있음은 충분히 유추된다.

"□塔沙門普慧之所造"에서 '□塔'은 '造'의 대상이다. 여기에는 내용상 '者'가 올 수 없다. '者'는 "-라는 것"으로 해석되는데, '所造'라 하여 "만든 것"을 명시했으므로 앞에 '者'를 쓸 여지가 없다. 여기에는 '造'의 대상이 되는 실물이 바로 나오는 것이 문법상 타당하다. 이 구문은 "-는 사문 보혜가 만든 것"으로 해석된다.

그리고 이 구도에서 앞에 배치한 목적어가 한 글자로 오는 경우는 거의 없으며 통상 2글자로 구성된다. 그리고 사찰에서 '造'의 대상이 될 수 있는 것은 건물과 불상, 탑, 비석, 경판, 법종 등 각종 불교 용구 등을 생각할 수 있다. '沙門' 앞에는 이에 해당하는 2자의 단어가 오게 된다. 이러한 문맥에 부합할 수 있는 글자로서 현재 자획에 부합하는 것은 '塔' 외에는 찾기 어렵다.

다음에 이어지는 구문의 '文'은 앞 구문의 '塔'에 조응한다. 이 역시 앞 글자와 함께 한 단어를 구성하는데, 이들이 결국 비문을 나타낼 것임은 쉽게 짐작할 수 있다. 이에 비추어 '文'과 함께 '비문'의 의미를 구성하면서 남아 있는 자획과 유사한 속성을 가진 글자를 찾는다면 가장 적절한 것이 바로 '龜'이다.

물론 남아 있는 획을 곧바로 '龜'로 판단하기에는 한계가 있다. 다만 '龜'가 매우 복잡한 글자이고, 비문에서 약자나 이체자가 종종 쓰이는 사정을 고려하면, 어느 정도 그 유사성을 추출할 수 있다. 자획의 오른쪽 하단의 긴 획은 '龜'의 오른쪽 하단의 흐름과 유사하며, 중앙 세로획을 중심으로 좌우의 획을 축약한 이체자로 추정할 수 있다.[33] '龜文'은 비석에 새긴 문장을 뜻하는 단어로 널리 사용되며, 나말려초 비문에서도 용례를 여럿 찾을 수 있다.

이처럼 '□塔'과 '龜文'을 대비할 때 직함에 해당하는 '沙門'에는 '鄕生'이, 인명인 '普慧'에는 '知行'이 각각 조응하게 된다. 지행 다음에는 보혜의 '之所造'에 해당하는 구문이 올 것인데, 문장을 짓는 것을 통상 '作'이라 하므로 해당 부분을 '之所作'으로 추정하는 것은 충분히 합리적이다.

결국 이 구문은 사문 보혜가 탑을 조성하였고 향생 지행이 비문을 찬술했다는 것으로 해석된다. 이러한 내용은 탑을 세우고 비문을 찬술한 뒤 비가 조성되지 못했기 때문이다. 이에 대해서는 다음 장에서 자세히 검토할 것이다.

한편 이 부분의 판독을 달리하면서 구문에 대해서도 다르게 해석한 의견에 대해 짚어보자. 곧 [후13j]를 종전대로 '也'로 보면서 그에 이어지는 단어를 '文彌'와 '生知'로 이해한 것이다. 그리고 '文彌'는 『說苑』의 "德彌盛者文彌縟 中彌理者文彌章也"에서 나온 말이고,[34] '生知'는 『論語』에 나오는 '生而知之'의 줄임말로서 해당 문장은 "타고난 지혜를 행하여" 정도라고 이해하였다. 그리고 이 구문에 대해 앞 구문과 연결하여 보혜에 대한 수식으로 보았다.[35]

그런데 보혜는 무엇인가를 '만든[造]' 사람이다. 그런 그에게 훌륭한 문장과 '生而知之'의 지혜를 말할 이유가 없다. 굳이 그의 자질을 말하고자 한다면 사업의 토대로서 信心이나 조성 대상과 직접 관련된 실력이 나오는 것이 자연스럽다.

---

33) 비문의 다른 글자를 통해서도 이러한 사례를 추정할 수 있다. 5행의 '圖'가 외곽 '囗'이 생략되었다.

34) 『說苑』 권19, 脩文, "德彌盛者文彌縟 中彌理者文彌章也".

35) 하일식, 2023, 앞의 논문, p.314.

그리고 앞 구문이 '也'로 끝났다면 그 주어는 보혜가 아니라 보혜가 만든 물건이다. 그리고 논자의 해석을 따르면 다음 구문의 주어는 보혜이다. 서로 주어가 다른 것인데 그에 대한 언급 없이 두 내용을 연결한다는 것은 문법적으로도 이해하기 어렵다.

　　그리고 논자가 말한 '文彌'는 해당 구문의 내용을 잘못 해석한 것이다. 논자는 해당 구문을 "덕이 두루 차 있으면 문채가 화려하고, 속에 이치가 차 있으면 문채가 두드러진다"로 해석하였다. '文彌'를 하나의 단어로 간주하고 '문채'로 묶어 해석했는데, 그 앞의 '德彌'는 '덕'과 '두루'로 나누어 해석하여 서로 어긋난다.

　　사실 이 구문에서 반복적으로 사용되는 '彌'는 '더욱, 또는 '-할수록'이라는 부사어이다. 해당 구문의 해석은 "德이 융성해질수록 문장은 더욱 빛나게 되고, 中道가 합리적일수록 문장은 더욱 두드러진다"이다. 논자는 운천동비의 '文彌' 판독에 맞추어 구문을 해석한 것이다.

　　비슷한 구문이 『論衡』에도 있는데,[36] 이 구문은 德과 文의 관계를 말하는 과정에 나온다. 곧 空書가 文이고 實行이 德이라는 취지에서 德이 盛彰하면 文이 縟明하다는 논리이다. 德과 文의 상승작용을 말하기 위해 부사어 '彌'가 들어간 것이다.

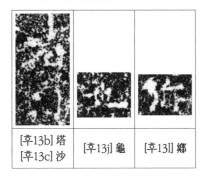

[후13b] 塔 [후13c] 沙	[후13j] 龜	[후13l] 鄉

[후면 14행]

후	a	b	c	d	e	f	g	h	i	j	k	l	m	n	o	p	q	r	s	t
14	□	壽	拱	二	年	歲	次	丙	戌	茅	茨	不	剪	僅	庇	經	像	□	□	□

　　14행은 비문의 건립 시기를 7세기로 판단하는 근거가 된 부분이다. 壽拱은 則天武后의 연호인 垂拱을 달리 쓴 것이며, 수공 2년은 신문왕 6년(686)이다. 기존에는 이 구문이 비의 건립과 멀지 않은 시점의 사적일 것이라고 추정하고 비의 건립 시기를 7세기 후반으로 파악하였다.

　　그러나 수공 2년이 비의 건립과 관련된다거나 시기가 가깝다고 볼 근거는 없다. 금석문 자료에서 이전 시기의 사적을 언급하는 것은 흔한 일이며, 해당 사적의 시점과 금석문의 작성 시점의 시차가 100년 이상

---

36) 『論衡』 권28, 書解, "夫文德 世服也 空書爲文 實行爲德 著之於衣爲服 故曰 德彌盛者文彌縟 德彌彰者人[文]彌明 大人德擴其文炳 小人德熾其文斑 官尊而文繁 德高而文積".
　　'人'은 대구 구도에 따라 '文'으로 교감하고 있다.

나는 경우도 허다하다. 경문왕 때 작성된 「찰주본기」에서 선덕여왕 때의 사적을 말한 것이 단적인 예이다.

"茅茨不剪"은 지붕을 얹는 재료인 띠풀을 다듬지 않았다는 뜻으로서 건물을 대충 지은 것, 곧 草創을 나타낸다. 「崇福寺碑」에서 절의 초창을 말하며 "띠풀을 섞었다[雜茅茨]"라고 표현한 것에서 그 의미를 파악할 수 있다. 이어서 "겨우 덮었다[僅庇]"라고 한 것도 초창된 건물이 허름하고 부실하다는 것을 나타낸다. 중창의 당위와 새로 지은 건물의 위용을 드러내기 위해 대비적으로 쓴 것이다.

초창 사적을 언급했다는 것은 비의 건립이 사찰의 중창과 관련된다는 것을 시사한다. 그리고 앞 행에서 비문이 작성되지 못했다는 맥락과 연결할 때 사찰의 중창과 함께 탑비가 세워졌다는 것으로 이해할 수 있다. 이에 대해서는 다음 장에서 자세히 설명할 것이다.

한편 그동안 '傅'으로 판독하였던 [후14q]를 최근 '像'으로 판독하였다. 글자의 오른쪽 획의 형태가 '象'과 유사하다는 것이다. 이 구문의 "모자부전"으로 지은 건물이 결국 사찰 전각이고 여기에 불상이 없을 수 없으므로 이 글자를 '像'으로 보는 것은 합리적이다.

[후14q] 像

[후면 15행]

후	a	b	c	d	e	f	g	h	i	j	k	l	m	n	o	p	q	r	s	t
15	□	□	化	矣	弟	子	海	心	法	師	意	通	明	敏	淸	凉	□	□	□	□

15행은 몇몇 글자에 대한 판독에 이견이 있다. [후15d]는 '矣', 또는 '主'로 읽었는데, 남은 자획으로 볼 때 종결어인 '矣'로 보는 것이 타당하다. [후15k]는 '意'로 읽거나 불명으로 처리했는데, 상단의 '立', 중간의 '日', 하단의 '心'에 상응하는 자획을 유추할 수 있어 '意'로 판독된다.

[후15l]는 종래 '近'으로 읽었으며 '匠'으로 보는 경우도 있다. 일단 왼쪽 상단이 점 형태로 보이고 아래 가로획이 경사져 있어 '匠'으로 보기는 어렵다. '辶' 안쪽의 글자가 무엇인가가 관건인데, '斤'보다는 '甬'으로 보는 것이 타당하지 않을까 한다. 글자의 폭을 고려할 때 '近'은 세로 두 획이 왼쪽으로 치우쳐 있기 때문이다. 분명치는 않으나 그 오른쪽에 하나의 획을 더 상정할 수 있는데, 이로부터 해당 글자가 '通'이라는 판단을 얻을 수 있다.

海心 法師는 비의 건립과 직접 관련된 인물로서 뒤에 이어지는 내용은 그의 자질에 대한 설명으로 보인다. [후15m]은 통상 '明'으로 읽었다. 오른쪽의 '月'이 보이고 이어지는 '敏'과의 조합을 고려하면 '明'으로 볼 수 있다. "意通明敏"은 사업을 주도한 해심의 지적인 자질을, '淸凉'은 도덕적 품성을 말한 것으로 생각된다.

한편 해심을 '弟子'라고 했을 때, 그가 누구의 제자인가가 논란이 될 수 있다. 이에 대해 앞에 나온 보혜의 제자로 보기도 하는데,[37] 보혜는 탑으로 추정되는 물건의 조성만 담당한 사람이므로 해심과 사제 관계라고 보기 어렵다. 사찰비를 보면 비문의 주인공에 대해 사업 참여자들을 '제자'로 칭하는 사례가 많다. 해심도 같은 경우로 짐작된다.[38] 이 제자가 승려이므로 비의 주인공 또한 당연히 승려일 것이다. 이 또한 운천동비가 탑비임을 보여주는 한 단서가 된다.

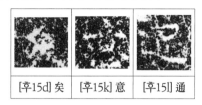

| [후15d] 矣 | [후15k] 意 | [후15l] 通 |

[측면 1행]

측	a	b	c	d	e	f	g	h	i	j	k	l	m	n	o	p	q	r	s	t
1	□	□	阿	干	□	□	□	□	□	□	□	□	天	仁	阿	干	□	□	□	□

비의 측면은 3행으로 구성되어 있다. 이 중 1행에는 '阿干'이라는 직명이 여러 차례 나온다. 다만 글자가 뚜렷하지 않아 '아간'의 판독을 부정하는 의견도 있다. 최근 [측1c]와 [측1d]의 '阿干'을 불명으로 처리하고 인명으로 짐작되는 '天仁'도 글자가 작고 글꼴이 어색하다는 등의 이유로 부정하였다.

여기서 먼저 1행의 성격부터 짚어보자. 후술할 2행에는 主聖大王이 단월이 되는 것에 대해 '亦'이라고 하였다. 이는 그 앞에 다른 단월이 나온다는 것을 의미한다. 1행은 왕보다 앞서 사업에 참여한 사람에 대한 기록이 된다.

아울러 측면의 글씨가 고르지 않다는 점도 생각할 필요가 있다. 예를 들어 2행의 '聖'은 아래쪽의 '十方'과 대비하면 글자가 크다는 것이 드러난다. 반면 '大王'의 '王'은 글자가 작다. 이렇게 균일하지 않은 것은 비문의 書者와 측면의 書者가 다르다는 것을 시사하며, 후자는 정제된 필력을 갖추지 못했거나 글자 크기의 균일함이 중요하지 않은 결과일 수 있다. 측면 내용은 비문 새기는 일을 마친 후 追刻된 것으로 짐작되고 있다.

그리고 1행이 2행에 비해 자간이 좁은 것은 2행에서 국왕이 등장하기 때문으로 보인다. 곧 국왕을 언급할 때 행을 바꾸는데 측면에 3행이 들어갈 정도의 여백만 있기에 1행을 조밀하게 적어 2행을 주성대왕부터 시작하도록 조정한 것이다. 결과적으로 1행은 제한된 공간에 다수의 인명을 넣기 위해 글자가 작아지고 자간이 좁아지게 되었다. 뒤로 가면서 자간이 더 좁아지는 양상도 이로 인한 것이다.

글자의 폭이 좁아진 양상은 '阿干'으로 읽은 두 부분에서 잘 나타난다. [측1c]와 [측1d]를 보면 2행의 '聖'과 대비해 마치 한 글자처럼 인식될 수 있지만, 글자의 비례상 한 글자로 보기 어렵고 둘 사이의 여백도 인지된다. 곧 이들은 자간이 좁혀진 두 글자인 것이다. 그리고 아래 글자는 '干'이 분명하다. 따라서 그 앞 글자

37) 하일식, 2023, 앞의 논문, p.315.

38) 「태자사낭공대사비」에서 "國師之門 神足"으로 소개되는 讓景이 비의 건립을 주도한 것에서 海心의 역할을 짐작할 수 있다.

는 '干'과 조합되는 글자일 것인데, 왼쪽 획의 존재를 알 수 있고 오른쪽의 세로획으로부터 '可'를 유추할 수 있다. 곧 문맥과 자획에서 이 글자를 '阿'로 보는 데 무리가 없다.

[측1m]과 [측1n] 역시 '天仁'으로 파악된다. 글자가 작은 것은 1행 전체의 특징이므로 문제가 되지 않는다. 그 뒤의 [측1o]와 [측1p]는 앞서 읽은 '阿干'과 형태가 비슷하며 글자는 더 뚜렷하다. 따라서 이 구문을 "天仁阿干"으로 판독하는 것이 무리라고 할 수 없다.

한편 앞의 '阿干'과 '天仁' 사이에는 8자의 결락이 있는 것으로 보고 있는데, 이는 2행의 글자를 기준으로 한 것이다. "天仁阿干"을 기준으로 2행과 대비하면 2.5자 정도에 1명(4자)이 들어간다. 이렇게 보면 실제 해당 공간에는 3명(12자)이 들어갈 수 있다.[39]

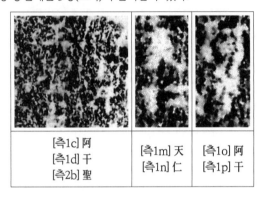

| [측1c] 阿
[측1d] 干
[측2b] 聖 | [측1m] 天
[측1n] 仁 | [측1o] 阿
[측1p] 干 |

[측면 2행]

측	a	b	c	d	e	f	g	h	i	j	k	l	m	n	o	p	q	r	s	t
2	主	聖	大	王	昭	亦	爲	十	方	檀	越	感	道	場	法	界	□	□	□	□

2행에서 가장 문제되는 것은 [측2e]이다. 이 글자는 종래 '炤'로 읽어 신문왕의 字인 '日炤'와 연결하였다. 이에 대해 이 글자를 '昭'로 보아 광종과 연결한 견해도 있다. 비의 건립 시기와 직결된 글자인데, 최근에는 두 판독을 모두 부정한 의견도 나왔다. 아울러 '王', '道', '場'도 인정하기 어렵다고 하였다.

판독을 논하기에 앞서 이 구문의 문맥부터 짚어보자. 일단 [측2f]는 '亦'이 분명하다. 이 문장은 정형화된 한문이므로 '亦' 앞에는 주어가, 뒤에는 술어가 온다. "A는 또한 B이다"인 것이다. 앞의 '主聖大' 역시 분명하다. 그 다음 글자가 너무 작다는 이유 등으로 '王'으로 판독할 수 없다고 했으나 측면의 글자는 균일하지 않다. '聖'의 길이가 길어지면서 '王'을 작게 쓴 것일 여지도 있다. 이 부분이 위의 '大'와 하나의 글자가 아닌 이상 글자가 작다는 것을 문제삼을 이유가 없다. 그리고 앞의 '聖'과 '大'의 의미를 고려할 때 글자 형태상 '王'

---

39) 이에 기반하여 해당 공간의 자획을 보면 분명하지 않지만, [측2J]의 '檀' 옆에도 '阿干'과 비슷한 형태의 자획을 찾을 수 있다. 물론 이를 '阿干'으로 판독하는 데에는 한계가 있지만, 자획의 전체 모습이나 4자 단위로 구획할 때 위치도 비슷하다는 점에서 가능성이 있다.

으로 보는 것이 타당하다.

그렇다면 '大王'과 '亦' 사이의 글자, 곧 [측2e]는 대왕의 이름이 될 수밖에 없다. 문맥과 자획에서 그 자리에 넣을 만한 부사어 등을 찾기 어렵기 때문이다. 이 글자를 종래 '昭'로 판독하고 신문왕으로 연결했지만, 왕의 이름을 두고 字를 쓴다는 것도 전례가 없고, 한 글자만 가져다 쓴다는 것도 더욱 상식에서 벗어난다.

실제 이런 형태의 한 글자 이름을 가진 국왕은 신라의 경우 민애왕[明]밖에 없다. 그런데 민애왕은 즉위한 지 얼마 되지 않아 張保皐의 지원을 받은 祐徵 세력에게 제거되었다. 그렇다면 주성대왕은 이름이 한 글자였던 고려 국왕이 될 수밖에 없다.[40]

이번에는 자획의 형태를 짚어보자. 이 글자는 왼쪽과 오른쪽 두 부분으로 구성된다. 그리고 왼쪽은 자획이 네모 형태가 분명하여 '火'로 볼 수 없으며, '日'로 보는 것이 합리적이다.

오른쪽 자획도 '召'로 판단할 수 있다. 획의 상단부를 '刀'로 유추하는 것이 가능하다. 그 아래는 손상되어 파악이 어렵지만, 본래 '口'였을 가능성이 있다. 이러한 내용을 종합할 때 [측2e]는 '昭'로 판독하는 것이 타당하다.[41]

'爲'에 해당하는 [측2g]를 판독하지 않는 경우도 있다. 그런데 자획을 보면 오른쪽이 계단 형태로 내려가는 모양이 보이고, 하단의 자획도 '灬'에 근사하다. 따라서 이 글자를 '爲'로 보는 것은 무리가 없고 문맥에도 부합한다.

한편 [측2l]은 통상 '及'으로 판독하였다. 해당 자획이 '及'과 유사해 보이기 때문이다. 그런데 이 글자를 '及'으로 보면 문장이 어색해진다. 대왕의 행적을 설명하는 부분에서 '十方檀越'은 세상 모든 곳의 불사를 지원하는 존재라는 의미이다. 곧 세속의 측면에서 대왕의 역할을 말하고 있다. 이에 대해 '道場法界'는 불교적 구원의 세계를 표상한다. '十方檀越'과 '道場法界'가 대구를 형성하는 것이다. 이는 대왕이 시방단월이 '되고 [爲]' 도량법계를 '어떻게 한다'라는 맥락을 띤다. 이렇게 보면 [측2l]에는 접속어가 아니라 '爲'에 상응하는 동사가 와야 한다.

또한 이 글자를 '及'으로 보면 글자의 상하 폭이 좁아지고 아래 글자와의 간격이 지나치게 넓어지는 문제가 생긴다. 그리고 이 여백에는 자획으로 볼 수 있는 흔적이 있다. '及'으로 읽었던 부분과 그 아래 자획이 합쳐진 다른 글자일 수 있다.

일단 아래 자획은 각 획이 횡으로 나란히 배치된 점으로 보아 '心'으로 짐작된다. 이를 토대로 상단부가 '及'과 비슷하고 의미상 도량법계를 목적어로 받을 수 있는 글자를 찾는다면 '感'이 가장 근사하다. "도량법계(불교·승려)에 감응하다(감화되다)"라는 의미로서 불교에 귀의하는 것을 말한다. 곧 이 구문은 주성대왕

---

40) 헌강왕(晸)과 정강왕(晃), 진성여왕(曼), 효공왕(嶢), 경순왕(傅)도 이름이 한 글자이지만 형태가 맞지 않거니와 민애왕까지 포함하여 모두 9세기 이후의 국왕이다.

41) 논자의 주기를 보면 이 글자를 '願'으로 보는 견해도 있다(하일식, 2023 앞의 논문, p.311, 주 50)). 이는 감산사 아미타불상과 미륵보살상의 명문에 보이는 '願'의 글꼴을 준거로 한다. 그러나 이를 '願'으로 보면 이 구문은 신라식 한문 내지 이두문이 되는데, 이 부분에서 그런 문장 형태가 나타날 이유가 없다. '亦爲'라고 했으므로 그 앞에는 주어가 와야 한다. '大王'과 '亦' 사이에 들어갈 수 있는 내용은 왕의 이름 외에는 생각하기 어렵다.

이 '시방단월'이 되고 '도량법계'의 감응을 받았다는 의미로서 불교를 지원하고 신앙하는 면모를 서술한 것이다.[42]

한편 '道'에 해당하는 [측2m]을 판독하지 않는 경우가 있는데, '辶'이 파악되고 우측 자획도 긴 네모 형태여서 '目'으로 판단할 수 있다. 이러한 형태를 가진 글자로서 '場'과 조합될 수 있는 글자는 '道' 외에는 생각하기 어렵다.

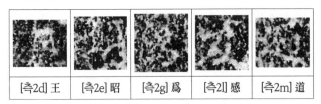

| [측2d] 王 | [측2e] 昭 | [측2g] 爲 | [측2l] 感 | [측2m] 道 |

[우측 3행]

여러 글자의 자획이 보이고 이를 판독하는 경우도 있으나 문맥 파악이 어려워 추가 판독이 곤란하다. 2행에 주성대왕의 지원 사실이 서술된 것에 비추어 3행에 비의 건립 연도가 있었을 것으로 추정된다.

이상 검토된 내용을 바탕으로 비문의 전체 판독문을 제시하면 다음과 같다.

[전면]

전	a	b	c	d	e	f	g	h	i	j	k	l	m	n	o	p	q	r	s	t
1	□	□	□	□	□	□	□	三	尊	之	□	□	□	六	代	之	徽	緒	□	□
2	□	□	□	□	□	□	□	□	□	□	□	□	□	□	國	主	大	王	□	□
...																				
14	□	□	□	□	□	□	□	□	□	□	□	善	天	壽	山	長	□	□	□	□
15	□	□	□	□	□	□	陰	陽	□	□	□	□	□	上	下	□	□	□		

---

42) 이와 비슷한 내용을 담은 표현으로, 함통 8년(867) 「鷲棲寺石塔舍利函記」에 보이는 "感淨土之業"을 찾을 수 있다. '정토지업'은 곧 淨土往生을 위한 불교 수행을 말하는데, '感'의 대상으로서 '도량법계'와 의미가 통한다. 이처럼 문맥과 자획에 비추어 해당 글자를 '感'으로 판독하는 것이 적절할 것으로 본다.

[후면]

후	a	b	c	d	e	f	g	h	i	j	k	l	m	n	o	p	q	r	s	t
1	□	□	□	□	□	□	□	□	□	□	□	□	□	□	□	□	□	□	□	□
2	□	□	□	□	□	□	□	□	□	發	□	□	□	□	□	□	□	□	□	□
3	□	□	□	□	□	□	趣	皎	皎	而	生	□	□	□	□	□	□	□	□	□
4	□	□	□	□	□	□	遂	燭	□	慈	□	□	□	□	□	□	□	□	□	□
5	□	□	□	□	□	□	□	河	洛	靈	圖	□	□	□	□	□	□	□	□	□
6	□	□	□	天	德	展	流	於	四	海	義	心	宣	揚	於	□	□	□	□	□
7	□	□	□	□	蘭	香	盛	而	長	流	貨	寶	繹	而	□	□	□	□	□	□
8	□	□	□	堅	固	善	根	具	足	□	□	□	常	行	廻	□	□	□	□	□
9	□	□	□	竪	鼓	之	場	精	廬	遍	起	交	兵	深	林	之	地	□	□	□
10	弔	伐	而	□	民	合	三	韓	而	廣	地	居	濱	海	而	振	威	□	□	□
11	□	仁	□	倉	府	充	溢	民	免	飢	寒	之	憂	水	土	□	□	□	□	□
12	□	丹	穴	委	羽	之	君	太	平	太	蒙	之	長	奉	玉	帛	□	□	□	□
13	□	塔	沙	門	普	慧	之	所	造	龜	文	鄉	生	知	行	之	所	作	□	□
14	□	壽	拱	二	年	歲	次	丙	戌	茅	茨	不	剪	僅	庇	經	像	□	□	□
15	□	□	化	矣	弟	子	海	心	法	師	意	通	明	敏	清	凉	□	□	□	□

[측면]

측	a	b	c	d	e	f	g	h	i	j	k	l	m	n	o	p	q	r	s	t
1	□	□	阿	干	□	□	□	□	□	□	□	天	仁	阿	干	□	□	□	□	□
2	主	聖	大	王	昭	亦	爲	十	方	檀	越	感	道	場	法	界	□	□	□	□
3	□	□	□	□	□	□	□	□	□	□	□	□	□	□	□	□	□	□	□	□

III. 비문의 내용을 통한 건립 시기 비정

금석문의 기록 내용을 사료로 이용하려면 무엇보다 그 기록의 작성 시기, 또는 해당 물품의 제작 시기를 파악하는 것이 중요하다. 그래야 그 내용을 당시의 역사상에 적용할 수 있다. 그런데 기록에 작성 시점이 나와 있지 않거나 干支로만 기록되어 시점을 특정하기 곤란한 경우에는 내용으로부터 시기를 추출해야 한다. 미술사적 요소를 가진 경우에는 그 양식을 통해 시기를 가늠하기도 한다.

운천동비는 비의 상단부만 남아 있고 해당 부분에 작성(건립) 시점이 나와 있지 않다. 따라서 이 역시 내용을 통해 시기를 파악해야 한다. 곧 비문 중에 특정 시기의 상황을 반영하거나 상한 또는 하한을 설정할 수 있는 개념이나 내용이 있는지 찾아 분석하는 것이다.

예를 들어 측면에 기재된 主聖大王의 이름을 '昭'로 판독하면 그는 고려 광종이 되고, 비의 건립 시기는 그의 재위 기간인 10세기 중반이 된다. 또한 비문 중 '塔'을 수용하면 이는 僧塔과 塔碑의 출현을 반영하므로 비의 건립 시기 또한 9세기 이후가 된다.

이들은 논란을 정리할 수 있는 확정적인 지표이지만, 판독 문제가 개재되어 있다. 누가 봐도 명확한 글자가 아니라면 어떤 판독이든 이견이 나올 수밖에 없어 주된 근거가 되기에 근본적인 한계가 있다. 따라서 비문의 전체적인 내용 구성이나 판독에 문제가 적은 구문에서 시간적 요소를 찾아 시기를 비정해야 한다. 이에 연동하여 판독 내용도 설득력을 확보할 수 있다.

이때 비문 내용이 어떤 시기를 반영하고 있는지 종합적으로 짚어보아야 한다. 시간성을 가지는 지표들을 최대한 추출하고 그것이 어느 시기로 수렴되는가를 추적하는 것이다. 지표마다 시간의 폭이 다를 수 있으므로 '昭'나 '塔'과 같은 확정적 지표가 아니라면 7세기이든 10세기이든 한두 지표의 개연성만으로 전체를 규정할 수 없기 때문이다.

그동안 7세기설의 근거로 보강된 것이 거의 없다. 그리고 10세기설에 대한 비판에서도 딱히 두드러지게 추가된 지표도 없다. 이미 비판에 대한 반박이 있었음에도 이전의 논지가 되풀이되는 모습도 보인다. 이에 새로 추출된 지표를 포함하여 운천동비의 건립 시기에 대한 종합적인 의견을 개진하는 한편, 최근 논고가 제시한 7세기설의 근거 및 10세기설에 대한 비판에 대해 논리적 실증적 검증을 진행하기로 한다.

1. 불교사적 지표

1) 불교비 건립의 역사성

운천동비는 불교 사적을 담고 있는 佛教碑이다. 불교비는 통상 사찰의 사적을 담은 사찰비와 승려의 사적을 담은 승려비로 나눌 수 있다.[43] 사찰비는 과거의 사적을 바탕으로 사찰이 중창되면서 그 전말을 담는 경우가 많다. 신라의 대표적인 사찰비인 「聖住寺碑」와 「崇福寺碑」가 모두 이에 해당한다. 승려비는 元曉나 阿道 등 과거의 고승을 기리는 숭모비와 승탑(부도)의 건립에 수반되는 탑비가 포함된다.

그런데 사찰비이든 승려비이든 운천동비를 논외로 하면 현재 남아 있는 사례는 모두 9세기 이후에 건립된 것이다. 사찰 관련 碑로 가장 빠른 사례는 헌덕왕 2년(810)년에 작성된 내용을 담은 「仁陽寺碑」이다.[44] 하지만 이 비는 일반적인 사찰비가 아니라 탑과 금당이 조성되는 경위와 그 과정에 투입된 비용을 연차별로 정리한 文記를 새긴 것이다.[45] 문성왕대(839-857) 金立之가 찬술한 「성주사비」가 사찰비의 성격을 가진 가장 빠른 사례이다.[46] 운천동비의 수공 2년보다 200년 가까이 지난 시점이다.

---

43) 이차돈처럼 승려가 아닌 경우도 있지만, 대부분 승려이므로 사찰비와 대비를 위해 인물 관련 비를 승려비로 범칭한다.

44) 『譯註韓國古代金石文』仁陽寺碑.

45) 「인양사비」의 내용에 대해서는 하일식, 1996, 「昌寧 仁陽寺碑文의 研究 : 8세기 말-9세기 초 신라 지방사회의 단면」, 『韓國史研究』95; 박홍국, 2008, 「昌寧 仁陽寺碑文의 塔 關聯記事에 대한 검토」, 『新羅文化』32 참조.

46) 『譯註韓國古代金石文』金立之撰 聖住寺碑.

승려비로서 가장 빠른 것은 애장왕대(800-809)에 건립된 것으로 파악되는 「高仙寺誓幢和尙碑」이다.[47] 비문 내용을 보면, 大曆(766-779) 연간에 薛仲業이 일본에 사신으로 갔을 때 그 재상이 그가 원효의 후손임을 알고 크게 환대한 것을 계기로 하고 있다.[48] 이는 당시까지 승려비 건립이 일반적이지 않았음을 보여준다. 기존에 승려비의 사적이 있었다면 뒤늦게 원효의 비를 세우는 준거로서 관련 내용이 비문 중에 언급될 만하지만, 비문에는 이를 유추할 수 있는 내용이 나타나지 않는다. 이어 헌덕왕 5년(813)에 「斷俗寺神行禪師碑」가 건립되었고, 이후 선종의 유행과 함께 승탑이 건립되면서 탑비가 일반화되었다.

이처럼 현존하는 불교비가 모두 9세기 이후의 것인 상황에서 운천동비만 7세기 후반에 건립되었다는 것은 개연성이 크게 떨어진다. 아무리 사례가 제한적이라고는 하지만 명확한 근거도 없는 상황에서 현존 사례보다 2세기 가까이 앞선 사례를 인정할 수 있는지 의문이 든다.

운천동비를 7세기 후반의 것으로 보면, 불교비의 출현 시기도 9세기가 아니라 7세기 후반으로 올라가게 된다. 陵墓碑도 처음 출현하던 시기에[49] 불교비가, 그것도 지방에서 건립되었다는 것은 수긍하기 어렵다. 운천동비는 그것을 넘어설 정도의 증거 능력을 가지고 있지 않다. 차후 불교사 분야에서 이 문제를 명확히 짚어줄 것을 요망한다.

2) 비문의 구성

운천동비는 처음에 '寺蹟碑'라고 명명된 것에서 드러나듯이 사찰비로 파악되었다. 이는 남은 비문에서 비의 주인공이 명확히 드러나지 않는 한편, 건립 시기를 판단하는 준거가 된 수공 2년 기사에서 전각 건립과 관련된 내용이 나오는 데 따른 것이다. 이는 수공 2년을 입비 시점과 관련지은 것과 표리를 이룬다. 그러나 비의 한 면이 거의 확인되지 않는 상황에서 이 구문을 가지고 비의 성격을 규정한 것은 섣부르다.

사실 기존의 판단에는 중요한 허점이 있다. 수공 2년 기사는 건립(중창) 대상이 되는 사찰의 이전 모습을 묘사한 것이다. 이 비가 사찰비라면 이로부터 중창으로 이어지는 과정이 비문의 중심이 되어야 한다. 당연히 비의 전면에 그 경위가 자세하게 정리될 것이다.

그런데 운천동비는 건물의 초창을 표현한 내용이 비의 후면에, 그것도 거의 끝부분에 나온다. 그 뒤에 중창과 관련된 내용이 나올 것인데, 다음 행의 내용을 볼 때 해당 내용은 비문의 한 줄을 넘지 못한다.[50] 이는 사찰의 중창이 비문의 중심 주체가 아니라는 것을 시사한다.

여기서 비교를 위해 비문 전체를 알 수 있는 사찰비의 대표적인 사례인 「숭복사비」를 살펴보자.[51] 비의 서두에는 불교의 중요성이 제시되어 있고, 바로 숭복사에 대한 소개가 이어진다. 곧 경문왕이 즉위 후 원성왕의 원찰로 세운 것이며, 본래 金元良이 창건한 사찰이라는 내용이 나온다(초창). 그리고 중창 배경으로

---

47) 『譯註韓國古代金石文』 高仙寺誓幢和尙碑.
48) 원효의 비 건립에 대해서는 郭丞勳, 1997, 「新羅 哀莊王代 誓幢和上碑의 建立과 그 意義」, 『國史館論叢』 74 참조.
49) 신라 능묘비의 건립에 대해서는 朱甫暾, 2012, 「통일신라의 (陵)墓碑에 대한 몇 가지 논의」, 『木簡과 文字』 9 참조.
50) 15행의 서두를 보면 '化矣'로 내용이 마무리되고 이어 海心 法師가 나온다. 앞의 내용에 비추어 볼 때 14행 후반부는 결국 해당 사업이 앞에서 찬미한 제왕의 교화 덕이라는 취지를 담고 있을 것이다.

"띠풀을 섞어 풍우를 피한 지 겨우 70여 년을 넘었는데 9명의 왕을 거쳤다[雜茅茨而避風雨 僅踰六紀 驟歷九朝]"라는 내용이 보인다. "雜茅茨而避風雨"는 운천동비의 "茅茨不剪 僅批經像"과 같은 취지를 담고 있다. 건물이 볼품없이 기능만 유지했다는 것인데, 실제 상황이 그러했다기보다는 중창의 당위를 제공하는 기능을 한다. 이 구문 뒤에는 중창의 결정적 계기로 경문왕의 꿈에 원성왕이 나타나 당부하는 내용이 있다.

이처럼 사찰비로서 초창 사적을 언급한다면 이후의 중창 과정이 자세하게 나와야 하며, 응당 이것이 비의 본문을 구성해야 한다. 이에 비추어 건물과 관련된 사적이 단 한 줄만 나오는 운천동비는 사찰비라고 보기 어렵다. 그렇다면 운천동비는 승려비, 그중에서도 탑비일 가능성이 높은데,[52] 이는 앞서 제시한 '塔'의 판독과 연결된다.

이와 함께 운천동비의 구성을 보여주는 단서는 '銘'이다. 사찰비이든 승려비이든 이러한 비석은 대개 "碑銘幷序"의 형태를 가진다. 銘이 비문의 본령이고, 그 앞에 적은 자세한 내용은 그 序에 해당한다. 따라서 碑銘은 序의 끝에 자리하며, 명 뒤에는 보통 비의 건립에 참여한 사람들에 대한 소개와 명단이 담긴다.

따라서 운천동비에도 당연히 명이 있었을 것인데, 현재 남아 있는 부분에서는 확인되지 않는다. 그런데 비의 후면에는 명이 들어갈 자리가 없다. 그리고 측면은 사업 참여자에 대한 것이다.[53] 따라서 명은 전면에 있다고 볼 수밖에 없다.

이것은 비의 전면과 후면이 구분되는 것임을 의미한다. 이런 사례는 통상 전면이 본래 비문이고, 후면은 비를 세우게 되는 경위를 담은 後記인 경우가 많다. 주로 비문이 작성되었으나 바로 비를 세우지 못했다가 나중에 비를 세울 때 나타난다. 그리고 이러한 사례는 대개 탑비이다.

나말려초 시기에 이런 사례가 종종 보이는데,「太子寺朗空大師碑」에서 그 전형을 살필 수 있다.[54] 후기 내용을 보면, 경명왕 때 낭공대사가 입적한 후 왕이 諡號와 塔名을 내리고 崔仁渷(崔彦撝)에게 비문을 짓도록 했으나 비를 세우지 못하다가 고려에 들어와 비로소 비를 세우게 되었다. 비의 전면은 본래 최인연이 찬술한 본문이며, 후면에는 후기가 있다. 그리고 측면에는 조선에서 비를 이전한 사적이 追刻되어 있다.

「태자사낭공대사비」의 銘은 전면 말미에 있다. 그리고 후기에는 낭공의 문하로서 사업을 주도한 讓景과 長老 允正, 그리고 비문을 쓴 최인연에 대한 설명이 들어 있다. 말미의 명단도 모두 승려이다. 이는 입비가 교단 내의 사업으로 진행되었기 때문이다. 이런 사업이 국왕이나 정부의 지원으로 이루어지면 그에 대한 자세한 소개와 찬미, 그리고 참여자 명단이 들어가는데, 이는 고려초기 승려비에서 흔히 찾아볼 수 있다.

---

51) 『譯註韓國古代金石文』崇福寺碑.
52) 탑의 건립이 사찰 중창과 연동되어 있다면 탑비에도 사찰의 사적이 들어갈 수 있고, 반대로 사찰의 중창이 특정 승려의 활동에 힘입은 것이라면 사찰비에 해당 승려에 대한 기사가 들어갈 수 있다. 어느 것이 비문의 본령인가에서 비의 성격이 나뉘고 이것이 비문의 형식을 결정할 것인데, 운천동비는 내용 구성으로 볼 때 사찰비로 규정하기 어렵다.
53) 측면 내용에 대해서는 頌 또는 讚에 해당한다고 보는 견해가 있는데(하일식, 2023, 앞의 논문, p.315), 頌이나 讚은 운문이다. 그런데 현재 판독문은 운문으로 볼 여지가 없다. 주성대왕을 단월로 지칭한 것에서 드러나듯이 이 부분은 비문의 가장 마지막에 들어가는 후원자 명단에 해당한다.
54) 『譯註羅末麗初金石文』太子寺朗空大師碑.

「태자사낭공대사비」와 비슷한 사례로 「瑞雲寺了悟和尙碑」가 있다.[55] 이 비는 태조 왕건에 의해 重修된 것이다. 비의 전면은 요오화상의 일대기이며 말미에 명이 있다. 후기는 "國主大王重修故了悟和尙碑銘後記"라는 이름으로 시작한다. 비의 건립 경위에 대해서는 "이 비는 辰韓(신라)에서 글을 지었는데 일찍이 제목에 國諱가 있으므로 저번에 조서를 받들어 보수하고 추존하였다[此碑製自辰韓 曾題國諱 昨因奉詔 須補追尊]"라는 서술을 통해 알 수 있다. 비문은 신라 때 지은 것이고 비는 고려에서 세운 것이다. 따라서 본문 끝에 명이 있고, 그 뒤에 후기가 나온다. 후기의 내용은 태조에 대한 찬미가 대부분을 차지한다.

두 비는 입비 경위에서 다소 차이가 있지만, 비문은 신라에서 찬술되고 비는 고려에서 건립되었다는 공통성을 가진다. 양자 모두 본래 비문은 전면에 들어가고 후면에는 비의 수립 경위를 담은 후기가 있다. 여기에는 처음 비문이 작성된 사실과 당시에 비가 수립되지 못한 사정, 그리고 뒤에 비를 세우게 되는 계기나 배경이 들어간다. 명은 전면의 본문 끝에 있고, 사업 참여자 명단은 후면 말미에 자리한다.

운천동비의 구성은 이들과 크게 다르지 않다. 명은 전면에 있음이 분명하므로 후면은 후기에 해당한다. 이는 비문 작성과 비의 건립 시점이 다르다는 것을 의미한다. 이러한 내용은 후면 13행에서 보혜가 조성한 것과 지행이 찬술한 문장에 대한 서술이 나오는 것과 일치한다. 보혜가 조성한 것은 '塔'이고 '文'은 당시에 작성된 비문이다.

뒤늦게 비를 세우는 과정에는 대개 사업을 지원한 사람이 등장한다. 비의 후면에 제왕의 공업이 자세하게 기록된 것은 그가 이를 지원했거나 가능하게 한 존재이기 때문이다. 승려들만 나오는 「태자사낭공대사비」와 태조 왕건이 등장하는 「서운사요오화상비」를 대비하면 그 성격을 명확히 알 수 있다. 이 맥락만으로도 이 제왕이 태조 왕건임은 쉽게 알 수 있다. 이는 비문에 나타난 제왕의 사적과 공업을 통해서도 확인되는데, 이는 다음 절에서 집중적으로 살펴볼 것이다.

3) 사찰의 초창과 중창

이번에는 후면 14행 수공 2년 기사의 성격과 입비와의 관계에 대해 좀더 자세히 짚어보자. 물건(탑)의 조성과 비문 작성이 언급된 13행에 이어 이전 시기 사찰의 초창 사적이 나오는 형태이다. 이것은 비가 소재한 사찰이 과거에 허름하게 만들어졌음을 말한 것으로, 비의 건립이 사찰의 중창을 계기로 하였음을 시사한다. 문제는 수공 2년으로 명시된 초창 사적과 입비(중창) 사이의 시차 문제이다. 7세기설은 양자의 시차가 크지 않았다고 주장하지만 근거는 없다.

여기서 성주사의 사례를 살펴보자. 성주사에는 사찰의 사적을 담은 김입지의 「성주사비」와 이곳에 주석한 朗慧 無染의 탑비인 최치원의 「성주사낭혜화상비」가 있다.[56] 후자에는 절의 창건 사적이 김입지의 비문

---

55) 『譯註羅末麗初金石文』 瑞雲寺了悟和尙碑.

56) 『譯註韓國古代金石文』 聖住寺朗慧和尙碑.
   「성주사비」에 나타난 사찰의 건립 경위에 대해서는 윤경진, 2015, 「신라 神武-文聖王代의 정치 변동과 三韓一統意識의 출현」, 『新羅文化』 46 참조.

에 자세하다고 소개하고 있다. 그런데 낭혜의 행적과 성주사 창건이 불가분의 관계에 있기에 「성주사낭혜화상비」에도 사찰과 관련된 간략한 언급이 보인다.

「성주사비」에는 "(三)韓鼎足之代 百濟國獻王太子"라는 구문이 있다. 이는 성주사가 본래 백제 때 사찰이 있던 곳임을 언급한 것이다.[57] 그리고 「성주사낭혜화상비」에서 후원자 金昕은 이곳이 조상 김인문의 受封地로서 그사이 金田이 半灰가 되었다며 낭혜에게 '興滅繼絶'을 당부하고 있다. 곧 성주사는 기존 사찰이 있던 곳에 다시 사찰을 세운 것이다. 실질적으로 새로 창건한 것일 수 있지만, 그 사적에 중창의 의미를 부여하였다.

운천동비의 내용도 비슷한 사적을 담고 있다. 성주사가 백제 때 사찰이 있던 곳을 기반으로 했다면 운천동비의 사찰은 수공 2년에 초창된 곳을 바탕으로 한다. 이때 사찰의 상황을 「성주사낭혜화상비」에서는 "金田半灰"로 표현하였고, 운천동비는 "茅茨不翦"으로 묘사하였다. 성주사의 전신이 사실상 폐사된 상황이라면 운천동비의 사찰은 명맥은 유지한 것일 수 있다. 그리고 비의 건립에 수반한 사찰의 중창은 "興滅繼絶"과 같은 의미를 지닌다.

이처럼 성주사의 사례와 대비해 보면, 수공 2년의 초창과 비의 건립과 연계된 중창의 시차는 대단히 클 수 있다. 그런데 이와 관련하여 "200여 년 동안이나 별다른 노력을 하지 않다가 중창할 때 와서야 낙성 당시의 초라함을 들먹일 수는 없다"라며 절의 낙성 시점(수공 2년)과 입비 시점이 근접했을 것이라고 주장하기도 한다.[58] 그러나 이는 주관적인 이해를 넘기 어렵다.

숭복사는 신라 왕경에 있는 사찰임에도 전신인 鵠寺의 창건과 중창의 시차가 70여 년이나 된다. 그보다 사정이 좋지 않았을 지방 사찰이 200년간 중창을 거치지 못한 것이 크게 이상할 이유가 없다. 설사 도중에 보수가 있었더라도 입비 시점의 중창과 대비하기 위해 이를 건너뛰고 바로 초창과 대비할 수도 있다.

또한 숭복사는 초창된 절의 상태를 "띠풀을 섞어 풍우를 피했다"라고 하였다. 이는 운천동비의 "茅茨不翦"과 다를 바 없는 초라한 모습이다. 이러한 내용은 실제 상황의 표현이라기보다 중창의 당위를 유도하기 위한 수사의 속성을 가진다.

성주사가 옛 사찰이 있던 곳에 낭혜가 주석하면서 중창되는 것처럼, 운천동비의 사찰도 7세기의 사찰이 있던 곳에 주인공 승려의 정착에 따라, 혹은 입비를 전후하여 중창된 것이다. 두 비문은 모두 사찰의 유구한 역사와 중창의 명분을 뒷받침하기 위해 과거의 사적을 내세웠다. 따라서 운천동비의 수공 2년 기사를 입비 시점과 연계할 수 없음도 분명하다.

4) 六代

운천동비의 내용 중 불교사의 맥락에서 시간성을 추출할 수 있는 지표로 새로 주목되는 것이 전면의 '六

---

57) 「崇嚴山聖住寺事蹟」에는 이 절이 백제 법왕 때 창건된 烏合寺에서 연원한 것으로 되어 있다(黃壽永, 1972, 「金立之撰 新羅聖住寺碑(續)」, 『考古美術』 115, p.3).
58) 하일식, 2023, 앞의 논문, p.319.

代'이다. 육대는 말 그대로 6명으로 구성되는 계보를 나타낸다. 이러한 계보 관념이 적용되는 대상으로는 왕실이나 가문, 그리고 교단이 있다. 운천동비는 불교비이고 육대가 비문의 서두에 나온다는 점에서 교단의 계보와 관련될 것이다. 그리고 앞의 '三尊'과 마찬가지로 '육대'도 특정한 내용을 갖춘 관용어일 것으로 짐작된다.

불교에서 육대를 관용적으로 사용하는 대표적인 경우는 중국 禪宗이다. 중국 선종은 達磨를 初祖로 하고, 二祖 惠可, 三祖 僧璨, 四祖 道信, 五祖 弘忍을 거쳐 六祖 慧能에서 확립되었다. 혜능은 六祖大師로 불릴 만큼 계보상의 위치가 강조되었는데, 달마로부터 혜능까지 내려오는 계보를 표상하는 개념이 바로 '육대'이다.

주지하듯이 선종은 所依經典이 없기 때문에 가르침을 이어가는 스승과 제자의 관계가 절대적이다. 이에 스승은 法脈을 이어갈 제자를 지정하며 그 계승이 교단의 축을 형성한다. 따라서 선종에서는 계보에 각별한 인식을 보일 수밖에 없다.

나말려초 선사 비문에서 사승관계 서술이 두드러지는 것은 이 때문인데, 이 과정에서 그 연원으로서 육대가 자주 등장한다. 먼저 다음 기록을 보자.

> 達摩大師는 應眞菩薩이라 일컬어졌는데, 남쪽 천축국을 떠나 동쪽 중국으로 와서 禪風을 전하였다. 心印을 간직하여 손상하지 않았고 信衣를 전수하여 떨어뜨리지 않았다. 東山의 法이 점차 남쪽으로 전해지니 曹溪에 이르기까지 또한 六代이다.[59]

위 내용은 達摩에서 曹溪에 이르는 것이 6대임을 말하고 있는데, 조계가 바로 혜능이다. 그 앞의 東山은 혜능에게 법맥을 전한 弘忍을 말한다. 6대는 중국 선종 수립을 표상하는 핵심 개념인 것이다.

선종 육대의 관념은 다른 비문에서도 찾아볼 수 있다.

> ① 祖法이 서로 이어져 心燈이 끊어지지 않으니 꽃 하나를 따서 보여준 까닭이 六葉에서 다시 번영하였다.[60]
> ② 연꽃 하나가 연 것을 六葉이 다시 빛냈다.[61]
> ③ 당에 이르러 계승한 자가 6명인데, 달마가 혜가에게 전하고, 혜가가 승찬에게 전하고, 승찬이 도신에게 전하고, 도신이 홍인에게 전하고, 홍인이 혜능에게 전하였다. 혜능 이후에는 둘로 나뉘었다.[62]

---

59) 『譯註羅末麗初金石文』 鳳巖寺靜眞大師碑, "有達摩大師 是謂應眞菩薩 南天辭國 東夏傳風 護心印以無刓 授信衣而不墜 東山之法 漸獲南行 至于曹溪 又六代矣".
60) 『譯註羅末麗初金石文』 興法寺眞空大師碑, "祖法相承 心燈不絶 所以一花斂現 六葉重榮".
61) 『譯註羅末麗初金石文』 無爲寺先覺大師碑, "一蓮啓處 六葉重光".
62) 『譯註羅末麗初金石文』 淨土寺法鏡大師碑, "至唐承襲者 竊惟六人 摩傳可 可傳璨 璨傳信 信傳忍 忍傳能 能其後 分而爲二".

①에서 "꽃 하나를 따서 보였다"라는 것은 석가가 꽃을 따서 보이니 迦葉만이 그 뜻을 알고 미소를 지었다는 拈花微笑의 사적을 말하는 것으로, 선종의 연원을 표상한다. '葉'은 代數를 나타내는 말로 '육엽'과 '육대'는 같은 말이다. "六葉의 重榮"은 중국 선종이 수립된 것을 말한다.

②의 "연꽃 하나가 열렸다"라는 것과 "六葉의 重光" 역시 가섭의 사적과 선종의 수립을 말하는 것으로, ①과 같은 구성이다. ③에서 承襲은 ①에서 말한 祖法과 心燈의 계승을 말하는 것으로, 6명의 계승을 직접 열거하였다. 당시 비문의 주인공들이 대개 禪師로서 중국에 유학하여 선종을 배워왔기 때문에 해당 인물의 행적을 말하기에 앞서 중국 선종의 계보를 언급한 것이다.

이에 비추어 보면 운천동비의 전면 서두에서 '육대'를 말한 것 또한 선종의 전통을 제시한 것으로 파악된다.[63] 이를 통해 비문의 주인공이 선종 승려이고, 이 비 또한 塔碑라는 것을 알 수 있다. 이 또한 후면 13행에서 보혜가 만든 것을 '塔'으로 판독한 것과 부합한다. 탑과 탑비의 건립은 선종의 유행과 밀접히 관련되므로 이 비 또한 나말려초에 건립된 것임이 분명하다.

2. 정치 · 사회사적 지표

비문의 정치·사회사적 내용은 기존 논의에서도 여러 차례 언급되었다. 그런데 최근 논의에서 여전히 이 지표들의 의미가 제대로 이해되지 않고 있다. 이에 일부 내용을 보충하면서 해당 지표들의 의미를 종합적으로 제시하고자 한다.

1) 제왕의 출현: 河洛靈圖

주지하듯이 하락영도는 伏羲의 河圖와 夏禹의 洛書를 통칭한 것이다. 이 구문은 통상 제왕, 특히 창업주의 출현을 표상하는데, 이는 『삼국유사』 紀異편 서문에서 명확히 확인된다.

> 帝王이 일어날 때 天命에 부응하고 圖籙을 받아 반드시 다른 사람과 차이를 보인 연후에 大變을 타고 大器를 잡아 大業을 이루는 것이다. 그래서 河圖가 나오고 洛書가 나오면서 聖人이 일어난 것이다.[64]

위에서 일연은 제왕의 출현과 하도낙서의 상관성을 말하고 있다. 제왕의 출현에 천명을 상징하는 하도낙서가 수반되는 것은 그가 기존 권력구조 밖에서 등장하여 제왕으로 성장하는 과정을 밟기 때문이다. 大變·大器·大業은 이러한 성장 과정을 나타낸다. 대변은 시대의 격변을, 대기는 왕위를, 대업은 창업 또는 통

---

63) 이 구문을 통해 앞의 三尊에 대해서도 해석을 얻을 수 있다. 삼존은 통상 세 명의 부처를 함께 봉안하는 형태를 나타낸다. 삼존은 다양한 형태로 구성되는데, 운천동비에 등장하는 삼존은 釋迦와 선종의 연원이 되는 迦葉, 그리고 阿難으로 구성된 것이 아닐까 한다. 이러한 삼존상의 사례로 봉은사목삼존불상이 있다.

64) 『三國遺事』 권1, 紀異, "然而帝王之將興也 膺符命受圖籙 必有以異於人者 然後能乘大變 握大器 成大業也 故河出圖洛出書而聖人作.".

일을 나타낸다. 따라서 하락영도를 받은 제왕은 창업주이고 그의 활동은 대업을 이루는 과정이다. 비문 후면의 내용 대부분이 이 과정을 서술하고 있다.

그런데 최근에 이 구문이 천지자연의 운행원리를 추상적으로 언급한 것이라고 해석한 견해가 있다.[65] 그러나 이어지는 내용은 천지자연의 조화에 따른 상황이 아니라 명백히 제왕의 현실적 활동에 따른 결과들이어서 논자의 해석과 충돌한다. 6-7행은 제왕의 위세가 발현되는 것을 묘사하고 있고, 8-9행은 그가 불교에 귀의하고 전쟁터에 사찰을 건립하는 내용이다. 10-11행은 삼한의 일통과 민생 안정을 말하고 있다. 12행은 먼 곳의 군장들이 복속한다는 내용이다.

비문의 제왕은 궁극적으로 천하의 주인이 되고 있다. 이는 물론 그가 천명을 받아 이룬 것이다. 따라서 그 앞 행은 이러한 내용을 유도하는 출발로서 그의 출생과 성장에 대한 서사가 들어갈 것이다. 전술한 바와 같이 3행의 "皎皎而生"은 그의 출생을, 4행의 "遂燭□慈"는 성장한 그의 자질을 나타낸다. 그리고 6행에서 천명을 받고 제왕으로 수립되는 과정이 묘사되는 것이다. 앞에서는 출생을 말하고 있고 뒤에서는 제왕의 공업을 말하는데 그사이에 나오는 '河洛靈圖'가 천지 원리라는 것은 문맥에 전혀 맞지 않는다.

이러한 제왕의 출현과 활동에 부합하는 인물은 고려 태조 王建밖에 없다. 7세기설에서는 그를 무열왕으로 이해하기도 한다. 그러나 무열왕은 중대 왕실을 열었지만, 그것이 곧 창업은 아니다. 그는 진지왕의 손자로서 진흥왕 이래 왕실의 일원이다. 게다가 어머니 天明이 진평왕의 딸이므로 혈연적 단절을 말하기 어렵다. 또한 太宗 칭호를 받아 김씨 왕실의 시조인 太祖 星漢(미추왕)의 정통 후계자로 규정되었다. 따라서 그는 창업에 조응하는 하락영도의 명분을 적용할 여지가 없다. 실제 창업주가 아닌 존재에게 하도낙서를 적용하는 사례도 찾기 어렵다.

한편 김씨 시조 미추왕은 신성한 탄강의 서사가 있어 하락영도와 연결할 수 있어 보인다. 하지만 그에게는 비문에 보이는 제왕의 공업을 적용할 수 없다. 따라서 하락영도를 받은 제왕은 태조 왕건으로 보는 것이 합리적이다. 이는 후술하듯이 그의 공업 내용을 통해서도 뒷받침된다.

2) 제왕의 천하: 四海

후면 5행에서 제왕의 출현을 말한 뒤, 6행에서는 제왕의 권위가 미치는 천하로서 '四海'를 제시하고 있다. 사해는 비문 내용 중 가장 논란이 많이 된 부분이지만, 논의가 계속 핵심을 비켜 가고 있다. 서로 다른 층위의 사례를 내세우거나 설화의 사례를 검증 없이 원용하는 것이다. 이미 그 문제점들은 지적했음에도[66] 같은 주장이 반복되고 있어[67] 부득이 다시 한 번 논점을 간략히 정리하기로 한다.

사해는 천하의 사방이 바다로 둘러싸여 있다는 중국 고대의 관념에서 나온 것이다. 천자의 교화(지배)를

---

65) 하일식, 2023, 앞의 논문, p.312.
　　6행의 天德을 천지자연 운행의 주재자로 해석한 것도 같은 취지이다.
66) 윤경진, 2016, 「三韓一統意識의 성립 시기에 대한 재론 : 근거 자료에 대한 검토를 중심으로」, 『韓國史研究』 175.
67) 하일식, 2023, 앞의 논문, p.316.

받는 곳이 海內, 교화가 미치지 않은 곳, 혹은 교화가 미쳐야 하는 곳이 海外이다. 그리고 이들을 아우른 것이 四海이다. 사해는 예외가 없는 온 세상을 설정하기 때문에 천자의 천하관 중에서도 가장 강력하고 포괄적이다.

우리나라 역사에서 7세기 전쟁 이후 대한제국 이전 사해의 천하관은 고려전기에서만 확인된다. 특히 고려초기는 중국이 五代의 분열기여서 고려는 형식적 사대외교의 이면에서 독자적 천하관을 적극 표방하였다. 이후에도 중국은 북방의 契丹·金과 남방의 宋으로 양분되었고, 고려는 북방국가와 외교를 맺었기 때문에 사대외교의 규정력이 약했다. 반면 신라는 7세기 전쟁에서 唐의 지원으로 백제를 병합하였고, 이후 동아시아의 중심 국가로 확립된 당에 사대하였다. 이런 조건에서 신라가 사해의 천하관을 피력할 여지는 거의 없다.

이에 대한 7세기설의 반론은 두 가지로 구성된다. 하나는 신라에서 사해의 용례가 있다는 것이고, 다른 하나는 신라가 보여준 황제적 면모나 나름의 천하관에 비추어 사해의 표방도 가능하다는 것이다. 그러나 두 논점 모두 신라의 사해 천하관을 입증할 수 없다.

신라시기 사해의 용례는 『삼국사기』 제사지, 「이차돈순교비」, 『삼국유사』의 車得公 일화 등이 있다. 이중 제사지의 사해는 제사처로서 네 방향에 있는 실물의 바다를 말하는 것으로, 천하관으로서 사해와 층위가 다르다. 「이차돈순교비」는 9세기에 건립된 것으로 알려진 자료로서 운천동비에 원용할 수 있는 사례가 아니다.[68]

한편 거득공 일화에는 문무왕이 庶弟 거득에게 "네가 冢宰가 되어 백관을 고루 다스리고 사해를 관리하라[汝爲冢宰 均理百官 平章四海]"라는 내용이 보인다.[69] 문무왕 때 자신의 천하를 '사해'로 지칭하고 있어 일견 7세기 신라의 사해 천하관을 말할 수 있어 보인다.

그러나 거득공 일화는 설화의 성격을 띠고 있고 그 내용 또한 후대의 시각에서 구성된 것이다. 우선 冢宰는 7세기에 나오기 어려운 용어이다. 총재는 『周禮』를 통해 일반화된 용어로서 우리나라에서는 『주례』가 도입된 고려에서부터 사용되었다.

이 설화는 武珍州 上守燒木田의 연원을 다룬 것인데, 해당 기사 중에 "國之制 每以外州之吏一人 上守京中諸曹 注 今之其人也"라는 구문이 있다. 여기서 "지금의 其人이다"라는 부분에 '注'라고 적시한 것은 일연이 첨부한 것이 아니라 그가 채록한 원전에 있던 주기이다.

결국 거득공 일화는 고려에서 작성된 자료에 들어 있던 것으로서 후대에 무진주 상수소목전의 유래를 문무왕대로 소급하여 가공한 설화이다. 문무왕의 언급에 총재가 등장하는 것도 고려의 관념에서 서술된 것

---

68) 「이차돈순교비」는 고려에서 건립되었다는 의견도 있다. 또한 이차돈의 사적을 담은 『삼국유사』 原宗興法厭髑滅身조에도 '四海'의 용례가 보이는데[他方菩薩出現於世 西域名僧降臨於境 由是 倂三韓而爲邦 掩四海爲家], 이는 一念의 「髑香墳禮佛結社文」을 인용한 것으로서 이 글 또한 고려에서 작성된 것일 가능성이 높다(윤경진, 2014a, 「신라 통일기 금석문에 나타난 天下觀과 歷史意識 : 三韓一統意識의 성립 시기 고찰」, 『史林』 49). 불교의 힘으로 삼한을 일통하고 사해를 일가로 삼았다는 인식 또한 7세기 전쟁이 아니라 고려의 후삼국 통일을 가리키는 것으로 판단된다.

69) 『三國遺事』 권2, 紀異 文虎王法敏.

이다.[70] 따라서 이 기사는 7세기 신라의 사해 천하관의 근거가 될 수 없다.

그밖에 중국의 외교 문서에 등장하는 것을 지적하기도 하는데, 이것은 신라가 표방한 사례가 아니다. 중국 황제는 통상 자신에게 사대하는 나라를 포함하는 천하의 지배자로서 권위를 표방하였기 때문에 그가 주변국에 보낸 문서에는 사해가 자주 등장한다.

다음에 신라가 황제의 의례를 채용했다거나 나름의 천하관을 가졌다는 것 또한 사해의 천하관을 뒷받침할 수 없다. 사해는 海內와 海外를 포괄하면서 자신에게 복속하는 타자를 수반하므로 그것이 뒷받침되는 조건에서 주로 사용한다. 사해 용례가 대부분 중국의 외교 문서에서 나오는 것은 이 때문이다.

반면 황제 의례는 내부적으로 사용하는 것이기 때문에 외교적 문제가 발생하지 않는 차원에서 부분적 활용이 가능하다. 원칙적으로 제후는 묘호를 쓸 수 없지만, 조선은 明에 대한 사대에 충실했음에도 묘호를 사용하였다. 오히려 신라는 시조(太祖)와 무열왕(太宗), 원성왕(烈祖)을 제외하면 묘호 사용이 확인되지 않는다. 반면 世子 칭호를 쓴 조선과 달리 신라는 太子 칭호를 사용하였다. 이는 각각이 처한 상황과 관행 등에 따라 차이가 나는 것일 뿐이다.

한편 신라의 천하관으로 九州와 九誓幢을 내세우기도 한다. 그런데 천하관으로서 구주는 엄밀히 해내에 대한 것이다. 자기 영토의 구획이므로 여기에 해외는 들어가지 않는다. 구주와 사해는 범주가 다른 것이므로 신라의 구주가 나름의 천하관을 표현한다고 해서 그것이 사해와 치환될 수는 없다.

구서당도 마찬가지이다. 그 수를 9로 맞춘 것이 나름의 천하 형성을 반영한다고 보는 것은 가능하지만, 어디까지나 전쟁 후 구성원들을 편제한 것일 뿐이다. 확장된 공간을 편성한 구주와 마찬가지로 해내에 적용된다.

6행에서 설정된 제왕의 권위는 7행으로 이어진다. 여기서는 蘭香으로 비유된 제왕의 위세가 확산되면서 주변이 차례로 복속하는 모습을 담고 있다. 11행까지의 내용은 제왕의 활동으로 전쟁이 종식되고 통합을 이루며 민생이 안정되는 내용이다. 이것은 海內에 대한 것이다.

왕건은 즉위 후 궁예를 다음과 같이 평가하였다.

> 前主는 四郡이 흙처럼 무너지는 때를 당하여 寇賊을 제거하고 영토를 점차 넓혔으나 海內를 겸병하는 데에는 이르지 못하였다.[71]

위에서 왕건은 도적을 제거하고 영토를 넓힌 궁예의 공업을 인정하면서 한편으로 그의 한계로 '해내의 겸병'을 이루지 못한 것을 적시하였다. 해내의 겸병은 후삼국 통일, 곧 비문에서 말하는 "合三韓"에 해당한

---

70) 해당 사적을 문무왕대로 소급한 것은 그의 치세에 무진주가 처음 설치되었기 때문으로 생각된다. 무진주는 신문왕 6년에 發羅州를 대체하여 설치되지만, 그에 앞서 문무왕 18년에 武珍州都督을 임명한 기사가 보인다(『三國史記』 권7, 新羅本紀7 文武王 18년 4월, "阿湌天訓爲武珍州都督").

71) 『高麗史』 권1, 太祖 원년 6월 丁巳, "前主當四郡土崩之時 剗除寇賊 漸拓封疆 未及兼幷海內".

다. 蘭香의 영향을 받아 貨寶를 바치는 것이 바로 해내의 겸병 내지 삼한의 통합 과정이 되며, 그 현실적 양상은 각지의 城主들이 고려에 귀순한 것이다.

이렇게 해내의 겸병을 이룬 뒤에는 해외의 복속이 이루어지게 된다. 물론 해외 원정을 간 것이 아니므로 관념적으로 설정된 외부 세력이 자발적으로 복속하는 형태로 묘사된다. 12행에서 "丹穴委羽之君"과 "太平太蒙之長"이 바로 그러한 외부 존재를 나타낸 것이고, "奉玉帛"은 이들이 복속을 나타낸다. 삼한의 통합에 이어 이들까지 아우름으로써 사해의 천하가 완성된다.

이처럼 7세기 신라가 사해의 천하관을 표방한 증거가 없다. 따라서 사해의 천하관이 나타나는 운천동비는 7세기 후반이 아니라 고려초기에 건립되었다고 보는 것이 합리적이다.

3) 제왕의 공업 1: 내전의 종식

비문의 후면 9행은 전쟁이 끝난 상황을 묘사하고 있다. 중요한 것은 전쟁의 성격이다. 豎鼓와 交兵은 전쟁을 말하고, 精廬는 사찰을 가리킨다. 이 구문은 전쟁이 벌어지던 곳에 절을 세웠다는 뜻으로, 당시 전쟁이 內戰으로 인식되었음을 보여준다.[72] 전쟁의 결과가 '合三韓'이 되는 것 또한 이러한 전쟁의 성격과 연결된다.

신라의 7세기 전쟁은 내전이 아니라 외적 평정과 병탄을 위한 것이었다. 「答薛仁貴書」에는 "정벌로부터 이미 9년이 지나 인력이 거의 소진되어 마침내 양국을 비로소 평정하였다"[73]라고 하여 당시 전쟁이 '양국평정'임을 분명히 말하고 있다. 혜공왕 때 무열왕과 문무왕을 불천지주로 삼은 명분 또한 '양국평정'이었다.

『三國史記』 김유신열전에 따르면 그는 17세에 고구려·백제·말갈이 國疆을 침탈하는 것을 보고 寇賊을 평정할 뜻을 품고 입산하였다. 그리고 하늘에 "적국이 무도하게 豺虎가 되어 우리 封場을 침탈하니 편안한 해가 없다"라며 禍亂을 없애겠다는 의지를 밝혔다. 그리고 홀연히 나타난 노인이 입산한 연유를 묻자 그는 "나라의 원수[國讐]를 보고 통분하여 왔다"라고 답하였다. 이에 노인은 그가 어린 나이에도 "三國을 병탄할 마음"이 있다며 비법을 전수하였다.

김유신이 언급한 敵國·寇賊·國讐 등의 표현이 계속 나오는 것은 강한 적개심을 드러낸 것으로 동질의식과는 거리가 멀다. 또한 여기서 병탄 대상인 '삼국'은 고구려·백제·말갈을 말하는 것으로, 이 서사가 만들어질 당시까지도 신라·고구려·백제로 구성되는 '삼국'의 범주는 성립하지 않았음을 보여준다.[74]

이 서사는 후대에 가공된 설화이지만, 형성 당시 7세기 전쟁을 보는 시각이 투영되어 있다. 명백히 "나라의 영토를 침범하는 외적을 평정하는 것"으로 보고 있다. 따라서 전쟁은 '원정'의 성격을 띤다. 빼앗긴 영토의 수복을 수반할 수 있지만 전쟁터는 본국이 아니라 적국이다.

---

72) 「태자사낭공대사비」에서 당시 상황을 "災星長照於三韓 毒露常鋪於四郡"라고 한 것은 내전이 전국을 휩쓴 사회상을 잘 보여준다. 그리고 이어서 "況於巖谷 無計潛藏"이라고 한 것은 「운천동비」에서 "交兵深林之地"와 같은 상황을 반영한다.

73) 『三國史記』 권7, 新羅本紀7 文武王 11년 7월, "自征伐已經九年 人力殫盡 終始平兩國".

74) 윤경진, 2014b, 「三韓 인식의 연원과 통일전쟁기 신라의 천하관」, 『東方學志』 167, pp.119-120.

그리고 무엇보다 신라가 전쟁이 벌어진 지역에 사찰을 지었다는 뚜렷한 단서를 찾을 수 없다. 반면 고려의 전쟁은 그러한 사적을 명확히 가지고 있었다. 대표적인 것이 바로 마지막으로 神劍을 사로잡은 黃山에 開泰寺를 창건한 것이다.

창건 당시 베푼 법회에서 태조는 직접 疏를 지어 염원을 담았다. 여기서 그는 "轅門이 자리한 곳에 鹿野의 터를 열 수 있게 허락하기를 바랍니다"라고 기원하였다.[75] 轅門은 군영의 문을 말하는 것으로, "원문이 자리한 곳"은 전쟁터를 나타낸다. 鹿野는 석가모니가 처음 설법한 곳으로서 "녹야의 터"란 설법이 이루어지는 사찰을 말한다. 곧 전쟁터에 사찰을 세운다는 취지로서 비문에서 말한 "竪鼓之場 精廬遍起"에 그대로 부합한다.

4) 제왕의 공업 2: 合三韓而廣地

비문에 서술된 제왕의 행적에서 핵심이 되는 구문은 "合三韓而廣地"이다. 이와 관련하여 고려인이 후삼국을 통일한 결과를 "땅을 넓혔다[廣地]"라고 표현한 경우가 없다고 단언하며 이를 무열왕의 공업으로 연결하기도 하는데,[76] 이 주장에는 두 가지 큰 결함이 있다.

하나는 사실적 측면에서 무열왕은 '일통삼한'의 공업을 이룬 바 없다는 점이다. 그의 치세에는 당과 연합하여 백제를 공멸했을 뿐이다. 그것도 당이 웅진도독부를 설치한 탓에 그 영토를 제대로 확보하지도 못했다. 그의 공업은 백제 평정에 국한되며, 영토 확장은 사실상 문무왕의 업적이다. 혜공왕대 무열왕과 문무왕을 묶어 '양국평정'의 공업을 설정하고 있음을 보면, 이전 시기에 무열왕에 대해 "合三韓而廣地"의 공업을 설정할 여지가 없다. 무열왕의 공업이 '일통삼한'으로 평가되는 것은 후대의 변화된 인식이다. 이 문제는 뒤에서 다시 언급할 것이다.

다른 하나는 애당초 고려의 '일통삼한'에 '廣地'가 포함되어 있다는 점이다. 고려는 고구려의 후신으로 성립되었다. 고구려 정체성은 당연히 고구려 영토의 수복을 수반한다. 이는 후백제 견훤도 마찬가지로서 그는 "평양의 누각에 활을 걸고 패강의 물로 말을 먹이겠다"라며 백제 구지의 수복을 천명하였다.[77]

고려가 태조 때부터 통일전쟁과 영토 개척을 병행한 것은 이 때문으로, 고려의 '일통삼한'에는 처음부터 북방 개척이 포함되어 있었다. 이것은 태조가 궁예의 공업을 평가하며 "영토를 점차 넓혔으나 해내를 겸병하는 데에는 이르지 못하였다"라고 한 것에서 드러난다. 궁예의 사업에 영토 확장이 있었고 왕건은 이를 계승하였다.

여기서 다음 기록을 음미해 보자.

遼浿의 거친 파도를 안정시키고 秦韓의 舊地를 얻어 19년 만에 천하[寰瀛]를 통일하니 공은

---

75) 『東人之文四六』 권8, 神聖王親製開泰寺華嚴法會疏, "願以轅門所住 許開鹿野之基".
76) 하일식, 2023, 앞의 논문, p.318.
77) 『高麗史』 권1, 太祖 10년 12월, "所期者 掛弓於平壤之樓 飮馬於浿江之水".

더없이 높고 덕은 더없이 크다고 할 것입니다.[78]

위 기록은 최승로가 시무책 서두에서 태조의 치적을 평가하는 중에 나온다. 여기서 遼浿는 遼河와 浿水를 말하는 것으로, 그 사이는 고구려 구지에 해당한다. 요패의 파도를 안정시킨다는 것은 고구려 구지의 수복을 나타낸다. 秦韓(辰韓)은 신라를 가리키는 것으로, 진한 구지의 획득은 신라 병합을 나타낸다.

결국 태조의 공업은 북방 개척과 남방 경략을 아우른 것이며, 그 궁극적 도달점은 해내의 겸병, 곧 삼한의 일통이다. 따라서 후삼국 통일은 "合三韓而廣地"로 표현되는 것이다. 반면 「문무왕릉비」는 영토 확장을 말하고 있지만 그 전제로서 '일통삼한'은 드러나지 않는다.

5) 제왕의 공업 3: 민생 안정

비문의 후면 11행에는 창고가 가득 차서 백성이 굶주림과 추위 걱정에서 벗어났다는 구문이 있다. 10행에서 제왕이 삼한을 통합하고 위세를 떨친 결과이다. 그런데 이 구문에 대해 「답설인귀서」에 피력된 전쟁기 신라 백성의 고난과 부합한다고 보고, 창고가 가득 찼다는 것도 문무왕 遺詔에 나오는 표현과 맞닿아 있다고 한 뒤, 후삼국 통일 후에 고려인이 전쟁의 결과를 이런 문투로 표현한 사례는 없다고 주장한 견해가 있다.[79] 논자가 제시한 자료가 과연 비문 내용과 부합하는지, 그리고 논자의 주장처럼 고려에서 그런 인식을 피력한 예가 없는지 따져 보자.

우선 논자가 말한 「답설인귀서」의 내용은 원문이 인용되어 있지 않아 분명치 않지만, 662년 부분에서 "신라 백성은 풀뿌리도 오히려 부족하다"라고 한 것을 염두에 둔 듯하다. 비문의 '飢寒'을 이와 대비하여 이해한 것이다.

그런데 이 내용은 전체적인 맥락을 보아야 한다. 해당 기사를 인용하면 다음과 같다.

前後로 운송한 것이 수만여 斛이니, 남쪽 熊津으로 운반하고 북쪽 平壤에 공급했습니다. 작은 신라가 두 곳에 나누어 공급하니 인력은 극히 피로하고 우마는 죽어 없어졌습니다. 농사가 때를 잃고 곡식이 익지 않았으며 저축한 창고의 양곡은 조운으로 다 소진되었습니다. 신라 백성은 풀뿌리도 오히려 부족한데 웅진의 漢兵은 양곡에 여유가 있습니다.[80]

위에서 "농사가 때를 잃었다"라는 것이 전쟁으로 인한 것일 수 있지만, 이는 농사 문제를 말할 때 항상 나오는 상투적 표현이다.

---

78) 『高麗史』 권93, 列傳6 崔承老, "於是 値金雞自滅之期 乘丙鹿再興之運 不離鄕井 便作闕庭 遼浿之驚波 得秦韓之舊地 十有九載 統一寰瀛 可謂功莫高矣 德莫大焉".

79) 하일식, 2023, 앞의 논문, p.318.

80) 『三國史記』 권7, 文武王 11년 7월, "前後所送 數萬餘斛 南運熊津 北供平壤 蕞小新羅 分供兩所 人力疲極 牛馬死盡 田作失時 年穀不熟 所貯倉粮 漕運並盡 新羅百姓 草根猶自不足 熊津漢兵 粮食有餘".

실제 신라 백성이 곤란을 겪는 직접적인 요인은 감당하기 어려울 정도의 양곡을 당군에게 공급한 것이었다. 백성의 식량이 부족하다고 내세운 것은 웅진의 한병은 여유가 있다고 한 것과 대비한 것으로, 군량 보급이 차질을 빚은 데 대한 변론의 성격을 가진다. 전쟁에 따른 직접적인 피해를 상정한 비문의 내용과 성격이 다르다.

다음에 문무왕이 유조는 "창고의 곡식이 언덕처럼 쌓여 있다"라는 구문을 말한다. 여기서도 문맥을 잘 보아야 한다. 전후 구문을 함께 인용하면 다음과 같다.

> 무기를 녹여 농기구를 만들어 백성이 오래 살게 하였고, 세금을 가볍게 하여 모두가 풍족하게 하였다. 민간이 안도하고 域內가 걱정이 없으니 창고의 곡식은 언덕처럼 쌓였고 감옥은 풀숲이 되었다.[81]

위의 "무기를 녹여 농기구를 만들었다"라는 것은 전쟁의 끝났음을 말하는 상투적 표현이다.[82] 이어 "세금을 가볍게 하여 모두가 풍족하게 하였다"라는 구문 또한 민생 안정을 표현하는 흔한 구문이다. 가혹한 세금이 민생을 피폐하게 하는 **弊政**의 표상이듯이 가벼운 세금은 백성을 넉넉하게 만드는 **仁政**의 표상이다. 이것이 창고에 곡식이 쌓이는 직접적인 이유이며, 그에 수반하여 범죄가 없어진 상황을 대구로 제시하였다.

결국 해당 구문은 문무왕이 자신의 치세를 총평하면서 민생이 안정되었음을 종합적으로 과시하는 수사적 표현의 하나이다. 비문처럼 전쟁의 성과로서 직접 평가된 내용이 아니다. 논자의 주장은 이러한 문맥을 고려하지 않은 편의적 설명을 넘지 못한다.

나아가 고려에 그런 사례가 없다는 것은 더욱 납득하기 어려운 주장이다. 일단 백성이 굶주림을 면하고 창고가 찼다는 것은 안정기를 표방하는 상투적 표현으로, 전쟁 종식에 따른 성과로서 언제든지 사용될 수 있다. 그 자체가 뚜렷한 역사성이나 시간성을 가지기 어렵다.

굳이 시대와 맞춰본다면 7세기 전쟁보다 후삼국 통일전쟁에 더 부합한다. 고려의 전쟁은 사회적 혼란과 도적이 횡행하는 난국을 타개하는 것으로 표현되었다. 신라의 귀순을 얻어내고 후백제를 격파하는 것도 그 일환이었다.[83] 전술한 바와 같이 궁예의 업적을 평가할 때 "도적을 제거했다"라는 사실을 강조한 것은 이러한 인식을 반영한다.

그리고 비문 내용과 잘 부합하는 내용도 찾을 수 있다. 다음 구문을 보자.

---

81) 『三國史記』 권7, 文武王 21년 7월, "鑄兵戈爲農器 驅黎元於仁壽 薄賦省徭 家給人足 民間安堵 域內無虞 倉廩積於丘山 囹圄成於茂草".

82) 고려 성종 때에는 실제 병기를 녹여 농기구를 만들게 한 바 있다(『高麗史』 권79, 食貨2 農桑 成宗 6년 6월, "收州郡兵 鑄農器").

83) 이는 태조의 「개태사화엄법회소」에서 "거대한 악을 없애고 도적떼를 소탕하여 도탄에 빠진 백성을 구원하고 마을에 농상을 펼쳤다[剗平巨孽 掃靜群偸 拯塗炭之生民 恣農桑於鄕里]"라고 한 것에서 잘 나타난다. 巨孽은 후백제이고 群偸는 전국에 횡행하는 도적을 말한다.

지금은 日月이 다시 밝아지고 乾坤이 다시 만들어지니 가는 곳마다 萬民이 안락하고 사는
곳마다 九穀이 (풍성하다).[84]

위 기록은 「서운사요오화상비」後記에서 태조의 업적을 찬양한 내용 중 일부이다. 九穀 다음은 결락되어
내용을 알 수 없으나 대구를 볼 때 萬民의 '안락'에 대응하여 九穀의 '풍성'이 나올 것임을 유추할 수 있다.
추위와 굶주림을 면하는 것이 곧 안락이고 구곡이 풍성하면 창고가 가득하게 된다. 운천동비의 내용과 다
르지 않다.[85]

6) 在地官班과 阿干

비의 측면에 보이는 阿干은 처음 운천동비가 나말려초에 건립되었다고 판단하는 단서가 되었다. 그 핵
심은 아간이라는 직명이 나온다는 것이 아니라 그것이 '인명+아간'의 형태로 나열되고 있다는 것이다. 아간
등의 직명이 인명 뒤에 오고 다른 부수적인 명칭 없이 양자의 조합만으로 열거되는 양상은 나말려초 지방
에 건립된 비문이나 해당 시기를 배경으로 한 자료에서 전형적으로 나타난다.

당시 지방의 토호들은 아간 등 신라 관등에서 연원한 명칭이나 侍郎·卿·大監 등 직함에서 연원한 명칭,
그리고 大等과 같은 칭호를 복합적으로 채용하여 그 지위와 직능을 나타냈다. 이것은 관등과 관직이 복합
된 것으로서 관직제도가 정비된 상황에서 관직과 함께 기재되는 관등과는 성격이 다르다. 따라서 중앙의
관직제도가 정비된 이후, 그리고 그것이 체계적으로 적용되지 않는 부류에서 나타나게 된다.

실제 이러한 명단 형태는 나말려초 이전 사례에서는 찾을 수 없다. 적어도 7세기 중반 이후 9세기 이전
금석문 자료 등에서 확인되는 명단 형태는 이와 다르다. 그리고 아간은 신라 지방민이 가질 수 있는 관등의
상한인 沙干보다 높다. 결국 이러한 조건을 만족시키는 시기와 대상은 나말려초 在地官班 밖에 없다.[86]

애초에 비문의 해당 글자를 '아간'으로 볼 수 없다면 이것은 일차적으로 판독의 타당성 문제가 되겠지만,
해당 글자는 충분히 '아간'으로 판독할 수 있다고 본다. 그리고 이 경우 아간이 이전 시기에도 나온다는 것
이 비판의 근거가 될 수 없다.

IV. 맺음말

이상에서는 운천동비의 비문을 전반적으로 새로 판독하고, 비의 건립 시기를 가늠하는 지표들을 살펴보

---

84) 『譯註羅末麗初金石文』瑞雲寺了悟和尙碑, "今則日月重明 乾坤再造 到處則萬民安樂 所居則九穀□□".
85) 태조의 「개태사화엄법회소」에는 "전쟁은 영원히 사라지고 농상은 사방에 항상 넉넉하여 곡식은 풍년들고 전국은 편안할 것
[兵革永消於千祀 農桑常給於四方 禾稼豐登 封疆寧逸]"을 기원하는 내용도 보인다.
86) 나말려초 在地官班의 존재 양태와 지역성에 대해서는 尹京鎭, 2002, 「高麗初期 在地官班의 정치적 위상과 지방사회 운영」, 『韓
國史研究』116 참조.

았다. 이를 통해 최근 다시 제기된 운천동비의 7세기 건립 주장을 반박하고, 10세기설의 근거를 추가하면서 저간의 논의를 종합하였다.

비문의 판독은 남은 자획을 통한 접근이 기본이기는 하지만, 보는 사람의 주관적 판단이 크게 작용할 수밖에 없는 한계가 있다. 이에 본고에서는 문법적 구조와 문맥을 통한 접근을 병행함으로써 객관성을 높이고자 하였다. 건립 시기를 판단하는 결정적 근거가 될 수 있는 '塔'과 '昭'의 경우, 자획뿐만 아니라 문법과 문맥의 측면에서도 온전히 뒷받침됨을 확인하였다.

이와 함께 건립 시기에 대해서는 비의 성격이나 전면과 후면의 관계, 六代 등 불교사적 지표를 추가하였다. 특히 중국 선종의 계보를 나타내는 육대는 이 비가 탑비로서 9세기 이후에 건립되었음을 입증하는 또 하나의 명징한 근거이다. 이와 함께 최근 다시 7세기설을 주장한 논고를 대상으로 종전부터 반복되는 논점과 새로 제기된 논점에 대해 그 타당성을 짚어보았다. 그 결과 여전히 7세기 건립을 뒷받침할 수 있는 내용이나 지표는 찾을 수 없었고, 현재 파악되는 내용은 한결같이 10세기 건립으로 수렴되는 것을 재차 확인할 수 있었다.

다만 판독과 건립 시기 판단을 위한 실증 작업과 별개로 이번 기회에 그동안의 논의가 가지는 문제점을 다시금 확인하게 되었다. 이에 대한 필자의 문제의식을 정리함으로써 앞으로 진전된 논의를 위한 토대를 마련하고자 한다.

기존 논의의 문제점은 크게 세 가지로 정리할 수 있다. 첫째, 7세기설은 그것을 입증할 수 있는 능동적인 근거를 제시하지 못했다는 점이다. 운천동비 논의의 초점은 그것이 7세기에 건립되었다고 볼 근거가 없다는 데 있다. 10세기설은 현재 남아 있는 비문의 내용을 검토할 때 그것이 10세기에 가장 부합한다고 판단한 것이다.

그런데 7세기설의 반론은 "운천동비는 언제 세워진 것인가"라는 본원적 문제를 가지고 진행된 것이 아니라 "운천동비는 7세기에 세워진 것이다"라는 이미 수립된 전제 아래 진행되었다. 이렇게 하면 그에 원용할 수 있는 지표들을 파편적으로 가져와 과장할 우려가 커진다.

이러한 문제는 이 비가 삼한일통의식의 핵심 근거로 이용된 영향이 크다. 이 논의는 한국 고대사 인식의 준거로 자리한 신라의 '삼국통일'로 연결되어 있다. 이 때문에 운천동비 자체에 대한 이해보다 '삼국통일' 담론에서 그것이 가지는 규정력이 우선시되었다.

그러다 보니 반론의 내용이 10세기설의 여러 지표 중 일부에 대해 그것이 "7세기에도 나올 수 있다"라는 형식으로 전개되었다. 하락영도, 사해, 아간 등이 대표적이다. 그러나 이런 논의는 유효한 논리적 실증적 토대를 갖추지 못했거니와 근본적으로 해당 지표와 10세기의 관련성을 부정하지 못한다. "10세기에는 나올 수 없는" 지표, 다시 말해 "7세기에만 나올 수 있는" 지표가 요구되지만, 이를 뒷받침하는 유효한 근거가 제시된 바 없다.

결과적으로 7세기설의 반론은 실증적 근거를 갖추지 못한 연역적·관성적 이해에 머물러 있다. 지금 비가 발견되었다면 그 건립 시기를 어떻게 판단할 것인가 하는 형태로 원점에서 다시 검토할 필요가 있다고 생각한다.

둘째, 이렇게 전제된 인식의 영향으로 관련 논의에서 고려시기 자료에 대한 검토가 거의 이루어지지 않았다는 점이다. 10세기설의 주요 논점은 비문의 주요 내용의 역사성을 찾아보니 대부분 고려초기에 부합한다는 것이다. 그렇다면 이에 대한 반론은 당연히 실제 10세기에 부합하는지에 대한 검증이 수반되어야 한다. 그런데 기존 논의는 비문 내용을 7세기에 맞추어 이해하려고 할 뿐, 10세기에 맞추어 이해할 수 있는지 짚어보지 않았다.

이러한 인식이 굳어지면서 7세기설의 반론은 고대사 자료들만 가지고 운천동비의 내용에 부합할 만한 것을 찾아 제시하는 식으로 전개되었다. 이번에 비문 중 민생 안정에 대한 내용이 7세기에 부합하고 고려에서는 그러한 인식이 나오지 않았다고 한 것이 단적인 예이다. 해당 구문은 전쟁과 연동된 일반적인 인식이라 그 자체로 시기를 특정할 수 있는 지표가 아니며, 굳이 따진다면 비문의 내용은 7세기보다 10세기에 더 부합한다. 고려시기 자료를 충분히 검토했다면 그런 논지는 나오기 어려웠을 것이다. 삼한의 통합에 연동된 영토 확장에 대한 설명도 마찬가지이다.

이 문제는 비가 처음 발견되었을 때부터 발생하였다. 현존하는 불교비는 대부분 신라말 이후에 건립된 것이다. 그런데 왜 이 비를 '寺蹟碑'로 규정하면서 이것이 나말려초의 것일 수 있다는 가능성을 고려하지 않았는지, 왜 이후 연구자들은 그러한 가능성을 생각해 보지 않았는지 아쉬움이 크다. 비의 발견 직후 이것이 7세기 신라의 삼한일통의식을 보여주는 근거로 적극 채용되고 이것이 이후 연구에서 그대로 재생산된 영향이 커 보인다.

나말려초에는 승려비가 다수 건립되었다. 선입견 없이 고려에서 건립된 승려비의 내용을 들여다보면, 그 맥락이 운천동비의 것과 비슷하다는 것을 어렵지 않게 인지할 수 있다. 더하여 신라의 '통일'에 대한 고정된 인식에서 벗어나 고려의 후삼국 통일이 가지는 역사적 함의를 감안한다면, 이 비의 건립 시기에 대한 이해도 쉽게 정리될 수 있을 것으로 생각한다.

셋째, 저간의 논의가 운천동비의 건립 시기에 집중할 뿐, 그로부터 파생되는 제반 역사상에 대해서는 크게 고려하지 않았다는 점이다. 7세기 건립은 비문에 나타난 삼한일통의식이 7세기의 것임을 주장하는 매개로만 이용될 뿐, 그 이상의 논의는 없었다.

그런데 이 비가 7세기의 것이라면 그 안에 담긴 내용들은 모두 7세기의 사정을 반영한다. 그렇다면 나머지 내용들도 모두 7세기에 적용할 수 있게 된다. 곧 신라는 7세기부터 이미 불교비를, 그것도 지방에 세운 것이다. 그런데 현존하는 나머지 불교비는 모두 9세기 이후의 것이다. 필자가 불교사에 문외한이지만, 7세기 후반 지방에서 사찰비까지 세웠다는 것이 기존 불교사 이해 내용과 양립되는지 의문이 든다. 기존 논의에는 이에 대한 명확한 문제의식이 없는데, 운천동비를 7세기에 건립한 것으로 본다면 이런 부분에 대해서도 책임 있는 설명이 있어야 하지 않을까 한다.

한편 7세기 삼한일통의식을 인정한다면, 무열왕의 태종 칭호가 '일통삼한'의 공업을 명분으로 했다는 내용도 인정될 수 있다. 곧 무열왕의 공업은 7세기 중반에 이미 '일통삼한'으로 규정되는 것이다. 그리고 9세기 「월광사원랑선사비」에도 무열왕의 '일통삼한'이 표방되고 있다. 그렇다면 신라는 7세기부터 9세기까지 줄곧 무열왕의 '일통삼한'을 설정하고 있었던 것이 된다. 그런데 왜 혜공왕대 불천지주 지정에서는 '일통삼한'이 아니라 '양국평정'을 말했을까.

'양국평정'과 '일통삼한'은 다른 것이다. 전자는 고구려와 백제를 '외적'으로 간주하는 것이고, 후자는 자신과 '동질'적 존재로 보는 것이다. 논리적으로 '양국평정'을 통해 '일통삼한'을 이루었다고 설명할 수 있지만, 이 경우도 공업의 도달점은 '일통삼한'이다. 삼한일통의식이 체제 이념이 되어 있고 그것을 이룩한 무열왕을 불천지주로 삼는 명분이라면 당연히 '일통삼한'이 되는 것이 정상이 아닐까.

이러한 역사적 문제가 있음에도 7세기 삼한일통의식을 주장하는 것, 그리고 그 근거로서 운천동비의 7세기 건립을 주장하는 것은 7세기 전쟁을 '통일'로 보는 고정된 인식의 연역일 뿐으로, 그것이 이후 역사에 어떤 의미로 작용하는지에 대한 고려가 빠진 것이다. 이에 대한 종합적인 재고가 있어야 할 것으로 생각한다.

투고일: 2023.10.23.　　　심사개시일: 2023.11.27.　　　심사완료일: 2023.12.11.

참고문헌

1. 자료

『三國史記』『三國遺事』『高麗史』『東人之文四六』
『續高僧傳』『山海經』『爾雅』『說苑』『論衡』

趙東元 編, 1988, 『增補 韓國古代金石文大系(II)』增補 원광대학교 출판국.
韓國古代社會研究所 편, 1992, 『譯註韓國古代金石文』, 駕洛國史蹟開發研究院.
한국역사연구회 편, 1996, 『譯註羅末麗初金石文』, 혜안.

2. 연구 논저

郭丞勳, 1997, 「新羅 哀莊王代 誓幢和上碑의 建立과 그 意義」, 『國史館論叢』 74.

김수태, 2014, 「신라의 천하관과 삼국통일론」, 『新羅史學報』 32.

김수태, 2015, 「일연의 삼한·삼국통일론」, 『서강인문논총』 43.

盧泰敦, 1982, 「三韓에 대한 認識의 變遷」, 『韓國史研究』 38.

박남수, 2016, 「신라 문무대왕의 삼국통일과 宗廟制 정비」, 『新羅史學報』 38.

박승범, 2014, 「7세기 전반기 新羅危機意識의 실상과 皇龍寺9층木塔」, 『新羅史學報』 30.

박홍국, 2008, 「昌寧 仁陽寺碑文의 塔 關聯記事에 대한 검토」, 『新羅文化』 32.

신정훈, 2003, 「淸州 雲泉洞 新羅寺蹟碑 再檢討」, 『白山學報』 65.

尹京鎭, 2002, 「高麗初期 在地官班의 정치적 위상과 지방사회 운영」, 『韓國史研究』 116.

윤경진, 2013a, 「「청주운천동사적비」의 건립 시기에 대한 재검토」, 『사림』 45.

윤경진, 2013b, 「新羅 太宗(武烈王) 諡號 논변에 대한 자료적 검토 : 原典에 대한 이해를 중심으로」, 『역사와 실학』 51.

윤경진, 2013c, 「新羅 中代 太宗(武烈王) 諡號의 追上과 재해석」, 『韓國史學報』 53.

윤경진, 2014a, 「신라 통일기 금석문에 나타난 天下觀과 歷史意識 : 三韓一統意識의 성립 시기 고찰」, 『史林』 49.

윤경진, 2014b, 「三韓 인식의 연원과 통일전쟁기 신라의 천하관」, 『東方學志』 167.

윤경진, 2015, 「신라 神武-文聖王代의 정치 변동과 三韓一統意識의 출현」, 『新羅文化』 46.

윤경진, 2016, 「三韓一統意識의 성립 시기에 대한 재론 : 근거 자료에 대한 검토를 중심으로」, 『韓國史研究』 175.

윤경진, 2019, 「「청주운천동사적비」의 건립 시기와 건립 배경 : 최근 비판에 대한 반론과 추가 판독」, 『韓國史研究』 186.

李丙燾, 1983, 「西原 新羅寺蹟碑에 대하여」, 『湖西文化研究』 3.

전진국, 2019, 「「청주운천동신라사적비」의 제작 연대 검토 : 서체와 주변 환경을 중심으로」, 『韓國史研究』 184.

朱甫暾, 2012, 「통일신라의 (陵)墓碑에 대한 몇 가지 논의」, 『木簡과 文字』 9.

車勇杰, 1983, 「淸州 雲泉洞 古碑 調査記」, 『湖西文化研究』 3.

하일식, 1996, 「昌寧 仁陽寺碑文의 研究 : 8세기 말-9세기 초 신라 지방사회의 단면」, 『韓國史研究』 95.

하일식, 2023, 「운천동사적비의 역사환경, 판독 교정」, 『木簡과 文字』 30.

黃壽永, 1972, 「金立之撰 新羅聖住寺碑(續)」, 『考古美術』 115.

〈Abstract〉

Proper Interpretation of the Epitaph in Cheongju Uncheon-dong, and a Methodic reexamination of the Previous estimate of the Construction period

Yoon, Kyeong-jin

Attempted in this article is the reinterpretation of the contents on the Cheongju Uncheon-dong-bi(the Epitaph in Uncheon-dong of the Cheongju city), while the epitaph's supposed time of construction is discussed yet again. In response to an argument stressing its construction to have been completed in the 7th century recently resurfacing again, this article is to present a rebuttal to that theory, while providing the academic community with new evidences that would show the epitaph was actually built in the 10th century and not 7th.

In trying to interpret the contents from new angles, this author not only considered grammatical elements but the context as well, as previous interpretations tended to dwell on individual letters rather too much. Found as a result were several new letters like 'Tab(塔, pagoda)' and 'So(昭, Name of King Gwangjong),' which would suggest the possibility of the epitaph's creation actually taking place in the 10th century.

Another aspect of the epitaph that would shed some light on the issue was also found. This epitaph was for a pagoda[塔碑(Tab'bi)], and there are some Zen Buddhism[禪宗]-related references to "Yukdae(六代, Six generation)." The front side of the epitaph constitutes the main section of the inscription while the rear side shows an epilogue[後記]. Apparently the pagoda was first created, then the contents for the epitaph were scripted, and an actual epitaph was created (with letters inscribed) later on.

Examination of the epitaph's inscription did not reveal any evidence that would support the theory of placing its construction in the 7th century. On the other hand, there were quite a lot of leads found which evidently connected the epitaph to the 10th century, such as Harag'yeong-do(河洛靈圖), Sahae(四海, everywhere), and Agan(阿干[rank]), etc.

▶ Key words: the Epitaph in Cheongju Uncheon-dong, Tab(塔, pagoda), So(昭, Name of King Gwangjong), Yukdae(六代, Six generation), Harag'yeong-do(河洛靈圖), Sahae(四海), Agan(阿干)

김정희 금석학과 추사체 형성의 연관성 연구

이은솔*

Ⅰ. 머리말
Ⅱ. 김정희와 금석학
Ⅲ. 김정희의 금석학과 추사체와의 연관성
Ⅳ. 맺음말

〈국문초록〉

　본 논문은 조선 후기 학자이자 서예가인 추사 김정희의 글씨의 상관 관계에 대한 연구이다. 김정희는 독특한 '추사체'를 창안한 인물로 중국 燕行 이후로 옹방강과 완원의 영향을 받아 조선의 금석학과 자신만의 서예를 이끌었다.

　김정희의 글씨는 금석학을 바탕으로 형성되었다고 알려져 있다. 그러나 그 창안 과정이 어떤 방식으로 결합하고 나오게 되었는지에 대한 상세한 논의는 거의 없었다. 필자는 이 문제에 주안하여 김정희의 글씨와 금석학이 어떻게 관계하고 있는지에 대해 밝히려고 한다.

▶ 핵심어: 추사, 추사체, 김정희, 금석학, 금석문

I. 머리말

　秋史 金正喜(1786-1856)는 19세기 말 학문과 예술의 경계를 거의 두지 않고 경학, 금석학, 문자학, 역사학, 지리학 등 광범위한 영역을 넘나들며 조선은 물론 중국과 일본에까지 영향을 미친 조선 서예사의 핵심

---

*　소전미술관 학예사

인물이다. 또 그의 글씨는 일명 '추사체'라 불리며 지금까지도 서예사적으로는 한글·한문 간찰·예서·해서·미학으로 세분화하여 꾸준히 연구되고 있다.[1]

김정희의 글씨를 논함에 있어 기존의 연구에서는 '추사체'는 금석학의 영향을 받아 기이하고 독창적이며 개성적인 서체 또는 결구와 장법의 파격성에 초점을 맞추었다. 일각에서는 김정희 글씨의 기이함과 독창성, 금석학의 영향 또는 중국풍이라는 결론을 내기도 했다. 이와 같은 결론에 이르기까지 구체적인 글씨의 대조 및 작품분석을 통해 김정희의 예술적 특징을 제시했다기보다는 역사적으로 언급된 이론적 지식을 중심으로 논의되었다. 이에 본고에서는 김정희의 글씨가 금석학 연구에 기인하여 서예학에 대한 이론적 근거를 마련하였다고 보고, 김정희의 금석학 연구와 그 글씨의 상관관계를 밝히고자 한다. 본고가 '추사체'의 근원을 이해하는 데 토대가 되고 그의 글씨를 새롭게 바라보는 새로운 틀을 제공하는 계기가 되길 바란다.

II. 김정희와 금석학

김정희의 금석학을 파악하기 위해서는 당시 청나라의 금석학이 조선으로의 유입과 그에 미친 영향에 대한 이해가 필요하다. 우리나라 금석학은 고려시대부터 조선시대 초기까지 금석학에 대한 학문적 연구는 거의 전개되지 않았다. 조선시대 초기에는 금석학에 대한 연구보다는 왕에게 진상하기 위해 전국 사찰의 碑銘들을 탁본하여 유통하거나 중국의 진귀한 묵본들을 왕에게 진상하기 위함이었다. 그와 관련 기록은 아래에서 볼 수 있다.

> 각 도의 비문을 대소 臣僚들에게 내렸다. 처음에 임금께서 각 도 寺社의 碑銘을 탁본하여 書法으로 삼고자 각 도에 명하여 바치게 하니, 각 도에서 길이가 길고 폭이 넓은 紙箭를 만들고 丁夫를 불렀다. 또 蜜蠟과 墨, 毛氈을 거두어 한 해 동안 탁본을 하니 민폐가 매우 많았고 끝내 쓸모가 없게 되었다. 그것을 나누어 내리매 한 사람이 혹은 10여 장을 얻게 되고 궁중의 노비나 요리사에게까지 받게 되었다. 이를 경상도 백성이 말하기를 '민간의 氈冠이 거의

1) 서예사적 선행연구는 100여 편에 달하나 김정희의 금석학과 금석 서예와 관련된 주요 연구 목록은 다음과 같다.

임종현, 2001, 「추사 김정희의 한예 수용에 관한 연구」, 경기대학교 석사학위논문.

김홍길, 2002, 「추사 김정희의 예서 연구」, 원광대학교 석사학위논문.

유영복, 2004, 「추사 김정희의 예서 연원에 대한 연구」, 원광대학교 석사학위논문.

이완우, 2007, 「추사 김정희의 예서풍」, 『미술자료』 76, 국립중앙박물관.

이은혁, 2008, 「추사 김정희의 예술론 연구」, 성신여자대학교 박사학위논문.

박성아, 2011, 「추사서체 형성에 대한 연구」, 경상대학교 석사학위논문.

박철상, 2011, 「추사 김정희의 금석학 연구 : 역사고증적 측면을 중심으로」, 계명대학교 석사학위논문.

박철상, 2014, 「조선시대 금석학 연구」, 계명대학교 박사학위논문.

신재범, 2017, 「추사 예서의 조형미 연구」, 대전대학교 석사학위논문.

다 없어지고 남은 것이 없었다.'고 한다.[2]

> 지평 趙之瑞가 강원도에서 돌아왔는데, 고려 태조가 친히 지은 원주 영봉산 흥법선원 탑 비
> 문을 崔光胤이 왕명을 받들어 당 태종의 글씨를 집자한 탁본한 것을 가지고 와서 바쳤다.[3]

위의 기록과 같이 조선시대 초반까지만 하여도 탁본에 대한 문인들의 관심은 있었으나 금석문 또는 금
석학이 연구 목적이 아닌 단순 감상과 수집의 용도로만 활용되었다. 이후 금석학은 조선 후기에 이르러서
정조가 연경에서 서적을 적극적으로 구입 하도록 한 것으로 인해 청나라의 금석학이 조선에 유입됨과 더불
어 조선과 청나라 학술 교류의 큰 전환점을 만드는 계기가 된다.

조선시대 말기에 이르러서는 청나라와의 활발한 연행을 통해 본격적으로 금석학과 고증학을 받아들이
고, 연행이라는 공적 교류 외에도 조선과 청나라 학자 간의 사적인 학술 교류는 이전과 비교 할 수 없을 만
큼 활발해졌다. 이 시기에 학술 자료 유통의 의미로서 학술계 동향에 대한 지식, 특정 자료의 가치를 알아
보는 안목, 자료 유통의 경로를 확보하였고, 이 세 가지 조건을 모두 갖춘 당대의 학자는 당연히 김정희였
고, 그는 조선 말 학예 전반을 이끌어 간 인물이라고 할만하다.[4]

김정희는 1809년 12월 24일부터 1810년 2월 초까지 冬至使 겸 謝恩使의 子弟軍官 자격으로 처음 연경
을 방문했다. 30~40여 일 남짓 체류[5]하며 당시 청대 학계의 대표적인 학자들과 교류하게 된다. 김정희는
짧은 기간 동안 많은 석학과 명사를 일일이 찾아다니며 經義를 묻고 翰墨을 나누었다. 특히 금석학의 대가
인 翁方綱(1733-1818), 阮元(1764-1849), 曹江(1781-?), 葉志詵(1779-1862) 등과 교류하면서 금석학에 대
한 식견을 넓혔다.

그러나 김정희는 연행 이전에는 經學에 관심이 있었고 연행 이후에는 금석학에 대한 관심과 연구가 폭
발적으로 증가했다. 김정희가 본격적으로 금석학을 학문으로 인식하기 시작한 것은 옹방강의 아들 翁樹崑
(1786-1815)과의 교류를 통해서이다. 옹수곤은 자신이 좋아하는 것은 오로지 금석 비각 뿐이라고 할 정도
로 금석학 연구에 심취해 있었다. 그러한 사실이 옹수곤이 김정희에게 보낸 서신에서 확인된다.[6] 옹수곤은

---

2) 『世宗實錄』卷96, 世宗 24年 5月 28日, "賜各道碑文于大小臣僚. 初, 上欲印各道寺社碑銘, 以爲書法, 命各道模印以進. 各道造長闊紙
   箇, 徵聚丁夫, 又斂蠟墨與費, 經年模印, 民弊甚多, 而卒爲無用. 及其頒賜, 一人或得十餘丈, 以至內奴膳夫, 亦皆濫受. 時慶向民爲之語
   曰, '民間氈冠, 殆盡無遺.'"

3) 『成宗實錄』卷224, 成宗 20年 1月 23日, "兼持平趙之瑞回自江原道, 以高麗 太祖親製原州 靈鳳山 興法禪院塔碑文, 崔匡胤奉教集唐
   太宗書墨本來獻."

4) 정혜린, 2019, 『추사 김정희와 한중일 학술 교류』, 신구학원 신구문화사, p.23.

5) 후지츠카 치카시의 박사논문 『淸朝文化東傳의 硏究』에 의하면 1809년 12월 20일 경 북경에 도착, 1월 29일에 옹방강을 만나고
   1810년 3월 17일에 귀국하였다고 기록했다(유정, 2020, 「추사 김정희와 청대 문인의 교류 및 영향에 대한 고찰」, 『추사 김정희
   연구』, 학자원, p.352).

6) 옹방강·옹수곤, 2010, 『海東金石零記 : 번역·영인』, 과천문화원, p.49, "弟於古印 初無專嗜 且都不得嗜 此在甚野目 弟專嗜碑刻
   盡舉十餘年 家藏秦漢六朝唐宋元明古印 皆與良友 換取碑版 相足得所 彼此稱快 此段佳話 專爲兄告 凡事在專心 不在高談務博也 古
   印流傳者本無幾 若皆聚於一家 未免貪鄙 弟之以印易碑 諸友皆以爲正論達觀 且有不待贈印卽舉碑先貽者 邇來金石墨綠 日深一日."

김정희와의 교류 이전에도 중국의 모든 금석문에 대한 수집과 고증에 흠뻑 빠져 있었고 김정희의 연행 이후 본격적으로 조선의 금석문 수집에 나서게 된다. 옹수곤이 조선 금석문을 적극적으로 수집, 연구하는 과정에서 김정희에게 편지로 연구에 대한 여러 조언을 구하며, 그 과정에서 김정희 또한 금석학 연구 방법론에 영향을 받게 된다.

그로 인해 나온 성과 중 옹방강·옹수곤 부자의 저서 『海東金石零記』[7]이다. 이 자료집은 옹수곤이 조선의 여러 학자들에게 자료를 받아 작성한 조선 금석문에 대한 단편적 내용을 기록하였다. 옹수곤의 저작이지만 그 내용을 상세히 들여다보면 김정희가 사실상 많은 부분 연구의 토대 작업을 맡았다.[8]

또 김정희에게 요청하는 내용에는 금석문 탁본을 단순히 수집하는 차원이 아니라 금석의 크기, 건립연도, 찬자, 서자 등의 기본 제반 사항과 비문의 기술방식, 석문 교정, 인물 고증 등 높은 수준의 내용까지 요청하고 있다. 이에 김정희는 옹수곤에게 탁본을 기증하고 그에 대한 의견이나 고증에 성실히 답했고, 『해동금석영기』에 김정희의 크고 작은 의견에 대해서는 '추사'라고 별도로 표기하기도 했다.[9]

위의 『해동금석영기』는 옹수곤의 저작이지만 일부 김정희가 조선의 금석문에 대한 단편적인 내용을 찰기 형식으로 기록한 것은 김정희의 금석학 연구에도 중요한 부분이라 할 수 있다. 김정희는 초기에 금석학을 연구할 당시 옹수곤에게 조선의 금석 탁본들을 보내고 옹수곤과 서신으로 탁본의 내용들을 주고받는 과정에서 자연스럽게 금석학 연구 방법론을 배웠을 것으로 추측된다.[10] 또 이것을 토대로 후에 기록한 『禮堂金石過眼錄』[11]과 『海東碑攷』[12]가 탄생 되었을 것이다. 김정희의 금석학은 단순한 판독뿐만이 아닌 역사적 사실에 근거한 고증학을 토대로 금석학에 접근했다는 사실을 알 수 있다.

지금까지 김정희가 고증학과 금석학을 접하게 된 경위와 과정을 살펴보았다. 이러한 과정을 기초로 하여 그의 서예 금석학적 면모와 '추사체'의 탄생 과정을 살펴보려고 한다.

III. 김정희의 금석학과 추사체와의 연관성

조선의 금석 서예는 청나라 고증학과 비학의 영향을 크게 받았다. 특히 청나라의 비학파 서가들은 한나

---

7) 박현규는 옹방강의 아들 옹수곤의 찰기본이라 확정하였다(박현규, 2011, 「『海東金石零記』의 저자와 실상」, 『대동한문학』 11, p.409).

8) 위의 논문, p.406.

9) 옹방강·옹수곤, 2010, 앞의 책, pp.21-29.

10) 조병한 등 1인 외 4인, 2020, 『추사 김정희 연구』, 학자원, p.123.

11) 김정희가 〈북한산신라진흥왕순수비〉에 대해 연구한 책으로, 무학대사의 비가 아닌 진흥왕의 비임을 역사적으로 고증한 책이다.

12) 〈당평백제국비〉(660), 〈당유인원기공비〉(663), 〈신라문무대왕릉비〉(681-682), 〈경주무장사지아미타불조상사적비비〉(801), 〈쌍계사진감선사비〉(887), 〈봉림사지진경대사탑비〉(924), 〈봉암사지증대사비〉(924) 등 7편의 금석문을 고증 및 연구한 책이다.

라와 위진남북조의 비각, 묘지명, 조상기 등의 비석 글씨를 臨書하였고 이 문화는 중국 연행을 갔던 조선의 문사들을 통해 조선에 전파되었다. 청나라 문사들도 조선의 금석학에 관심을 보이면서 양국 학자들은 상호 보완을 통해 학문의 탐구 영역을 확대·성장시키는 모습을 보였다.[13] 특히 조선 말기에는 그 문화가 더욱 고조되어 김정희를 필두로 금석학이 더 전문적으로 연구되었고, 이와 함께 금석을 대상으로 서예를 연구하는 풍조가 일어났다. 이때부터 일명 '추사파'라고 불리는 문사들은 청나라 서적과 서화 및 골동품을 대거 수입하였으며 이것으로 인해 영향을 받은 조선의 서가들은 다채로운 서풍을 보여주었다.

이 장에서는 이러한 조선의 시대적 상황이 김정희의 서예 금석학에 어떠한 영향을 주었는지 살펴보고, 그것이 '추사체'와 어떤 상관관계를 맺고 창작과 연결되고 있는지 알아보겠다.

1. 서예 금석학

김정희는 학문과 예술에 이르기까지 옹방강과 완원의 영향을 많이 받았다. 앞서 본 고증학과 금석학에 대한 연구 방법은 옹방강과 옹수곤 부자의 영향을 받았다면 김정희의 서예 금석학의 근원은 완원에게서 시작되었다고 할 수 있다. 완원의 이론 중 「남북서파론」에 뿌리를 두었는데, 그 뿌리는 중국의 한나라 시대의 예서 비각 및 비문 글씨에서 서예의 근간이 있다고 생각했다.

> 隸書는 바로 서법의 祖家이다. 만약 서도에 마음을 두고자 하면 예서를 몰라서는 안 된다.
> 그 법은 반드시 方勁과 古拙을 제일로 삼아야 하는데 그 졸한 곳은 또 쉽게 얻어지는 것이
> 아니다. 漢隸의 묘는 오로지 졸한 곳에 있다. 〈史晨碑〉는 진실로 좋으며 이 밖에도 〈禮器
> 碑〉·〈孔和碑〉·〈孔宙碑〉 등의 비가 있다. 그러나 蜀道의 여러 각이 심히 古雅하니 반드시 먼
> 저 이로 들어가야만 俗隸·凡分의 膩態와 市氣가 없어질 수 있다.[14]

위의 글에서 확인되듯 김정희는 서예에 뜻을 둔 사람이라면 반드시 한나라 예법을 알아야 하며 한나라 비석인 〈사신비〉, 〈예기비〉, 〈공화비〉, 〈공주비〉 등을 적극 권장하며 예서를 서법의 시조라 여겼다. 김정희가 예서를 서예 창조의 근거로 삼았으며, 특히 서한 예서 글씨에 중심을 두고 있다는 것은 이미 알려진 사실이다. 그와 함께 지나칠 수 없는 것은 김정희가 서예의 원형으로 삼은 글씨는 예서 이전의 글씨로 거슬러 올라가 근원을 파악하려고 했다.

> 鐘鼎古款은 바로 예서가 나온 곳이니, 예서를 배우는 이가 이것을 알지 못하면 이는 곧 물을
> 거슬러 올라가면서 근원을 잊어버리는 것과 같은 격입니다.[15]

---

13) 박세영, 2019, 「현대 중국의 추사 김정희 이해 - 중국의 학회지 및 학위 논문을 중심으로」, 『人文硏究』 89, p.126.
14) 金正喜, 『阮堂全集』 卷7, 「書示佑兒」, "隸書是書法祖家 若欲留心書道 不可不知隸矣 隸法必以方勁古拙爲上 其拙處又未可易得 漢
   隸之妙 專在拙處 史晨碑固好 而外此又有禮器孔和孔宙等碑 然蜀道諸刻甚古 必先從此入然後 可無俗隸凡分膩態市氣."

鍾鼎의 고문자는 다 隸法이 이로부터 나오게 된 것이니 예를 배우는 자가 이를 알지 못하면 바로 흐름을 거스르고 근원은 잊어버린 격이다.[16]

위의 글에서 보듯이 김정희는 예서에 머물지 않고 예서에 영향을 미치고 있는 '鍾鼎古款'에 큰 관심을 기울였다. '종정고관'이란 종이나 솥 등의 청동기에 주물 된 명문으로 또 다른 이름으로는 '篆籀'라고도 한다. 이와 같이 고대인으로부터 배워야 한다는 생각은 금석학에 근거를 두고 서예를 발전시켰던 중국의 비학파 서예가들과도 공통적인 생각이다.

이와 같은 예술론과 금석학을 바탕으로 나온 김정희의 서예 금석학은 '근거에 우선한 서예 창작'이다. 김정희가 '怪'한 글씨를 쓰는 서예가로 알려져 있다. 그러나 김정희가 작품을 완성하는 과정을 살펴보면 글자를 선택함에 있어 신중했다는 것을 알 수 있는데, 〈溪〉(그림 1)는 이와 같은 뜻을 제대로 실천한 작품 중에 하나라고 볼 수 있다.

그림 1. 김정희, 〈梣溪〉, 紙本墨, 간송미술관

〈침계〉는 尹定鉉(1793-1874)의 號로 김정희가 북청 유배시절에 도움을 받았던 인물이다. 〈침계〉 跋文의 내용은 작품이 완성되기까지의 구체적으로 보여주고 있다.

이 두 자를 써달라는 부탁을 전해 받고, 예서체로 쓰고자 했지만 漢碑에 첫 자가 없어 감히 망령스럽게 쓰지 못하였으나 마음에 두고 잊지 않은 지 이미 30년이 지났다. 요즈음 북조 시대의 금석을 자못 많이 보는데 모두 해서와 예서의 合體로 쓰인 것들이다. 隋와 唐 이후에 는 〈陳思王碑〉와 〈孟法師碑〉가 그런 합체 가운데 가장 뛰어났다. 이에 그 뜻을 본받아 쓰는 데 이제야 일찍이 품은 뜻이 통하게 되어 오래 전의 부탁을 갚게 되었다. 완당은 아울러 쓰다.[17]

---

15) 金正喜, 『阮堂全集』 卷2, 「與申威堂」, "鍾鼎古款 是隸之所從出 學隸不知此 是溯流妄源也."

16) 金正喜, 『阮堂全集』 卷8, 「雜識」, "鍾鼎古文, 皆隸法所出來處, 學隸者不知此, 便溯流忘源耳."

위의 발문에서 보듯이 두 글자 모두 예서로 쓰려고 했지만, 첫 번째 글자 '梣'자가 한나라 예서에 없어 작품을 시작하지 못하다가 훗날 북조와 수대의 금석에 있는 合體를 발견하고, 그 형태를 본받아 '梣'자에 적용하여 드디어 작품을 완성했다는 내용이다. 이러한 연유로 윤정현이 부탁한 작품을 당시에 써주지 못하다가 분위기에 맞는 글씨를 구사하는데 걸린 기간이 무려 30년이었다.

김정희의 글씨는 많은 사람들이 '怪'하다고 평가한다. 그러나 〈침계〉의 제작과정을 보면, 본인의 뜻대로 아무렇게나 글씨를 만들지 않았다는 것을 알 수 있다. 〈침계〉 작품과 더불어 김정희가 서예 작품을 함에 있어 마음대로 꾸며 쓰지 않았다는 것이 아래의 『완당전집』 기록에서 다시 확인된다.

> 네 글자 편액에 대해서는 달리 검색할 만한 문자가 없어 고심하다가, 일찍이 武氏의 祥瑞圖
> (그림 2) 가운데 있는 말을 본 것이 기억나서 '木連理閣' 네 글자를 써서
> 올렸네.[18]

〈武氏祠畵像題字〉(그림 3)는 위 인용문에서 김정희가 언급한 '상서도'의 글귀인 "木連理, 王者德純洽, 八方爲一家, 則連理生"[19] 부분이다. 그중 閣을 제외한 상단의 세 글자 '木連理'가 해당된다. 비록 '木連理閣'을 쓴 작품은 현재 전하지 않지만, 이 글자도 〈침계〉처럼 글자 형태의 근원을 찾아 고증과 확인을 거친 후 글씨를 썼다는 것을 확인할 수 있다.

이 두 작품으로 볼 때 김정희는 고전에 입각하여 고증된 글자로 작품을 완

그림 2. 〈武氏祠畵像第三石〉, 東漢, 拓本

그림 3. 〈武氏祠畵像題字〉, 東漢, 拓本

---

17) "以此二字轉承定囑, 欲以隷寫, 而漢碑無第一字, 不敢妄作, 在心不忘者, 今已三十年矣. 近頗多讀北朝金石, 皆以楷隷合體書之, 隋唐來 陳思王孟法師諸碑, 又其尤者, 仍仿其意寫就, 今可以報命, 而快酬夙志也, 阮堂并書."

18) 金正喜, 『阮堂全集』 卷3, 「與舍季[七]」, "四字扁, 苦無他可檢文字, 嘗記武氏祥瑞圖中語, 以木連理閣四字書進."

19) 二玄社, 2001, 『서적명품총간3 : 漢Ⅱ』, 二玄社, p.462.

성했다는 것을 알 수 있다. 이와 같이 근거에 우선한 작품 창작은 '추사체'를 확립하기 위한 서예 금석학의 여러 실천 중 하나로 볼 수 있다.

서예 금석학은 금석에 쓰여진 글씨를 이론적으로 연구하는 학문이다. 서예 금석학은 심층적인 사고를 통해 서예의 이론적인 근거를 명백하게 밝히는 것을 목적으로 하고 있다는 것을 김정희의 서예 금석학을 통해 알 수 있다. 앞에서 제시한 「「남북서파론」에 대한 해석', '서예의 근원에 대한 견해', '근거에 우선한 작품 창작'은 김정희가 금석에 기초하여 서예를 창작으로 발전시켜나가는 과정을 분명하게 보여주고 있다. 이러한 일련의 과정은 학문적이고 체계적인 바탕 위에서 이루어진 것으로 이는 앞서 금석학을 대하는 태도와 다를 바가 없다.

2. 임서와 창작

1) 김정희 금석문 관련 소장 자료

지금까지의 연구에 의하면, '추사체'의 근원은 예서로부터 나온 것이라는 설에 집중되어 있었고, 임서로부터 창작으로 이어지는 과정적인 측면에 대한 연구가 거의 이루어지지 않았다. 필자는 김정희의 글씨를 연구함에 있어서 그의 독창적인 서풍을 이해하기 위해서는 반드시 기초연구에 대한 분석이 필요하다고 생각하며, 이 또한 '근거에 우선한 작품 창작'의 일환으로 보고 있다. 이 문제를 해결하기 위해서는 소장 자료 및 임서에 대한 연구가 심도 있게 다루어져야 한다고 생각한다. 이에 본 절에서는 김정희가 청나라 학자들과 교류를 통해 선물 받거나 소장했던 금석학 자료에 대한 기초 조사를 함과 동시에 그가 남긴 임서 작품이 금석학과 어떤 관계를 맺고 있는지 그리고 창작과 어떻게 연결되고 있는지를 살펴보려고 한다.

지금까지 김정희의 금석학 관련 소장 자료는 분명하게 소개되어 있지 않다. 이에 필자는 김정희가 글씨에 활용한 근거자료를 밝히고자 『완당전집』 및 청나라 학자 葉志詵(1779-1862)[20]에게 선물 받은 목록에 명시된 금석 자료들을 살펴보면 〈표 1〉과 같다.

표 1. 『완당전집』 및 섭지선 선물 목록에 명시된 금석 자료

분류	명칭	시대	서체	출처
비	北海相景君碑	東漢	예서	『阮堂全集』 卷2, 「與申威堂」
	乙瑛碑	東漢	예서	『阮堂全集』 卷6, 「書圓嶠筆訣後」, 섭지선 선물 목록

---

20) 섭지선은 옹방강의 수제자이자 사위로 김정희와 무려 16년 동안 금석 관련 자료들을 주고 받으며 가깝게 지냈다. 실제로 남아 있는 기록에는 섭지선이 김정희에게 예물로 보낸 문적, 탁본 등은 64점에 불과하지만 후지츠카 치카시의 논문에 의하면 섭지선이 김정희에게 보낸 서예 자료는 수백 점에 이르며 여기에는 상당량의 금석 자료 또한 포함되어 있을 것으로 추측한다 (藤塚鄰, 2009, 『추사 김정희 연구 : 청조문화 동전의 연구』, 과천문화원, p.532).

분류	명칭	시대	서체	출처
	禮器碑	東漢	예서	『阮堂全集』卷2,「答趙怡堂」, 섭지선 선물 목록
	孔宙碑	東漢	예서	『阮堂全集』卷6,「書圓嶠筆訣後」, 섭지선 선물 목록
	衡方碑	東漢	예서	『阮堂全集』卷6,「書圓嶠筆訣後」, 섭지선 선물 목록
	史晨碑	東漢	예서	『阮堂全集』卷7,「書示佑兒」
	郭有道碑	東漢	예서	『阮堂全集』卷6,「書圓嶠筆訣後」, 섭지선 선물 목록
	孔褒碑	東漢	예서	섭지선 선물 목록
	尹宙碑	東漢	예서	섭지선 선물 목록
	白石神君碑	東漢	예서	『阮堂全集』卷3,「與權彝齋[二十二]」
	仙人唐公房碑	東漢	예서	섭지선 선물 목록
	受禪表碑	魏	예서	『阮堂全集』卷6,「書圓嶠筆訣後」
	張猛龍碑	北魏	해서	『阮堂全集』卷7,「書贈台濟」
	李仲璇修孔子廟碑	東魏	해서	『阮堂全集』卷7,「書贈台濟」
	曹植廟碑	隋	해서	『阮堂全集』卷5,「與人」
	皇甫君碑	唐	해서	『阮堂全集』卷4,「與沈桐庵[三]」
	化度寺碑	唐	해서	『阮堂全集』卷4,「與沈桐庵[三]」
	九成宮醴泉銘	唐	해서	『阮堂全集』卷4,「與沈桐庵」
	裴鏡民墓碑	唐	해서	『阮堂全集』卷6,「題金君奭準所藏裴鏡民碑帖後」
	虞恭公碑	唐	해서	『阮堂全集』卷4,「與沈桐庵[三]」
	伊闕佛龕碑	唐	해서	『阮堂全集』卷2,「答趙怡堂[三]」
	孟法師碑	唐	해서	『阮堂全集』卷8,「雜識」
	溫泉銘	唐	행서	『阮堂全集』卷4,「與金黃山」
	興福寺碑	唐	행서	『阮堂全集』卷4,「與金東籬」
	圭峰定慧禪師碑	唐	해서	『阮堂全集』卷4,「與沈桐庵[三]」
	元祐黨籍碑	北宋	해서	『阮堂全集』卷5,「與人」
	魯相謁孔廟殘碑	미상	예서	섭지선 선물 목록
	北漢山新羅眞興王巡狩碑	신라	해서	『阮堂全集』卷1,「新羅眞興王陵攷」, 『海東金石零記』
	黃草嶺眞興王巡狩碑	신라	해서	『阮堂全集』卷1,「眞興二碑攷」
	麟角寺普覺國師塔碑	고려	행서	『阮堂全集』卷4,「與金東籬」, 『海東金石零記』
	鍪藏寺址阿彌陀佛造像 事蹟碑	통일 신라	해서	『阮堂全集』卷4,「與金東籬」

분류	명칭	시대	서체	출처
	太宗武烈王陵碑	통일신라	전서	『海東金石零記』
	興法寺址眞空大師塔碑	고려	행서	『阮堂全集』 卷4, 「與吳生[二]」
	斷俗寺大鑑國師碑	고려	행서	『海東金石零記』
묘지명	刁遵墓誌	北魏	해서	『阮堂全集』 卷7, 「書贈台濟」
	高貞墓誌	北魏	해서	『阮堂全集』 卷7, 「書贈方老」
	洪寶銘	東魏	해서	『阮堂全集』 卷8, 「雜識」
	高湛墓誌	東魏	해서	『阮堂全集』 卷7, 「書贈方老」
	敬客墓誌	唐	해서	『阮堂全集』 卷6, 「題金君奭準所藏裴鏡民碑帖後」
	劉仕偰墓誌	唐	해서	『阮堂全集』 卷6, 「題祝允明秋風辭帖後」
묘표	金庾信墓表	조선	해서	『海東金石零記』
조상기	天統二年造像記	北齊	해서	『阮堂全集』 卷7, 「書贈方老」
화상석	武氏祠畵像石	東漢	예서	『阮堂全集』 卷2, 「與舍季[七]」, 섭지선 선물 목록
석각	五鳳刻石	西漢	예서	『阮堂全集』 卷2, 「答趙怡堂」
	開通襃斜道刻石	東漢	예서	『阮堂全集』 卷2, 「與吳閣監[二]」, 섭지선 선물 목록
	石門頌	東漢	예서	섭지선 선물 목록
	西狹頌	東漢	예서	『阮堂全集』 卷7, 「書示佑兒」, 섭지선 선물 목록
	熹平石經	東漢	예서	섭지선 선물 목록
	瘞鶴銘	梁	예서	『阮堂全集』 卷4, 「與沈桐庵[六]」
석등	雁足鐙	西漢	예서	『阮堂全集』 卷2, 「答趙怡堂」
	黃龍燈	西漢	전서	『阮堂全集』 卷2, 「答趙怡堂」
종명	聖德大王神鍾	통일신라	해서, 행서	『海東金石零記』
	焦山鼎銘	미상	전서	『阮堂全集』 卷8, 「雜識」
	牛鼎	미상	전서	국립중앙박물관, 『추사 김정희 : 학예 일치의 경지』, p.141.
	景龍觀鍾銘	唐	해서	『阮堂全集』 卷5, 「與人」
동경	元壽鏡銘	西漢	전서	『阮堂全集』 卷2, 「答趙怡堂」
기타	昌林寺無垢淨塔誌	통일신라	해서	조선총독부, 『경주 남산의 불적』, p.17.
	興國寺石塔	고려	해서	『海東金石零記』

위의 자료들을 통해 김정희는 파책이 거의 없는 서한 예서, 전서와 예서의 필의가 있는 위진남북조의 해

서, 당나라의 해서, 三代의 종정고관에 이르기까지 다양하게 소장했다는 것을 알 수 있다.[21] 김정희는 우리나라의 금석에도 큰 관심을 보였다는 것을 소장 자료에서 나타나고 있다. 〈북한산신라진흥왕순수비〉(이하 〈북한산비〉), 〈황초령진흥왕순수비〉(이하 〈황초령비〉), 〈인각사보각국사탑비〉, 〈흥법사지진공대사탑비〉, 〈경주무장사지아미타불조상사적비〉(이하 〈무장사비〉), 〈태종무열왕릉비〉 등이 그것이다.

이러한 폭넓은 금석 서예의 연구가 김정희 말년에 '추사체'가 형성되는 토대가 되었을 것이다. 또한 중국의 금석뿐만 아니라, 우리나라의 신라, 통일신라, 고려 시대에 이르기까지 한국의 금석에 많은 관심을 기울였던 것은 당시 조선의 서예가들에게서 볼 수 없는 아주 특별한 경우에 속한다고 하겠다. 위에서 소개한 소장 자료는 극히 일부라고 추측한다. 그러나 그의 금석학 연구와 서예 연구를 이해하는 데 있어 토대 자료로서 역할을 할 수 있다고 본다.

2) 금석문에 근거한 임서작

김정희는 연행 이전에는 주로 가학으로 글씨를 배웠고, 연행 이후에는 청나라 문사들과 교류하면서 지금까지 익히고 있었던 학습법이 잘못되었음을 깨닫고 한나라 예서와 북비로서 글씨의 원류를 알 수 있다는 것을 깨달았다.[22] 이후 '추사체'가 나오기 전 과정 중 하나로 김정희는 앞서 글씨의 원류라고 생각한 한나라 예서와 종정문을 臨書[23]한다. 遺傳되어오는 김정희의 임서작은 소수에 불과하지만 그가 어떤 금석문을 연구 대상으로 했고 어떤 방법으로 임서를 했는지를 고찰할 수 있는 자료라는 점에 주목할 필요가 있다.[24] 이제부터 김정희의 임서작을 주나라의 전서부터 동한의 예서순으로 살펴보자.

먼저 주나라의 전서로 쓴 임서작이다. 〈散氏盤銘〉(그림 4)는 청동 쟁반에 전서로 쓴 글씨다.

그림 4. 〈散氏盤銘〉, 周, 拓本

그림 5. 김정희, 〈臨散氏盤銘〉, 紙本墨

---

21) 김정희가 글씨를 따라야 한다고 『완당전집』에 언급한 것에 비하여 김정희가 소장한 자료에 대한 기록은 부족한 편이다. 하지만 鐘鼎古款 글씨를 지인들에게 권했던 기록이 남아 있는 것으로 보아 종정 글씨에 대한 연구 또한 상당했을 것이라 생각된다.

22) 金正喜, 『阮堂全集』 卷8, 「雜識」, "余自少有意於書, 廿四歲入燕, 見諸名碩, 聞其緖論, 撥鐙爲立頭第一義, 指法筆法墨法, 至於分行布白戈波點畫之法, 與東人所習大異, 漢魏以下, 金石文字, 爲累千種, 欲溯鍾索以上, 必多見北碑, 始知其祖系源流之所自."

23) 글씨를 배우는 학습법 중 하나로 원 글씨의 형태를 그대로 베껴 쓰는 形臨과 글자의 형태보다는 그 뜻과 정신에 초점을 둔 意臨이 있다.

이 반은 기원전 9세기 주나라 왕이 통치할 때 제작된 것으로, 내용은 矢國과 散國 사이의 토지 배상과 관련된 것이다. 김정희가 쓴 〈臨散氏盤銘〉(그림 5)는 意臨보다는 形臨에 가깝다. 글씨의 源流를 중시한 김정희는 隸法이 古文字에서 나온 것으로 보고 고문자를 임서한 것이다.

다음으로 파책이 없는 예서로 쓴 임서작을 살펴보자. 서한의 〈五鳳刻石〉(그림 6)을 임모한 〈臨五鳳刻石〉(그림 7)은 파책이 없는 서한의 예서, 즉 古隸[25]로 썼으며 形臨에 가깝다. 형임은 초학자가 필법과 자형

그림 6. 〈五鳳刻石〉, BC 56, 東漢, 拓本

그림 7. 김정희, 〈臨五鳳刻石〉일부, 紙本墨, 간송미술관

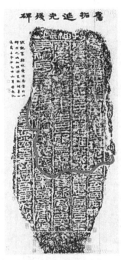

그림 8. 〈延光殘碑〉, 125, 東漢, 拓本

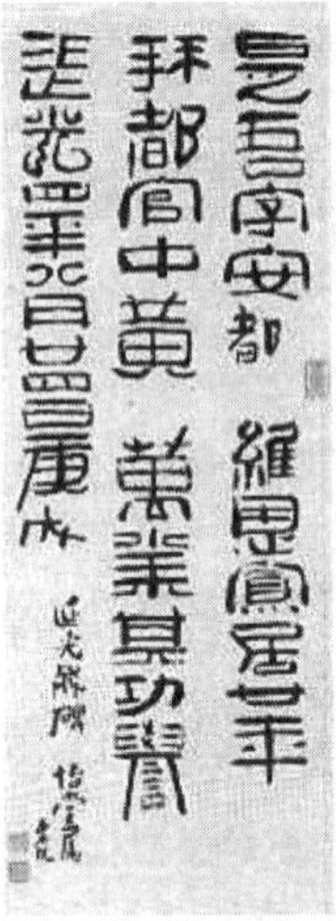

그림 9. 김정희, 〈臨延光殘碑〉일부, 紙本墨, 간송미술관

을 익히기 위한 학습법 중 하나이다. 대부분의 학서자는 글씨를 쓰는데 어느 정도 익숙한 단계에 이르면 형임을 그만두지만, 김정희는 초년부터 말년까지 예서를 성실히 임모했음을 알 수 있다.

〈臨延光殘碑〉(그림 9)에서 작품 관지에 쓴 '老阮'은 김정희가 말년에 쓴 글씨임을 말해준다. 이것은 고예로 쓴 동한의 〈延光殘碑〉(그림 8) 하단을 임서한 것이다. 원비의 주된 서체는 고예이지만 繆篆의 필의가 있어 과도기적 특징을 보이는데 김정희의 임서도 그러하다. 〈연광잔비〉[26]에 대해서 청나라 비평가 강유위도 예서와 전서의 사이에 있는 글씨로 '繆篆'[27]과 같다고 했다.[28] 〈임연광잔비〉의 글자들은 대부분 예서로 쓰기도 했지만 '都'자처럼 좌측변은 전서, 우측변은 예서의 자체를 섞어 쓰기도 했다. 또 '業', '光'자는 무전과 같이 전서도 예서도 아닌 인장에서 쓰이는 구불구불한 전서로 썼다. 반면에 예서와 전서에서 찾아볼 수 없는 '譽', '延'자는 〈연광잔비〉에서만 볼 수 있었던 독특한 字體로 보인다.

김정희가 일부만 임서했기 때문에 원비와 모든 글자를 비교하는 것은 불가능하다. 그러나 부분 임서만 보아도 필획, 결구, 장법이 잘 조율된 느낌을 주고 있으며 회화적 성격도 띠고 있다. 결과적으로

---

24) 이 장의 김정희 임서 및 창작 글씨는 국립중앙박물관, 2006, 『秋史 김정희 : 學藝 일치의 경지』, 국립중앙박물관; 과천문화원, 2007, 『후지츠카 기증 추사자료전 II 秋史와 韓中交流』, 과천문화원; 제주추사관, 2010, 『海國에 먹물은 깊고 : 제주추사관 개관전』, 제주특별자치도; 추사박물관, 2014, 『추사글씨현판 : 추사박물관 2014 하반기 기획전』, 추사박물관; 최완수, 2017, 『추사 명품』, 현암사; 국립한글박물관, 2018, 『명필을 꿈꾸다』, 국립한글박물관에서 발췌했다.

25) 고예는 진나라의 소전에서 파책이 있는 예서로 가는 과정의 과도기적 특징을 지니고 있다.

김정희에게 임서는 단순한 모방이 아니라, 창작으로 이어지는 중요한 교량이었다는 것을 이 임서작에서 알 수 있다.

동한의 〈夏承碑〉(그림 10)를 임서한 〈臨夏承碑〉(그림 11)는 김정희 예산 종가에서 전해지는 작품이다. 〈하승비〉는 전서의 필의가 부분적으로 있는 東漢의 예서인데 파책이 짧은 것이 특징이다. 원비와 김정희의 임서작이 일치할 정도로 형임인 것으로 보아 이른 시기에 임서한 것으로 추정된다. 김정희는 파책이 없는 서한 예서를 추구하였으나 이 임서작으로 인해 학습 과정에서는 파책이 있는 동한 예서도 공부했음을 알 수 있다.

동한의 〈尹宙碑〉(그림 12)를 임서한 〈臨尹宙碑〉(그림 13)[29]는 앞에서 본 〈하승비〉 임서 글씨

그림 10. 〈夏承碑〉, 170, 東漢, 拓本

그림 11. 김정희, 〈臨夏承碑〉, 紙本墨, 예산 김정희 종가, 보물 547호

와 비교해 보면 意臨이므로 그것보다 늦은 시기의 글씨로 추정된다. 김정희의 임서작은 원비와는 다르게 획이 자유분방하고 거칠어 창의적인 임서로 볼 수 있다. 김정희의 임서는 시기가 늦을수록 서풍이 독특하다. 특히 이 작품은 필법과 결구의 변화가 많아 '추사체'의 시작으로 볼 수 있는 작품이다.

지금까지 살핀 김정희의 초년에서 말년까지 임서작을 보면 한나라 예서를 중시하여 학습하되 서한 예서 즉, 전서의 필의가 많으며 파책이 적고 고박하고 힘차며 古風을 지닌 예서풍으로 의임했음을 알 수 있다. 김정희의 임서는 초반에는 形臨

그림 12. 〈尹宙碑〉, 177, 東漢, 拓本
그림 13. 김정희, 〈臨尹宙碑〉, 印畵本, 과천추사박물관

---

26) 〈연광잔비〉의 다른 명칭은 〈都官是吾碑〉이다.

27) 인장을 모각한 전서로 물결처럼 구불구불한 전서다.

28) 蘇士澍, 2000, 『中國書法藝術』, 文物出版社, p.132.

29) 〈臨尹宙碑〉는 원본이 아니고 후지츠카가 기증한 22매의 사진 인화본 일부이다. 필자가 확인한 바로는 첩으로 엮는 과정에서 九와 於의 순서가 바뀌었다.

이고 말년으로 갈수록 意臨으로 자신만의 색깔을 찾아 나갔다. 이러한 폭넓은 금석 서예 연구와 꾸준한 임서를 통한 학습이 '추사체' 형성의 밑바탕이 되었을 것이다.

3) 금석문에 근거한 창작

앞서 보았듯이 김정희는 金文, 碑, 銅鏡 등 다양한 금석문의 명문을 학습하고 임서했다. 임서작은 形臨부터 意臨에 이르렀고, 의임에서 이미 '추사체'의 특징적인 요소가 나타난다. 따라서 이 절에서는 김정희의 금석 서예학을 바탕으로 한 '추사체'의 형성 과정을 비석과 현판 글씨를 중심으로 살펴보고자 한다.

앞서 언급했듯 김정희는 연행 후 금석학과 고증학에 눈을 뜨게 된다. 청나라 문인들과 서신을 주고받으며 조선의 금석학을 알리고 조선과 중국의 금석 자료들을 교환했다. 또 김정희는 금석문의 수집과 완상에만 그치지 않고 〈북한산비〉의 답사와 그 이후로 경주 답사를 통해 〈무장사비〉, 〈문무왕릉비〉 등을 직접 발견하고 고증하며 학문의 깊이를 더해갔다.

〈북한산비〉(그림 14)는 568년 신라 24대 진흥왕(534-576)이 백제를 물리치고 한강 유역을 차지한 것을 기념하기 위해 세웠다. 김정희가 고증하기 전에는 무학대사비로 잘못 알려져 왔고 이후 김정희가 두 번 방문하여 〈북한산비〉임을 밝혔고 그 과정을 비의 우측면에 기록해 놓았다. 그 내용은 1816년 김정희가 김경연과 북한산 승가사에 놀러 갔다가 비봉의 꼭대기에 있는 이 비를 발견하고 판독한 결과 순수비임을 밝혔고, 1817년에 조인영과 함께 다시 와서 비문의 68자를 판독했다[30]는 것이다. 1행은 행서의 필의가 있는 해서로 썼고, 3행은 고예로 썼다. 이 고예는 김정희가 한결같이 추구하고 공부했던 고박한 글씨다.

그림 14. 〈北漢山新羅眞興王巡狩碑〉, 555, 신라, 拓本

그림 15. 김정희, 〈芬皇寺和諍國師碑跌〉, 1190, 고려, 拓本

---

30) "此新羅眞興大王巡狩之碑丙子七月金正喜金敬淵來讀」己未八月二十日李濟鉉龍仁人」丁丑六月八日金正喜趙寅永同來審定殘字六十八字」". 여기서 2행의 "용인 사람 이제현"은 김정희의 방문과는 관련 없는 인물로 1859년 후대에 새긴 것으로 추정된다. 이무영, 2021, 『용인이씨대종회 50년사』, 용인이씨대종회, p.147 참조.

〈북한산비〉는 예서의 필의가 많은 원필의 해서로 쓰였다. 김정희도 이 비를 "서체는 예서와도 비슷하고 해서와도 비슷한데 육조시대의 서법이다. 오히려 옛 법규를 거슬러 따라 쓰며 파책이 없어 연묘하다."[31]고 했다. 김정희의 방각 중 3행의 글씨가 〈북한산비〉의 서풍과 흡사한데 이는 김정희가 〈북한산비〉의 분위기에 맞춰 썼을 가능성이 있다.

〈분황사화쟁국사비부〉(그림 15)(이하 〈화쟁국사비〉)는 분황사 터에 방치 되었던 것을 찾아내어 김정희가 "此和靜國師之碑跗」金正喜"라고 새긴 것이다. 이것 또한 〈북한산비〉에 새긴 시기와 비슷하며 서풍 또한 유사함을 볼 수 있다.

이후 김정희는 1817년 경주에서 801년에 세워진 〈무장사비〉도 조사하여 비편을 발견했다. 현재 3편[32]이 전해지는 이 비는 통일신라 昭聖王(재위 798-800)의 왕비 桂花王后가 소성왕의 명복을 빌기 위해 아미타불상을 만들고 비를 세운 것이다. 〈그림 16〉은 조사와 더불어 처음 발견한 두 편의 측면에 발견 경위와 감회를 기록했다. 좌측 편에는 무성한 잡초 속에서 깨진 돌 한 조각을 찾았고, 옹방강이 왕희지 집자비라 했다고 적었다.[33] 우측 편에는 저승에 있는 성원, 즉 옹수곤과 金石之緣을 함께 나누지 못한 그리운 마음을 새겼다.[34] 두 글씨 모두 파책이 있는 동한 예서다.

김정희는 발견 당시 金陸珍(생졸 미상)이 왕희지 글씨를 따라 썼다고 판단하고 옹방강에게 의견을 구하는데[35] 옹방강이 원비에서 '崇'자가 왕희지 〈난정서〉의 '崇'자와 일치한

그림 16. 김정희, 〈鍪藏寺址阿彌陀佛造像事蹟碑〉 傍刻, 1817, 통일신라, 拓本

다는 의견을 받은 후 이 비편에 그것을 새긴 것이다. 또 옹수곤의 사망 시기는 1815년, 비의 발견 시기는 1817년, 옹방강 사망 시기는 1818년으로 김정희는 두 부자의 사망 전후로 학연을 끊임없이 이어갔음을 이 방각을 통해 알 수 있다. 이와 같이 김정희는 자신의 서체를 창출하기 전 조선과 중국의 자료를 모으고 글

31) 金正喜, 『阮堂全集』 卷3, 「書牘」, "且其書體似隸似楷, 是六朝書法, 尙沿古規, 不破體爲姸妙者."

32) 3편의 발견 과정은 정현숙, 2022, 『통일신라의 서예』, 다운샘, p.179 참조.

33) "此碑舊只一段而已余來此窮搜又得斷石一段於荒」莽中不勝驚喜叫絶也仍使兩石合璧珠聯移置」寺之後廊俾免風雨此石書品當在白月碑上蘭」亭之崇字三點唯此石特全翁覃溪先生以此碑」爲證東方文獻之見稱於中國無如此碑余摩挲三」復重有感於星原之無以見下段也」丁丑四月卅九日金正喜題識"

34) "此石當係左段何由起」星原於九原共此金」石之緣得石之日」正喜又題手」拓而去"

35) 옹방강·옹수곤, 2010, 앞의 책, p.26.

씨의 고증과 임서를 반복하며 서체의 원류를 체득하기 위해 끊임없이 노력했다.

〈그림 17〉, 〈그림 18〉, 〈그림 19〉, 〈그림 20〉은 비석의 예서 글씨로서 제주도 유배 이전과 제주도 유배 시절, 제주도 유배 이후의 특징을 한눈에 비교해 볼 수 있는 자료다. 네 개의 비문은 모두 비문의 형식을 갖추어야 하므로 전체적인 장법은 가지런한 편이다.

그림 17. 김정희, 〈貞夫人光山金氏之墓〉, 1833, 拓本

그림 18. 김정희, 〈金聲鎰墓碣〉, 1848, 拓本

그림 19. 김정희, 〈淑人尙山黃氏墓表〉, 1849, 拓本

그림 20. 김정희, 〈金福奎·金箕鍾孝子旌閭碑〉, 1855, 拓本

각각의 서풍을 살펴보면 〈貞夫人光山金氏之墓〉(그림 17)은 가지런한 정방형의 동한 예서풍으로 썼다. 그러나 파책을 절제하면서 글씨의 형태를 최대한 확장 시키고 있다는 점에서 서한의 고예를 닮았다. 이러한 양면성을 보이는 것은 제주도 유배 이전 김정희 예서의 특징으로 보인다. 〈金聲鎰墓碣〉(그림 18), 〈淑人尙山黃氏墓表〉(그림 19)은 제주도 유배기에 쓴 예서로 〈그림 18〉은 장방형의 고예풍, 〈그림 19〉는 절제된 파책의 예서풍이다. 〈金福奎·金箕鍾孝子旌閭碑〉(그림 20)는 글자의 대소나 획의 장단에 변화가 많은 결구를 취하고 있다. '朝'자, '鮮'자, '贈'자, '旌'자 등에서 좌변을 지나치게 크게 써 비대칭적인 결구를 보인다.

지금까지 살핀 예서 작품들로 보면 절제된 파책 등 고예 서풍을 추구하였다. 제주도 유배기부터 이미 '추사체'의 특징이 보이기 시작하는데 유배 이후 그것이 눈에 띄게 드러난다.[36]

앞서 비석 글씨에서 보았듯이 김정희의 글씨는 제주도 유배 이전과 유배 시기, 해배 후에 글씨의 변화가 확연함을 알았다. 여기에서는 현판 글씨에도 이런 변화가 있는지 살펴보고자 한다.

---

36) 정현숙, 2019, 『서화, 그 문자향 서권기』, 다운샘, p.83.

기년이 확실한 작품 중 가장 이른 현판은 〈玉山書院〉(그림 21)이다. 제주도 유배 전의 글씨로 晦齋 李彦迪(1491-1553)의 위패를 모신 옥산서원에 걸려 있다. 현판 말미에 1574년에 처음 현판을 하사하였는데 266년 뒤

그림 21. 김정희, 〈玉山書院〉, 1839, 懸板

인 1839년에 화재로 다시 써서 하사한다는 내용이 있다.[37] 전체적인 글씨의 서풍은 정갈한 원필의 해서로 쓴 글씨에는 해배 후에 보이는 김정희 특유의 서풍이나 기교는 찾기 힘들다.

그림 22. 김정희, 〈無量壽閣〉, 1840년, 拓本

〈무량수각〉(그림 22)은 김정희가 1840년 제주도 유배지로 가는 길목에 해남 대둔사에 있는 오랜 벗 초의선사를 만나고 초의선사에게 써 준 글씨이다. 이 현판은 예서체에 한껏 멋을 부리고 획은 기름지고 윤기가 난다.

〈留齋〉(그림 23)는 김정희의 제자 留齋 南秉吉(1820-1869)의 호를 쓴 것이다. 〈유재〉는 渾厚한 필획으로 '留'자는 예서로, '齋'자는 전서로 썼다. 발문은 해서로 썼는데 파책은 예서의 필법이다. 이것은 제주도 유배 이전에는 볼 수 없는 방식으로 한 작품에 三體를 자유자재로 써 글씨의 변화무쌍함을 잘 표현했다.

그림 23. 김정희, 〈留齋〉, 拓本v

김정희는 유배 이후 주로 서한 예서를 강조하며 공부했던 금석기가 있는 고예의 필의를 지닌 글씨를 많이 쓰면서 자신만의 개성 있는 서풍을 표현했다.

〈詩禮古家〉(그림 24)는 '老果(과천의 노인)' 라는 호를 써 말년의 글씨임을 말해준다. 전반적으로 파책이 절제되고 고졸한 고예의 필의로 썼다. 특히 '禮'자에서 획의 대소장단의 변화는 작품 전체에 율동성을 더해준다. 획이 간단한 '古'자는 오히려 작게 써 여백을 확보함으로써 시원

그림 24. 김정희, 〈詩禮古家〉, 拓本

---

37) "萬曆甲戌 賜額後 二百六十六年 己亥失火 改書宣賜."

스러움을 느낄 수 있다.

〈小窓多明〉(그림 25)은 더욱 변화무쌍
하다. '小'자와 '窓'자는 전서로, 나머지는
예서로 썼다. 서체를 혼용하는 것은 제주
도 유배기 이후 글씨의 특징 중 하나로 점
획·결구·장법을 인위적이지 않고 자연스
럽게 본인의 뜻에 따라 썼다. 이런 작품들

그림 25. 김정희, 〈小窓多明〉, 拓本

은 최근 국내외 학계에서 雜體書[38] 또는 合體書[39]라고도 표현하나 위에서 살핀 김정희의 작품들은 본인의
뜻에 따라 쓴 '추사체'의 특징 중 하나로 볼 수 있다.

〈逍遙庵〉(그림 26)에서는 변화가 두드러진다. 김정희는 佛家의 요청으로 불교와 관련된 글을 많이 썼는

그림 26. 김정희, 〈逍遙庵〉, 拓本

데 이것이 그중 하나이다. 소요암은 전북 부안 변산에 있
는 암자로 추측되나 확실하지 않다. 이 작품은 제주도 유
배기에 쓴 것으로 추측되며 획의 굵기와 결구에 변화가
많아 '추사체'의 분위기가 느껴진다. 이처럼 예서뿐만 아
니라 해서에서도 정연함에서 추사풍으로의 변화를 살필
수 있다.

지금까지 김정희 비석과 현판 글씨를 서체별, 연대별로 살펴보았다. 김정희는 한나라 예서와 북비를 글
자의 근원으로 여기고 평생 그것을 중심으로 연구했다. 초년에는 비윤하고 골기가 부족했으나 중년의 제주
유배기에 들어서서 비로소 골기가 생기고 글자의 대소장단에 특징이 있는 안정기에 접어든 서풍을 보여준
다. 말년에 이르러 다양한 서체를 해체·융합하여 조화롭게 본인만의 서풍을 표현했다.

Ⅳ. 맺음말

본 연구는 조선 후기와 말기의 서예 흐름과 청대 금석학과 비학을 통해 김정희의 금석학과 글씨를 조명
하였다. 금석학의 진원지인 중국은 송나라 때 시작된 금석학은 청대에 이론적인 체계를 갖춘 학문으로 발
전시켰으며, 아울러 금석에 새겨진 글씨를 서예에 응용하여 비학을 탄생시킨다. 이 시기에 김정희는 연행
을 통해 당시 금석학을 주도했던 옹방강과 완원을 만나 금석학과 서예를 익혔고, 향후 금석학과 비학은 '추

---

38) 한 가지 혹은 그 이상의 서체의 특징을 섞거나 혼합해서 새로운 서체를 만든 것이다. 청나라 정판교가 六分半書를 만든 것도
   이에 속한다. 기이한 변화를 나타내는 雲書, 鳥書, 人書, 花書 등 온갖 형상을 한 서체를 말하기도 한다(곽노봉·홍우기 엮음,
   2010, 앞의 책, pp.376-377).
39) 서예 미학적으로 두 개 또는 그 이상의 서체가 각각의 서체 또는 합체자로 구성된 서사물이다(강주현, 2022, 「추사 김정희 합
   체서의 기괴미학적 연구」, 성균관대학교 석사학위논문, p.41).

사체'를 형성하는 토대를 마련해주었다. 따라서 필자는 양국의 금석학과 비학의 발전과정을 축으로 김정희의 금석학과 '추사체'와의 상관관계를 심층적으로 밝혔다.

조선 후기를 기점으로 18세기와 19세기의 역사적, 문화사적 배경의 중심에는 중국 연행이 있었다. 연행으로 조선은 청나라와 긴밀한 문화 교류를 하고 김정희 또한 이 연행으로부터 그의 학문과 서예 전반에 큰 전환점을 맞게 된다. 이때 김정희 고증학과 예술론이 형성되는데, 특히 옹방강, 완원, 옹수곤 등과의 교류는 조선의 금석학을 알리는 한편 김정희의 학문과 예술의 범위를 넓혀가게 된다.

이러한 교류를 바탕으로 김정희의 금석학이 그의 글씨, 특히 임서작과 비석 글씨, 현판 글씨에 어떤 영향을 미쳤는지 살펴보았다. 서체별로 살펴보기 이전에 김정희가 소장했거나 직접 보았을 법한 금석 자료들을 찾아보았다. 김정희가 선물 받거나 수집한 금석 자료들이 청나라 문화를 흡수하는 데 도움이 되었을 것이라고 착안했고, 이로 인해 김정희가 말년까지 추구했던 학서 과정인 임서작들을 살펴보며 '추사체'의 근원을 확인할 수 있었다.

이러한 학서 과정은 '추사체'라고 불리는 비석과 현판 글씨에 고스란히 적용된다. 김정희의 글씨에는 합체와 이체자가 많다. 전서와 예서를 융합하고 예서와 해서를 융합하여 다양한 서풍을 창출해내고 있다. 그리고 금석학을 연구하면서 얻은 문자학적 지식을 그대로 서예에 반영하여 의외적이고 해학적인 작품을 탄생시켰다. 김정희의 예술적 기질은 비석류의 글씨에서도 잘 표현되어 있다. 김정희의 비석 글씨는 규범적이거나 경직되어 있지 않고, 현판과 간찰 글씨 못지않게 자유분방하다. 이와 같은 학서 과정과 기질적 특성 등은 '추사체'를 이루게 한 단초가 되었다고 생각한다.

투고일: 2023.10.31.   심사개시일: 2023.11.27.   심사완료일: 2023.12.11.

참고문헌

『成宗實錄』
『世宗實錄』
『阮堂全集』

강우방, 2001, 『한국미술, 그 분출하는 생명력』, 월간미술.
강주현, 2022, 「추사 김정희 합체서의 기괴미학적 연구」, 성균관대학교 석사학위논문.
과천문화원, 2007, 『秋史와 韓中交流』, 후지츠카 기증 추사자료전 II, 과천문화원.
곽노봉·홍우기 엮음, 2010, 『서론용어소사전』, 다운샘.
국립중앙박물관, 2006, 『추사 김정희 : 學藝 일치의 경지』, 국립중앙박물관.
국립한글박물관, 2018, 『명필을 꿈꾸다』, 국립한글박물관.
김홍길, 2002, 「추사 김정희의 예서 연구」, 원광대학교 석사학위논문.
박성아, 2011, 「추사 서체 형성에 대한 연구」, 경상대학교 석사학위논문.
박세영, 2019, 「현대 중국의 추사 김정희 이해 - 중국의 학회지 및 학위 논문을 중심으로」, 『人文研究』 89.
박철상, 2011, 「추사 김정희의 금석학 연구 -역사고증적 측면을 중심으로-」, 계명대학교 석사학위논문.
박철상, 2014, 「조선시대 금석학 연구」, 계명대학교 박사학위논문.
박현규, 2011, 「『海東金石零記』의 저자와 실상」, 『대동한문학』 35.
蘇士澍, 2000, 『中國書法藝術』, 文物出版社.
신재범, 2017, 「추사 예서의 조형미 연구」, 대전대학교 석사학위논문.
옹방강·옹수곤, 2010, 『海東金石零記 : 번역·영인』, 과천문화원.
劉奇, 2021, 「추사 김정희의 간찰 연구」, 원광대학교 박사학위논문.
유영복, 2004, 「추사 김정희의 예서 연원에 대한 연구」, 원광대학교 석사학위논문.
이무영, 2021, 『용인이씨대종회 50년사』, 용인이씨대종회.
이완우, 2007, 「추사 김정희의 예서풍」, 『미술자료』 76, 국립중앙박물관.
이은혁, 2008, 「추사 김정희의 예술론 연구」, 성신여자대학교 박사학위논문.
二玄社, 2001, 『서적명품총간3 : 漢II』, 二玄社.
임종현, 2001, 「추사 김정희의 한예 수용에 관한 연구」, 경기대학교 석사학위논문.
정현숙, 2019, 『서화, 그 문자향 서권기』, 다운샘.
정현숙, 2022, 『통일신라의 서예』, 다운샘.
정혜린, 2019, 『추사 김정희와 한중일 학술 교류』, 신구학원 신구문화사.
제주추사관, 2010, 『海國에 먹물은 깊고 : 제주추사관 개관전』, 제주특별자치도.
조병한 등 1인 외 4인, 2020, 『추사 김정희 연구』, 학자원.

최완수, 2017, 『추사 명품』, 현암사.

추사박물관, 2014, 『추사글씨현판』추사박물관 2014 하반기 기획전, 추사박물관.

〈Abstract〉

Epigraphy Based on Kim Jeong Hee's chusache

LEE, Eun-sol

This research paper aims to focus on the correlation between Chusa Kim Jeong-hee who is known as a scholar and a calligrapher in epigraphy in the Late Joseon Dynasty. Kim Jeong-hee is the person who developed a unique Chusa writing style after establishing diplomatic relations with China, which influenced Weng Fang-Gang(翁方綱) and Ruan Yuan(阮元). He has led the field of epigraphy and calligraphy. It has been widely proven in academia that his writing was developed based on epigraphy. However, a detailed approach to the relationship has never been discussed. Focusing on this subject, this paper aims to reveal the relationship between Kim Jeong-hee's epigraphy and writing style.

▶ Key words: Chusa, Chusa font, Chusache, Kimjeonghee, Epigraphy, Calligraphy, Unipue, Josun, Qing

문자자료 및 금석문 다시 읽기

지안 고구려비의 판독과 해석

지안 고구려비의 판독과 해석

강진원[*]

I. 머리말
II. 판독 및 교감
III. 해석
IV. 맺음말

〈국문초록〉

지안 고구려비에 관한 논의는 그간 다양하게 이루어졌으나, 아직 해명이 필요한 부분도 존재한다. 그 원인 중 하나는 판독을 두고 의견이 엇갈린 데 있다. 지안 고구려비를 통한 역사상 구명에 다가가기 위해서는 면밀한 판독이 선결되어야 한다. 따라서 이 글에서는 기왕에 제기된 견해를 종합하여 판독·교감과 아울러 해석을 시도하였다.

최근 지안 고구려비에 관한 연구가 뜸해졌다. 현재 심도 있는 학술 조사가 행해지기 어려운 상황 탓도 있을 것이다. 하지만 비가 갖는 역사적 비중을 고려하면, 이 글에서 이루어진 것과 같은 접근은 계속되어야 한다.

▶ 핵심어: 지안 고구려비, 판독, 교감, 해석, 비문

I. 머리말

지안 고구려비는 2012년 발견 이후 열띤 관심의 대상이 되었다. 광개토왕비와 충주 고구려비에 이어, 고

---

* 숙명여자대학교 역사문화학과 조교수

구려인이 남긴 또 하나의 석비가 세상에 모습을 드러냈기 때문이다. 지안 고구려비에 관한 다양한 논의가 이루어진 것은 당연한 결과이다.[1] 다만 그렇다고 하여 관련 문제가 모두 명쾌하게 밝혀진 것은 아니다. 이유는 여러 가지가 있겠으나, 석비에 어떠한 자가 새겨졌는지를 두고 의견이 엇갈린 점도 간과할 수 없다. 지안 고구려비를 통한 역사상 구명에 다가가기 위해서는 면밀한 판독이 선결되어야 한다.

이 글에서는 그 문제를 중점적으로 살펴보고자 한다. 물론 이전에 나름의 안을 제시한 적이 있으나,[2] 그간 여러 견해가 제기된 결과, 숙고해야 할 부분도 없지 않다. 따라서 그러한 면을 염두에 두고 사안에 접근하겠는데, 판독과 아울러 교감을 진행한 뒤, 해석을 시도할 것이다. 참고로 판독 및 해석을 제외한 쟁점 사안에 관한 연구사적 정리는 차치하고자 한다. 애초 목표한 바와 동떨어지기 때문이다.

II. 판독 및 교감

1. 판독

그간의 논의를 아울러 지안 고구려비를 판독하자면 다음과 같다.

---

1) 지안 고구려비에 관한 연구사 정리는 강진원, 2013b, 「신발견 〈集安高句麗碑〉의 판독과 연구 현황 -약간의 陋見을 덧붙여-」, 『木簡과 文字』 11, 한국목간학회; 余昊奎, 2016, 「韓·中·日 3國 學界의 〈集安高句麗碑〉 研究動向과 課題」, 『東方學志』 177, 延世大學校 國學研究院 참조.

2) 강진원, 2013b, 앞의 논문, p.110; 강진원, 2015, 「고구려 墓祭의 변화와 그 배경 -무덤 중시 풍조의 약화와 관련하여-」, 『사학연구』 117, 한국사학회, p.9; 강진원, 2017b, 「「集安高句麗碑文」 건국신화의 성립과 변천」, 『史林』 61, 首善史學會, pp.48-49.

10	9	8	7	6	5	4	3	2	1	
賣	守	▨	▨	▨	▨	[戶]	■	■	■	①
▨	墓	▨	▨	▨	▨	[守]	■	■	■	②
若	之	▨	▨	▨	▨	▨	■	■	■	③
違	民	▨	好	▨	▨	▨	▨	子	■	④
令	不	立	▨	[世]	▨	烟	各	河	世	⑤
者	得	碑	▨	室	[王]	戶	[墓]	伯	必	⑥
後	擅	銘	王	追	國	▨	烟	之	授	⑦
世	買	其	曰	述	罡	▨	戶	孫	天	⑧
▨	更	烟	自	先	上	▨	以	神	道	⑨
嗣	相	戶	戊	聖	太	▨	▨	靈	自	⑩
▨	[轉]	頭	▨	功	王	富	▨	祐	承	⑪
▨	賣	廿	定	勳	流	▨	河	護	元	⑫
看	雖	人	律	弥	平	▨	四	[假]	王	⑬
其	富	名	教	高	安	轉	時	蔭	始	⑭
碑	足	▨	內	[太]	賣	祀	祭	開	祖	⑮
文	之	示	發	烈	王	▨	祀	國	鄒	⑯
与	者	後	令	継	神	然	而	辟	牟	⑰
其	亦	世	更	古	亡	守	世	土	王	⑱
罪	不	自	脩	人	▨	墓	世	継	之	⑲
過	得	今	復	之	興	者	悠	胤	創	⑳
	其	以	各	慷	東	以	長	相	基	㉑
	買	後	於	慨	西	銘	烟	承	也	㉒

※ ■: 결손자, ▨: 미판독자, [ ]: 추독자

■■■■世必授天道自承元王始祖鄒牟王之創基也」■■■子河伯之孫神靈[3]祐[4]護[5][假[6]]蔭開國辟土継胤相承」

3) 靈(集安市博物館, 강진원, 여호규, 윤용구, 이성제, 홍승우, 耿鐵華, 孫仁杰, 林澐, 張福有, 정호섭, 김창석, 권인한, 안정준, 고광의), 龜(徐德源, 2013), ▨(선주선, 이도학, 徐建新, 기경량, 한상봉, 武田幸男)

4) 祐(集安市博物館, 강진원, 여호규, 윤용구, 홍승우, 耿鐵華, 徐德源, 孫仁杰, 林澐, 張福有, 정호섭, 권인한, 안정준, 고광의), 於(선주선, 이용현, 정현숙), 祚(윤재석), ▨(이도학, 이성제, 徐建新, 기경량, 한상봉, 武田幸男, 김창석)

5) 護(集安市博物館, 강진원, 여호규, 윤용구, 홍승우, 耿鐵華, 徐德源, 孫仁杰, 林澐, 張福有, 정호섭, 권인한, 안정준, 고광의), 乾(한상봉), 甄(선주선, 이도학, 조법종), ▨(이성제, 徐建新, 기경량, 武田幸男, 김창석)

6) 假(고광의, 선주선, 윤용구, 이용현, 임기환, 조법종, 홍승우, 徐建新, 孫仁杰, 張福有, 武田幸男, 기경량, 한상봉, 김창석, 권인한, 강진원), 蔽(集安市博物館, 여호규, 정호섭, 耿鐵華, 徐德源, 魏存成, 林澐, 안정준), 蕸(주보돈), ▨(이도학, 이성제)

■■■▨各⁷⁾[墓⁸⁾]烟戶以▨⁹⁾河流四時祭祀然而世¹⁰⁾悠¹¹⁾長烟」[戶¹²⁾][守¹³⁾]▨▨烟戶▨¹⁴⁾▨¹⁵⁾▨¹⁶⁾▨¹⁷⁾富¹⁸⁾▨¹⁹⁾▨
轉賣▨²⁰⁾▨²¹⁾守墓者以銘」▨▨▨▨▨[王²²⁾]國²³⁾岡上²⁴⁾太王²⁵⁾平²⁶⁾安²⁷⁾[太²⁸⁾]王神亡²⁹⁾▨興³⁰⁾東西」▨³¹⁾▨▨

---

7) 各(선주선, 강진원, 여호규, 윤용구, 홍승우, 徐建新, 孫仁杰, 林澐, 張福有, 기경량, 임기환, 정호섭, 김창석, 전덕재, 권인한, 안정준, 고광의), 宏(윤재석), 元(한상봉), ▨(集安市博物館, 이도학, 이성제, 耿鐵華, 武田幸男)

8) 墓(여호규, 강진원), 家(선주선, 이용현, 徐建新, 孫仁杰, 林澐, 張福有, 기경량, 김창석, 권인한, 안정준), 來(한상봉), ▨(集安市博物館, 윤용구, 이도학, 이성제, 홍승우, 耿鐵華, 임기환, 정호섭, 武田幸男, 전덕재, 고광의)

9) 此(集安市博物館, 耿鐵華, 徐建新, 徐德源, 孫仁杰, 林澐, 張福有), 安(윤용구, 고광의), 臨(조우연), 七(한상봉), ▨(강진원, 선주선, 여호규, 이도학, 이성제, 홍승우, 武田幸男, 기경량, 임기환, 정호섭, 김창석, 전덕재, 권인한, 안정준)

10) 世(강진원, 선주선, 여호규, 이도학, 윤용구, 홍승우, 徐建新, 孫仁杰, 林澐, 張福有, 武田幸男, 기경량, 임기환, 정호섭, 한상봉, 김창석, 전덕재, 권인한, 안정준, 고광의), 其.興(김경호), ▨(集安市博物館, 이성제, 耿鐵華)

11) 悠(강진원, 고광의, 여호규, 윤선태, 윤용구, 홍승우, 徐建新, 孫仁杰, 林澐, 張福有, 기경량, 임기환, 정호섭, 한상봉, 김창석, 전덕재, 권인한, 안정준), 脩(集安市博物館, 耿鐵華), 備(선주선, 이성제, 武田幸男), ▨(이도학)

12) 戶(강진원, 여호규, 윤용구, 홍승우, 耿鐵華·董峰, 張福有, 기경량, 김창석, 권인한, 고광의), ▨(集安市博物館, 선주선, 이도학, 이성제, 耿鐵華, 徐建新, 孫仁杰, 林澐, 임기환, 정호섭, 한상봉, 武田幸男, 전덕재, 안정준)

13) 守(강진원, 여호규, 기경량, 권인한), 亦(張福有), ▨(集安市博物館, 선주선, 윤용구, 이도학, 이성제, 홍승우, 耿鐵華, 徐建新, 孫仁杰, 林澐, 武田幸男, 임기환, 정호섭, 한상봉, 김창석, 전덕재, 안정준, 고광의)

14) 爲(윤용구, 권인한, 張福有, 고광의), ▨(集安市博物館, 강진원, 선주선, 여호규, 이도학, 이성제, 홍승우, 耿鐵華, 徐建新, 孫仁杰, 林澐, 武田幸男, 기경량, 임기환, 정호섭, 한상봉, 김창석, 전덕재, 안정준)

15) 劣(여호규, 윤용구, 권인한, 안정준, 고광의), 規(孫仁杰), 禁(張福有), 勢(조법종), ▨(集安市博物館, 강진원, 선주선, 이도학, 이성제, 홍승우, 耿鐵華, 徐建新, 林澐, 武田幸男, 기경량, 임기환, 정호섭, 한상봉, 김창석, 전덕재)

16) 甚(여호규, 윤용구, 전덕재, 권인한, 고광의), 舊(張福有), 禁(孫仁杰), ▨(集安市博物館, 강진원, 선주선, 이도학, 이성제, 홍승우, 耿鐵華, 徐建新, 林澐, 武田幸男, 기경량, 임기환, 정호섭, 한상봉, 김창석, 안정준)

17) 衰(여호규, 윤용구, 임기환, 전덕재, 권인한, 고광의), 民(張福有), 有(孫仁杰), ▨(集安市博物館, 강진원, 선주선, 이도학, 이성제, 耿鐵華, 徐建新, 林澐, 武田幸男, 기경량, 홍승우, 정호섭, 한상봉, 김창석, 안정준)

18) 富(集安市博物館, 강진원, 윤용구, 홍승우, 耿鐵華, 徐建新, 徐德源, 孫仁杰, 林澐, 張福有, 武田幸男, 기경량, 임기환, 정호섭, 한상봉, 김창석, 전덕재, 권인한, 안정준, 고광의), 當(여호규), 露(조법종), ▨(선주선, 이도학, 이성제)

19) 足(集安市博物館, 윤용구, 홍승우, 耿鐵華, 徐德源, 孫仁杰, 武田幸男, 정호섭, 한상봉, 전덕재, 권인한, 고광의), 買(여호규), 庶(張福有), ▨(徐建新, 林澐, 강진원, 선주선, 이도학, 이성제, 기경량, 임기환, 김창석, 안정준)

20) 數(윤용구, 여호규, 이성제, 권인한, 고광의), 雕?(조우연), 轉(孫仁杰), 韓(耿鐵華, 張福有), ▨(集安市博物館, 강진원, 선주선, 이도학, 홍승우, 徐建新, 徐德源, 林澐, 武田幸男, 기경량, 임기환, 정호섭, 한상봉, 김창석, 전덕재, 안정준)

21) 衆(윤용구, 권인한, 고광의), 買(孫仁杰), 穢(耿鐵華, 張福有), ▨(集安市博物館, 강진원, 선주선, 여호규, 이도학, 이성제, 홍승우, 徐建新, 林澐, 武田幸男, 기경량, 임기환, 정호섭, 한상봉, 김창석, 전덕재, 안정준)

22) 王(강진원, 선주선, 윤용구, 이성제, 기경량, 한상봉, 전덕재, 고광의), 唯(耿鐵華, 魏存成, 林澐, 張福有), 主?(노중국, 주보돈), ▨(集安市博物館, 여호규, 이도학, 홍승우, 徐建新, 徐德源, 孫仁杰, 武田幸男, 임기환, 정호섭, 김창석, 권인한)

23) 國(강진원, 선주선, 여호규, 윤용구, 홍승우, 耿鐵華, 徐建新, 徐德源, 孫仁杰, 魏存成, 林澐, 張福有, 임기환, 정호섭, 김창석, 전덕재, 권인한, 안정준, 고광의), ▨(集安市博物館, 이도학, 이성제, 武田幸男, 기경량, 한상봉)

24) 上(강진원, 선주선, 여호규, 윤용구, 이도학, 이성제, 홍승우, 耿鐵華, 徐建新, 孫仁杰, 魏存成, 張福有, 기경량, 임기환, 정호섭, 한상봉, 김창석, 전덕재, 권인한, 안정준, 고광의), ▨(集安市博物館, 林澐, 武田幸男)

25) 故(徐德源), 國(선주선, 윤용구, 전덕재, 고광의), 號(孫仁杰, 張福有), ▨(集安市博物館, 耿鐵華, 徐建新, 林澐, 강진원, 여호규, 이도학, 이성제, 홍승우, 武田幸男, 기경량, 임기환, 정호섭, 한상봉, 김창석, 권인한, 안정준)

26) 平(강진원, 선주선, 여호규, 윤용구, 이성제, 홍승우, 徐建新, 孫仁杰, 魏存成, 張福有, 기경량, 임기환, 김창석, 전덕재, 권인한, 안정준, 고광의), 國(徐德源), 乎(林澐), ▨(集安市博物館, 이도학, 정호섭, 耿鐵華, 武田幸男, 한상봉)

▨[世³²⁾]室³³⁾追述先聖功勳弥高悠³⁴⁾烈継古人之慷慨」▨▨▨好³⁵⁾▨³⁶⁾▨³⁷⁾王³⁸⁾曰³⁹⁾自戊⁴⁰⁾定律教內⁴¹⁾發令更⁴²⁾脩
復各於」▨▨▨▨立碑銘其烟戶頭卄人名⁴³⁾示後世自今以後」守墓之民不得擅買⁴⁴⁾更相[轉⁴⁵⁾]賣雖富足之者亦不

---

27) 安(강진원, 선주선, 윤용구, 이성제, 홍승우, 孫仁杰, 魏存成, 張福有, 전덕재, 권인한, 고광의), 原(徐德源), ▨(集安市博物館, 여호규, 이도학, 耿鐵華, 徐建新, 林澐, 武田幸男, 기경량, 임기환, 정호섭, 한상봉, 김창석, 안정준)

28) 太(강진원, 선주선, 여호규, 윤용구, 홍승우, 孫仁杰, 魏存成, 林澐, 張福有, 기경량, 김창석, 전덕재, 권인한, 안정준, 고광의), 王(徐德源), 元(정현숙), 元.六?(주보돈), ▨(集安市博物館, 이도학, 이성제, 耿鐵華, 徐建新, 武田幸男, 임기환, 정호섭, 한상봉)

29) 亡(강진원, 여호규, 윤용구, 기경량, 임기환, 김창석, 정호섭, 전덕재, 권인한, 안정준, 고광의), 廟(선주선), 武(孫仁杰, 林澐, 張福有), 亠(이성제), ▨(集安市博物館, 이도학, 홍승우, 耿鐵華, 徐建新, 武田幸男, 한상봉)

30) 興(集安市博物館, 이도학, 耿鐵華, 徐德源, 孫仁杰, 林澐, 張福有, 武田幸男, 김창석, 한상봉), 與(徐建新, 선주선)

31) 廟(윤용구, 고광의), 祠(김창석, 권인한), 卄(林澐, 張福有), ▨(集安市博物館, 강진원, 선주선, 여호규, 이도학, 홍승우, 耿鐵華, 徐建新, 孫仁杰, 武田幸男, 기경량, 임기환, 정호섭, 한상봉, 전덕재, 안정준)

32) 世(강진원, 여호규, 이성제, 정호섭, 권인한), 故(林澐, 張福有), ▨(集安市博物館, 선주선, 윤용구, 이도학, 홍승우, 耿鐵華, 徐建新, 孫仁杰, 武田幸男, 기경량, 임기환, 한상봉, 김창석, 전덕재, 안정준, 고광의)

33) 室(강진원, 여호규, 윤용구, 이성제, 정호섭, 권인한, 고광의), 國(徐建新, 孫仁杰, 魏存成, 林澐, 張福有, 안정준), 以(한상봉), ▨(集安市博物館, 선주선, 이도학, 홍승우, 耿鐵華, 武田幸男, 기경량, 임기환, 김창석, 전덕재)

34) 悠(集安市博物館, 강진원, 윤용구, 이도학, 이성제, 홍승우, 耿鐵華, 孫仁杰, 武田幸男, 임기환, 전덕재, 고광의), 怵(선주선, 여호규, 林澐, 張福有, 기경량, 정호섭, 김창석, 권인한, 안정준), ▨(徐建新, 한상봉)

35) 好(강진원, 여호규, 윤용구, 이성제, 기경량, 임기환, 안정준, 고광의), 癸(林澐), 丁(선주선, 정현숙, 孫仁杰, 張福有, 한상봉, 권인한), ▨(集安市博物館, 이도학, 홍승우, 耿鐵華, 徐建新, 徐德源, 魏存成, 武田幸男, 정호섭, 김창석, 전덕재)

36) 國(조우연), 卯(이용현, 선주선, 정현숙, 孫仁杰, 魏存成, 林澐, 張福有, 한상봉, 권인한), 太(여호규, 윤용구, 이성제, 고광의), 好(徐德源), ▨(集安市博物館, 강진원, 이도학, 홍승우, 耿鐵華, 徐建新, 武田幸男, 기경량, 임기환, 정호섭, 김창석, 전덕재, 안정준)

37) 聖(윤용구, 이성제, 고광의), 歲(孫仁杰, 魏存成, 林澐, 張福有, 권인한), 年(선주선, 정현숙, 한상봉), 罡(조우연), 太(이용현, 徐德源), ▨(集安市博物館, 강진원, 여호규, 이도학, 홍승우, 耿鐵華, 徐建新, 武田幸男, 기경량, 임기환, 정호섭, 김창석, 전덕재, 안정준)

38) 王(강진원, 여호규, 윤용구, 이성제, 기경량, 임기환, 김창석, 전덕재, 안정준, 고광의), 刊(선주선, 이용현, 정현숙, 孫仁杰, 魏存成, 林澐, 張福有, 한상봉, 권인한), 先(조우연), ▨(集安市博物館, 이도학, 홍승우, 耿鐵華, 徐建新, 武田幸男, 정호섭)

39) 曰(강진원, 여호규, 윤용구, 이성제, 기경량, 김창석, 전덕재, 안정준, 고광의), 石(선주선, 이용현, 정현숙, 徐建新, 孫仁杰, 魏存成, 林澐, 張福有, 한상봉, 권인한), 王(조우연), 囙.囚(김경호), ▨(集安市博物館, 이도학, 홍승우, 耿鐵華, 武田幸男, 임기환, 정호섭)

40) 申(조법종, 徐建新, 林澐, 張福有,), 年(徐德源), 午(고광의, 윤용구, 이성제), 子(공석구, 선주선, 여호규, 조우연, 주보돈, 孫仁杰, 武田幸男, 기경량, 한상봉, 김창석, 전덕재, 안정준), ▨(集安市博物館, 耿鐵華, 魏存成, 강진원, 이도학, 홍승우, 임기환, 정호섭, 권인한)

41) 內(강진원, 선주선, 여호규, 윤용구, 이도학, 홍승우, 徐建新, 武田幸男, 기경량, 임기환, 정호섭, 한상봉, 김창석, 전덕재, 권인한, 안정준, 고광의), 遣(耿鐵華), 今(조우연), 言(이성제, 孫仁杰, 張福有), ▨(集安市博物館, 林澐)

42) 更(강진원, 선주선, 여호규, 윤용구, 이성제, 홍승우, 임기환, 김창석, 전덕재, 권인한, 안정준, 고광의), 其(集安市博物館, 이도학, 耿鐵華, 徐建新, 徐德源, 孫仁杰, 林澐, 武田幸男, 기경량, 한상봉), 並(張福有), ▨(정호섭)

43) 以(集安市博物館, 윤용구, 홍승우, 耿鐵華, 徐建新, 徐德源, 孫仁杰, 武田幸男, 기경량, 임기환, 정호십, 한상봉, 전덕재, 권인한, 안정준, 고광의), 宣(魏存成, 張福有), 垂(여호규), 是(선주선), ▨(강진원, 이도학, 이성제, 林澐, 김창석)

44) 買(강진원, 여호규, 윤용구, 이성제, 홍승우, 徐建新, 張福有, 기경량, 임기환, 정호섭, 김창석, 전덕재, 권인한, 안정준, 고광의), 与(한상봉), 自(集安市博物館, 耿鐵華, 徐德源, 孫仁杰, 林澐, 이도학), ▨(선주선, 武田幸男)

45) 轉(集安市博物館, 강진원, 선주선, 여호규, 이도학, 이성제, 耿鐵華, 徐德源, 孫仁杰, 林澐, 武田幸男, 기경량, 김창석, 전덕재, 권인한), 擅(徐建新, 張福有, 윤용구, 홍승우, 임기환, 정호섭, 한상봉, 안정준, 고광의)

得其買」賣▨⁽⁴⁶⁾若⁽⁴⁷⁾違令者後世▨⁽⁴⁸⁾嗣▨⁽⁴⁹⁾▨⁽⁵⁰⁾看其碑文與其罪過

2. 교감

판독 과정에서 다양한 의견이 제기된 자를 대상으로 교감하면 다음과 같다.

2-⑩: 靈

사진	朱榮順 拓本A	于麗群 拓本B	朱榮順 拓本A 반전	후한 北海相景 郡碑陰	후한 石門頌	후한 衡方碑

∴ 오늘날 통용되는 '靈'에 비해 상부 '雨'字의 크기가 큰데, '靈'의 예서 가운데 이러한 사례가 확인된다.

2-⑪: 祐

사진	朱榮順 拓本A	江化國· 李光夫 拓本2	于麗群 拓本B	朱榮順 拓本A 반전	후한 北海相景 君碑陰	후한 禮器碑

∴ 좌변 하단으로 삐침(丿) 획이 확인되고, 사진에서 볼 때 좌변에서 '衤'의 형상이 나타나며, 우변 하단은 '二'·'匸' 내지 '口'의 형상을 띄고 있으므로 '祐'가 타당하다.

---

46) 若(전덕재), 如(集安市博物館, 선주선, 耿鐵華, 徐德源, 孫仁杰), 因(여호규, 권인한), 向(張福有), ▨(강진원, 윤용구, 이도학, 이성제, 홍승우, 徐建新, 林澐, 武田幸男, 기경량, 임기환, 정호섭, 한상봉, 김창석, 안정준, 고광의)

47) 若(강진원, 노중국, 여호규, 이경미, 徐建新, 林澐, 張福有, 기경량, 김창석, 권인한, 안정준), 各(정현숙), 有(集安市博物館, 선주선, 윤용구, 이도학, 耿鐵華, 徐德源, 孫仁杰, 武田幸男, 전덕재, 고광의), 者(한상봉), ▨(홍승우, 임기환, 정호섭)

48) 繼(여호규, 윤용구, 耿鐵華, 孫仁杰, 張福有, 武田幸男, 임기환, 정호섭, 한상봉, 전덕재, 권인한, 고광의), ▨(集安市博物館, 강진원, 선주선, 이도학, 이성제, 홍승우, 徐建新, 林澐, 기경량, 김창석, 안정준)

49) 幷(耿鐵華), 守(전덕재), 之(徐建新, 孫仁杰, 張福有, 武田幸男, 김창석, 권인한), ▨(集安市博物館, 강진원, 선주선, 윤용구, 여호규, 이도학, 이성제, 홍승우, 林澐, 기경량, 임기환, 정호섭, 한상봉, 안정준, 고광의)

50) 墓(윤용구, 전덕재, 고광의), 罰(耿鐵華), 王(武田幸男), 者(孫仁杰, 張福有, 권인한), ▨(集安市博物館, 강진원, 선주선, 여호규, 이도학, 이성제, 홍승우, 徐建新, 林澐, 기경량, 임기환, 정호섭, 한상봉, 김창석, 안정준)

2-⑫: 護

사진	朱榮順 拓本A	江化國· 李光夫 拓本2	于麗群 拓本B	朱榮順 拓本A 반전	居延漢簡	武威漢簡

∴ 우변에서 '瓦'의 자흔을 찾기 힘들므로 '甄'은 아니다. 상단에 '艹'과 같은 흔적이 확인되고, 하단에서 '又' 내지 '攵'의 자흔이 크게 남아 있는데, '護'의 예서 가운데 유사한 사례가 보인다.

2-⑬: [假]

사진	朱榮順 拓本A	江化國· 李光夫 拓本2	于麗群 拓本B	朱榮順 拓本A 반전	居延漢簡	후한 武氏祠畵 像題字

∴ 좌변에서 'ㅓ' 혹은 '彳'과 유사한 획이 확인되고, 자형을 횡으로 볼 때 세 묶음으로 나눌 수 있으며, 전체적인 모양새가 '假'와 흡사하다.

3-⑤: 各

사진	朱榮順 拓本A	江化國· 李光夫 拓本2	于麗群 拓本B	朱榮順 拓本A 반전	7-㉑ 朱榮順 拓本A	居延漢簡

∴ 전체적으로 '厷'과 유사해 보이는데, '各'의 예서에서 이러한 사례가 엿보이며, 7-㉑ '各'과도 자형이 통한다.

3-⑥: [墓]

사진	朱榮順 拓本A	江化國· 李光夫 拓本2	于麗群 拓本B	朱榮順 拓本A 반전	4-⑲ 朱榮順 拓本A	漢 塼文

∴ '家'로 볼 수도 있으나 그 경우 바로 이어서 나오는 3-⑦·⑧ '煙戶'와 의미가 중복되어 주저된다. 판독에 이견이 없는 4-⑲ '墓'와 유사한 자형을 띠고 있기에 같은 자로 보는 편이 낫지 않을까 한다.

3-⑩: ▨

사진	朱榮順 拓本A	江化國· 李光夫 拓本2	于麗群 拓本B	朱榮順 拓本A	安	5-⑭ 朱榮順 拓本A	此	후한 衡方碑

∴ 좌변 하단의 자흔 때문에 '此'로 보기는 힘들다. 상단에 '宀'의 획이 보인다고 여겨 '安'이라 할 수도 있으나, 5-⑭ '安'과 조금 다른 형상이므로 판독을 유보한다.

3-⑲: 世

사진	朱榮順 拓本A	江化國· 李光夫 拓本2	于麗群 拓本B	1-⑤ 사진	8-⑱ 사진	8-⑱ 朱榮順 拓本A

∴ '廿' 안에 '十'과 같은 흔적이 나타나 전체적으로 '世' 내지 '世'의 형태를 띠고 있는데, 자형이 유사한 1-⑤·8-⑱·10-⑧ 모두 '世'로 판독하는 데 이견이 없으므로, 같은 자로 여겨진다.

3-⑳: 悠

사진	朱榮順 拓本A	江化國· 李光夫 拓本2	于麗群 拓本B	朱榮順 拓本A 반전	隸辨	西晉 皇帝三臨 辟雍碑

∴ 하단에 '心' 내지 '灬'와 비슷한 흔적이 나타나고, 좌변의 '亻' 옆에 'ㅣ'과 같은 획이 보이므로 '悠'로 보는 편이 합당하다.

4-①: [戶]

사진	朱榮順 拓本A	江化國· 李光夫 拓本2	于麗群 拓本B	朱榮順 拓本A 반전	4-⑥ 朱榮順 拓本A	8-⑩ 朱榮順 拓本A

∴ 3-㉒ '烟'이기도 하거니와 현존 비면에 나타나는 삐침(丿)과 비문의 '戶'(4-⑥, 8-⑩)에서의 그것이 비슷한 각도를 이루고 있다.

4-②: [守]

사진	朱榮順 拓本A	江化國· 李光夫 拓本2	于麗群 拓本B	朱榮順 拓本A 반전	4-⑱ 朱榮順 拓本A	9-① 朱榮順 拓本A

∴ 상단에 '宀'가 확인되고 전체적인 자형이 역삼각형 형태인데, 비문의 '守'(4-⑱, 9-①)와 모양새가 흡사하므로 같은 자이다.

4-⑦: ▨

사진	朱榮順 拓本A	江化國· 李光夫 拓本4	于麗群 拓本B	朱榮順 拓本A 반전	爲	후한 張遷碑	후한 乙瑛碑

∴ 상단에 '爫'와 유사한 흔적이 있고, 하단에 작은 점들이 보여 '爲'로 추정할 수도 있다. 그러나 좌측의 흔적을 삐침(ﾉ)이라 여기기에는 지나치게 두터워 홈집일 확률을 배제할 수 없고, 위에서 아래로 반복되는 복수의 'ㅡ' 획을 확인하기도 어렵기에 판독을 유보한다.

4-⑧: ▨

사진	朱榮順 拓本A	江化國· 李光夫 拓本2	于麗群 拓本B	朱榮順 拓本A 반전	劣	후한 尹宙碑	禁	후한 曹全碑

∴ 상단에 '艹'와 같은 흔적이 있으므로 '劣'로 보기 주저되고, 우변에서 '見'의 흔적을 확인할 수 없으므로 '規'일 가능성은 크지 않다. 하단에 '示'와 유사한 획을 확인하기 어려우므로 '禁'이라 하기도 어렵다. 판독을 유보한다.

4-⑨: ▨

사진	朱榮順 拓本A	江化國· 李光夫 拓本2	于麗群 拓本B	朱榮順 拓本A 반전	甚	후한 曹全碑	舊	후한 張遷碑

∴ '舊'보다는 단순한 획으로 이루어졌고, '甚'이라 하기도 횡선(ㅡ) 아래 하단이 다소 단조로우며 중앙부에서 '目'과 같은 흔적을 확인하기 어렵다. 특정 자를 찾기 힘들다.

4-⑩: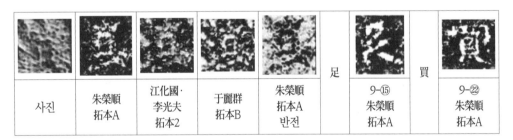

사진	朱榮順 拓本A	江化國· 李光夫 拓本2	于麗群 拓本B	朱榮順 拓本A 반전	衰 후한 史晨碑	第 武威漢簡

∴ 우변 하단에 파임(乀) 획이 뚜렷하지 않아 '衰'로 보기는 주저되며, 전체적인 자형은 '第'나 '弟'와 유사하나 특정 자를 언급하기 어렵다.

4-⑪: 富

사진	朱榮順 拓本A	江化國· 李光夫 拓本2	于麗群 拓本B	朱榮順 拓本A 반전	9-⑭ 朱榮順 拓本A	富 후한 尹宙碑

∴ 상단의 흔적이 'ㅗ'에 가깝기에 '當'보다는 '富'로 보는 편이 좋지 않을까 한다.

4-⑫: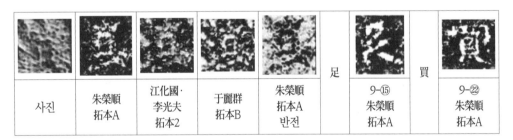

사진	朱榮順 拓本A	江化國· 李光夫 拓本2	于麗群 拓本B	朱榮順 拓本A 반전	足 9-⑮ 朱榮順 拓本A	買 9-㉒ 朱榮順 拓本A

∴ '庶'와는 자형 자체가 다르고 하단에 '心'과 같은 흔적이 있어 9-⑮ '足'과 같은 자로 보기도 힘들며, 9-㉒ '買'와 같은 자로 여기기에는 상단의 흔적이 협소하다. 전체적인 모양새는 '悳'과 유사한 것 같기도 하지만, 일단 판독을 유보한다.

4-⑯: ▨

사진	朱榮順 拓本A	江化國· 李光夫 拓本2	于麗群 拓本B	朱榮順 拓本A 반전	數		韓	
						후한 西狹頌		후한 禮器碑

∴ 우변의 획이 '韋'와 다르므로 '韓'으로 여기기는 힘들고, 좌변의 흔적이 명확하지 않아 '數'라고 확정하기에도 무리가 따른다. 판독을 유보한다.

4-⑰: ▨

사진	朱榮順 拓本A	江化國· 李光夫 拓本2	江化國· 李光夫 拓本4	江化國· 李光夫 拓本4 반전	衆		穢	
						후한 校官碑		후한 曹全碑

∴ 우변에서 '歲'와 같은 복잡한 획이 확인되지 않으므로 '穢'로 여기기는 쉽지 않고, 하단의 획이 '貝'와는 다르게 보이므로 '買'도 아닌 것 같다. 상단의 흔적을 '皿' 내지 '血'로 추정할 수는 있겠으나 '衆'으로 확정하기는 주저된다. 판독을 유보한다.

5-⑥: [王]

사진	朱榮順 拓本A	江化國· 李光夫 拓本2	于麗群 拓本B	朱榮順 拓本A 반전	1-⑬ 사진	5-⑯ 사진

∴ 우변에 '隹'의 흔적이 뚜렷하지 않아 '唯'라 여기기는 힘들며, 비문의 '王'(1-⑬, 5-⑯)과 자형이 흡사하므로 같은 자이다.

5-⑦: 國

사진	朱榮順 拓本A	江化國· 李光夫 拓本2	于麗群 拓本B	朱榮順 拓本A 반전	2-⑯ 사진	2-⑯ 朱榮順 拓本A

∴ 외곽을 둘러싸는 테두리가 확인된다는 견해[51]를 존중함과 아울러, 다음 자(5-⑧)가 '罡'인 점을 고려하면, 2-⑯처럼 '國'으로 보는 편이 자연스럽다.

5-⑨: 上

사진	朱榮順 拓本A	江化國· 李光夫 拓本2	于麗群 拓本B	朱榮順 拓本A 반전	후한 曹全碑	후한 張遷碑

∴ 상단에 치우쳐 있으나 '上'으로 판독되는데, 이러한 사례는 드물지 않게 찾아볼 수 있다.

5-⑫: ▨

사진	朱榮順 拓本A	江化國· 李光夫 拓本2	于麗群 拓本B	朱榮順 拓本A 반전	國 2-⑯ 朱榮順 拓本A	號 후한 夏承碑

∴ '號'로 여기기에는 흔적이 뚜렷하지 않으며, 외곽에 점선과 같은 흔적을 'ロ'으로 본다면 '國'일 확률도 배제할 수 없으나, 일단 판독을 유보한다.

---

51) 여호규, 2013, 「신발견 〈集安高句麗碑〉의 구성과 내용 고찰」, 『韓國古代史硏究』 70, 한국고대사학회, p.69.

5-⑬: 平

사진	朱榮順 拓本A	江化國· 李光夫 拓本2	于麗群 拓本B	朱榮順 拓本A 반전	후한 曹全碑	후한 乙瑛碑

∴ '乎'로 보기도 하지만 가장 위에 있는 'ㅡ' 획이 수평으로 이어지고 있으므로 '平'이 타당하다.

5-⑭: 安

사진	朱榮順 拓本A	江化國· 李光夫 拓本2	于麗群 拓本B	朱榮順 拓本A 반전	전한 銀雀山竹簡	居延漢簡

∴ 상부에 '宀'이 보이고 그 아래에는 복잡하지 않은 획이 있기도 하거니와, 전후 문맥을 고려하면 '安'으로 판독할 수 있다.

5-⑮: [太]

사진	朱榮順 拓本A	江化國· 李光夫 拓本2	于麗群 拓本B	朱榮順 拓本A 반전	太 5-⑩ 朱榮順 拓本A	元 1-⑫ 朱榮順 拓本A

∴ 전체적으로 '六'과 비슷한 모습으로, 하부가 '八'의 형상이고 그 안에 점(ヽ)이 찍혀 있으므로, 하부가 '儿'의 형상이고 그 사이에 점이 없는 1-⑫ '元'과는 다른 자이다. 5-⑩ '太'와 자형이 비슷하므로 같은 자로 여겨진다.

5-⑱: 亡

사진	朱榮順 拓本A	江化國·李光夫 拓本2	于麗群 拓本B	漢印	居延漢簡	후한 曹全碑

∴ 다음 자(5-⑲)와의 사이에 여백이 상당하나 별다른 흔적이 보이지 않으므로, '亡'으로 보는 편이 합리적이다.

5-⑳: 興

사진	朱榮順 拓本A	江化國·李光夫 拓本2	于麗群 拓本B	전한 馬王堆帛書	후한 張遷碑	후한 曹全碑

∴ 상단의 점이 흠집으로 확인된 점,[52] 이를 차치하더라도 '臼' 안에 있는 자형의 외곽선을 보면 '目'·'同'과 같은 직사각형 형태에 가깝고, '軍'처럼 중앙으로 수렴되는 모양새는 아니므로 '輿'보다는 '興'일 가능성이 크다.

6-①: ▨

사진	朱榮順 拓本A	江化國·李光夫 拓本2	于麗群 拓本B	廟 전한 馬王堆帛書	南 후한 張遷碑	祠 후한 乙瑛碑

∴ 'ㄇ' 내지 'ㄏ'과 같은 외곽선이 보이므로 '祠'일 가능성이 작지 않을까 한다. 외곽선 안의 흔적을 보면 '南'으로 판독할 수도 있겠으나 상단에 '十'이 보이지 않고 'ㆍ'과 같은 획이 보이므로 '廟'일지도 모른다. 그러나 중앙부에서 '朝'의 흔적을 찾기 어려운 탓에 최종 판독은 유보한다.

---

52) 위의 논문, p.68.

6-⑤: [世]

사진	朱榮順 拓本A	江化國·李光夫 拓本2	于麗群 拓本B	1-⑤ 朱榮順 拓本A	3-⑲ 朱榮順 拓本A	8-⑱ 朱榮順 拓本A

∴ 우변에 ' | '이 보이지만 그 획이 가장자리에 치우쳐 있으며, 좌변이 '示'처럼 보이지도 않으므로 '神'은 아니다. 또 좌변이 '古'와 유사하다고 할 수도 있으나, 우변의 흔적이 '攵'보다 '十'에 가깝기에 '故'도 아니다. '廿' 안에 '十'과 같은 흔적이 보이는 등 전체적인 모양새가 비문의 '世'(1-⑤, 8-⑱)와 비슷하므로 같은 자이다.

6-⑥: 室

사진	朱榮順 拓本A	江化國·李光夫 拓本2	于麗群 拓本B	후한 肥致碑	후한 衡方碑	위 王基碑

∴ '國'으로 읽기도 하지만 좌측에 종선이 그어진 흔적이 거의 없으므로 따르기 어려우며, 상단에 '宀', 하단에 '土'의 흔적이 있기에 '室'로 보는 편이 타당하다.

6-⑮: 悠

사진	朱榮順 拓本A	朱榮順 拓本A 반전	3-⑳ 朱榮順 拓本A	隸辨	북위 元譿墓誌	당 褚遂良哀冊

∴ 우변 상부가 훼손되어 정확한 판독은 어렵다. '然'로 볼 수도 있으나 우변 상단에서 '勹'나 '久'처럼 왼쪽으로 경사가 있는 흔적이 나타나고, 하단의 흔적이 '灬'보다 '心'에 가까우므로 '悠'일 확률이 높지 않을까 한다.

7-④: 好

사진	朱榮順 拓本A	江化國· 李光夫 拓本2	于麗群 拓本B	朱榮順 拓本A 반전	전한 馬王堆帛書	후한 北海相景 君碑

∴ '丁'으로 보기도 하지만 그보다 획이 복잡하고, 좌변이 '女'과 유사한 모양새라 '好'로 판독하여도 큰 무리가 없을 것 같다.

7-⑤: ▨

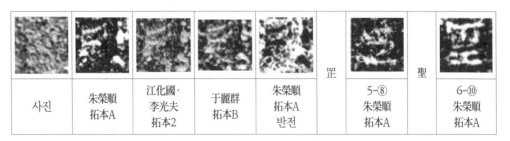

사진	朱榮順 拓本A	江化國· 李光夫 拓本2	于麗群 拓本B	朱榮順 拓本A 반전	太	5-⑩ 朱榮順 拓本A	卯	후한 尹宙碑

∴ '太'나 '卯'·'國'으로 판독하는데, 흔적이 뚜렷하지 않아 판독을 유보한다.

7-⑥: ▨

사진	朱榮順 拓本A	江化國· 李光夫 拓本2	于麗群 拓本B	朱榮順 拓本A 반전	罡	5-⑧ 朱榮順 拓本A	聖	6-⑩ 朱榮順 拓本A

∴ '歲'로 보기도 하지만 그보다 획이 단순하며, 흔적이 명확하지 않아 5-⑧ '罡'이나 6-⑩ '聖'으로 여기기도 주저된다. 판독을 유보한다.

7-⑦: 王

사진	朱榮順 拓本A	江化國· 李光夫 拓本2	于麗群 拓本B	1-⑬ 朱榮順 拓本A	5-⑪ 朱榮順 拓本A	5-⑯ 朱榮順 拓本A

∴ '刊'으로 보기에는 '干'이 지나치게 크고 하단의 횡선(一)을 설명하기 곤란하다. 비문의 '王'(1-⑬·⑱, 5-⑥·⑪·⑯)과 자형이 흡사하므로 같은 자로 판독하는 편이 좋지 않을까 한다.

7-⑧: 曰

사진	朱榮順 拓本A	江化國· 李光夫 拓本2	于麗群 拓本B	曰		石
				후한 西狹頌	후한 尹宙碑	후한 曹全碑

∴ 좌변 상단이 조금 트여 있기에 '石'으로 볼 수도 있다. 다만 '曰'의 예서 가운데 이러한 사례가 존재하고, '石'으로 보기에는 삐침(丿)이 뚜렷하지 않아서 '曰'일 가능성이 크다고 여겨진다.

7-⑪: ▨

사진	朱榮順 拓本A	江化國· 李光夫 拓本2	于麗群 拓本B	子		午
				2-④ 朱榮順 拓本A	후한 曹全碑	居延漢簡

∴ '子' 내지 '午'로 보는데, '午'의 예서가 '수' 내지 대주교십자(‡)와 비슷한 모양새였다는 점, 2-④ 등 '子'의 예서와 자형이 상통하는 점에서 보자면 '子'일 확률이 높다. 다만 확신하기 어려워 판독을 유보한다.

7-⑮: 內

사진	朱榮順 拓本A	江化國· 李光夫 拓本2	于麗群 拓本B	朱榮順 拓本A 반전	후한 武氏祠畵 像題字	후한 封龍山頌

∴ 판독을 유보하기도 하나, 전체적인 모양새를 볼 때 '內'임이 확실하다.

7-⑱: 更

사진	朱榮順 拓本A	江化國· 李光夫 拓本2	于麗群 拓本B	朱榮順 拓本A 반전	更 9-⑨ 朱榮順 拓本A	其 9-㉑ 朱榮順 拓本A

∴ 중앙부가 좌측으로 다소 치우쳐 있고 하단의 'ハ' 획이 상당히 길게 늘어져 있으므로, 비문의 '其'(8-⑧, 9-㉑, 10-⑭·⑱)보다는 '更'(9-⑨)과 유사한 자형이다.

8-⑮: ▨

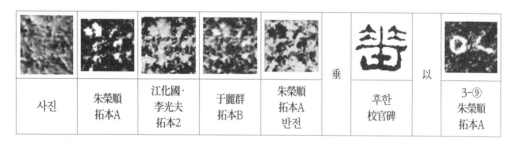

사진	朱榮順 拓本A	江化國· 李光夫 拓本2	于麗群 拓本B	朱榮順 拓本A 반전	垂 후한 校官碑	以 3-⑨ 朱榮順 拓本A

∴ '是'로 보기에는 상단에서 '日'의 흔적을 찾기 어렵고, '宣'이라 하기도 '宀'의 흔적이 뚜렷하지 않다. '垂'라 추정함에 필요한 중앙을 가르는 종선(丨)이 명확하지 않으며, 3-⑨ '以'와도 자형이 다르다. 상단은 '卄', 하단은 'ハ' 내지 '廾'의 흔적이 나타나는 것 같으나, 특정 자를 언급하기 힘들다.

9-⑧: 買

				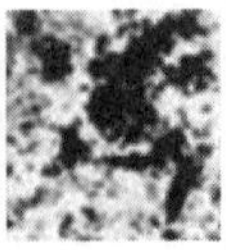	買		自	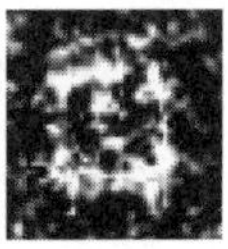
사진	朱榮順 拓本A	江化國· 李光夫 拓本2	于麗群 拓本B	朱榮順 拓本A 반전		9-㉒ 朱榮順 拓本A		7-⑨ 朱榮順 拓本A

∴ '自'와는 다른 모양새인데, 자형을 위에서 아래로 보면 대략 세 묶음이고 상단에 '罒'의 흔적이 나타난다는 점과 아울러, 전후 문맥을 고려하면 '買'로 여기는 편이 타당하다.

9-⑪: [轉]

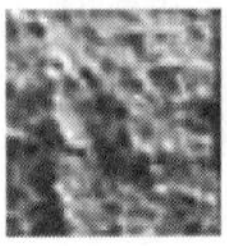			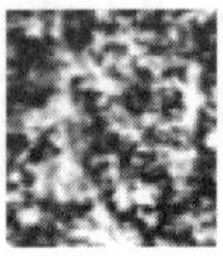	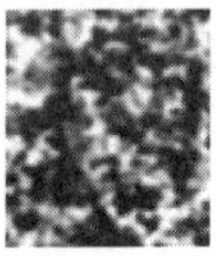	轉		擅	
사진	朱榮順 拓本A	江化國· 李光夫 拓本2	于麗群 拓本B	于麗群 拓本B 반전		4-⑭ 朱榮順 拓本A		9-⑦ 朱榮順 拓本A

∴ 우변 상·하부에서 각기 '田'과 '寸'의 흔적이 나타나고, 좌변 횡선이 수평을 이루어 모양새가 9-⑦ '擅'보다 4-⑭ '轉'과 상통하므로 '轉'일 가능성이 크다.

10-②: ▨

				如		因		或	
사진	朱榮順 拓本A	江化國· 李光夫 拓本2	于麗群 拓本B		후한 張遷碑		후한 西狹頌		후한 曹全碑

∴ '如'와는 자형이 다르며, 외곽선(囗)이 뚜렷하지 않아 '因'이라 보기도 주저된다. 좌변 중앙부의 흔적을 '口'로 본다면 '或'일 가능성도 있으나, 우변에서 '戈'와 같은 획을 찾기 힘들다. 판독을 유보한다.

10-③: 若

사진	朱榮順 拓本A	江化國· 李光夫 拓本2	于麗群 拓本B	于麗群 拓本B 반전	후한 西嶽華山 廟碑	후한 史晨碑

∴ 상단에 '艹'와 같은 획이 보이고, 그 아래에 '右'의 흔적이 나타나므로 '若'이라 하는 편이 자연스럽다.

10-⑨: ▨

사진	朱榮順 拓本A	江化國· 李光夫 拓本2	于麗群 拓本B	朱榮順 拓本A 반전	継	2-⑲ 朱榮順 拓本A	6-⑰ 朱榮順 拓本A

∴ 좌변이 좁고 우변이 넓은 자형이라 추정되나, 마모가 심하여 '継'로 확신하기 힘들다.

10-⑪: ▨

사진	朱榮順 拓本A	江化國· 李光夫 拓本2	于麗群 拓本B	朱榮順 拓本A 반전	之	후한 張遷碑	후한 曹全碑

∴ '之'처럼 복잡하지 않은 획으로 이루어진 자일 가능성이 있으나, 훼손이 심각한 상태라 특정하기 어렵다.

10-⑫: ▨

사진	朱榮順 拓本A	江化國· 李光夫 拓本2	于麗群 拓本B	朱榮順 拓本A 반전	墓	4-⑲ 朱榮順 拓本A	者	本A4-⑳ 朱榮順拓

∴ 자형을 가르는 획(丿)이 보이지 않기에 '者'라 하기는 무리가 있고, '墓'라 확정하기도 주저된다. '王'일 가능성도 없지 않으나, 그렇게 본다면 상하 폭이 지나치게 좁은 느낌이다. 판독을 유보한다.

III. 해석

지금까지 살펴본 바를 토대로 해석하면 다음과 같다.

■■■■[53)]世, 필연적으로 天道가 내려져 스스로 元王[54)]을 계승한 始祖 鄒牟王이 創基하셨다. (추모왕은) ■■■[55)]子, 河伯의 外孫으로 神靈의 보호와 도움을 받아 나라를 열고 강토를 개척하셨으며, 뒤를 이어 서

---

53) ■■■■: '惟太王之'(耿鐵華, 2013a, 「集安高句麗碑考釋」, 『通化師範學院學報』 2013年 第3期, 通化師範學院, p.2; 耿鐵華·董峰, 2013, 「新發現的集安高句麗碑初步硏究」, 『社會科學戰線』 2013年 第5期, 吉林省社會科學院, p.3), '聖太王之'(趙宇然, 2013, 「集安高句麗碑에 나타난 왕릉제사와 조상인식」, 『韓國古代史硏究』 70, 한국고대사학회, pp.162-163), '惟雄才不'(張福有, 2013a, 「集安麻線高句麗碑探綜」, 『社會科學戰線』 2013年 第5期, 吉林省社會科學院, p.14; 張福有, 2013b, 「集安麻線高句麗碑碑文補釋與識讀解析」, 『東北史地』 2013年 第3期, 吉林省社會科學院, p.43), '惟剖卵降'(강진원, 2013b, 앞의 논문, p.114; 여호규, 위의 논문, pp.88-89 주95; 홍승우, 2013, 「〈集安高句麗碑〉에 나타난 高句麗 律令의 형식과 守墓制」, 『韓國古代史硏究』 72, 한국고대사학회, p.89 주12) 등으로 추정한다. '惟太王之'나 '聖太王之'로 본다면, 태왕의 치세가 언급된 뒤 갑자기 시조의 사적이 나와 어색하다. '惟雄才不'의 경우 기존의 고구려 건국신화에서 찾아보기 힘든 표현인데, 지나친 추정이라 여겨진다. 따라서 '惟剖卵降'일 가능성이 크다. 현재 판독 가능한 부분에서는 난생 모티프가 보이지 않을뿐더러, 해석 면에서도 "대저 알을 가르고 세상에 내려오셨으며, 필연적으로 天道가 내려져 스스로 元王을 계승한 始祖 鄒牟王이 創基하셨다"는 내용이 되어 큰 무리가 없기 때문이다(강진원 2017b, 앞의 논문, p.66).

54) 元王: 至高의 존재에 대한 표현으로, 고구려 재래의 인격신적 천 관념 아래 董仲舒 사상의 영향을 받아 나타났다(강진원, 2021, 『고구려 국가제사 연구』, 서경문화사, p.87).

55) ■■■: '日月之'(여호규, 2013, 앞의 논문, p.73; 耿鐵華, 2013a, 앞의 논문, p.2; 耿鐵華·董峰, 2013, 앞의 논문, p.3; 기경량, 2014, 「집안고구려비의 성격과 고구려의 수묘제 개편」, 『韓國古代史硏究』 76, 한국고대사학회, p.207; 權仁瀚, 2016, 「集安高句麗碑文의 판독과 해석」, 『木簡과 文字』 16, 한국목간학회, p.295), 또는 '天帝之'(徐德源, 2013, 「關于集安新發現高句麗碑銘文主人公之我見」, 『高句麗與東北民族硏究』 2013年 第1期, 通化師範學院 高句麗硏究院, pp.10-11; 張福有, 2013a, 앞의 논문, p.14; 張福有, 2013b, 앞의 논문, p.43; 정호섭, 2014, 「광개토왕비와 집안고구려비의 비교 연구」, 『韓國史硏究』 167, 韓國史硏究會, p.14; 최일례, 2016, 「집안고구려비에 보이는 '守墓人 買賣 禁止' 규정 검토」, 『木簡과 文字』 16, 한국목간학회, p.21)로 추정한다. 전자는 모두루묘지, 후자는 광개토왕비에 근거한다. 비문의 모계 표현, 즉 2-⑤~⑧ '河伯之孫'이 모두루묘지의 그것과

로 계승하셨고, ▨▨▨各[墓]烟戶가 河流…四時로 제사하였으나, 세월이 길고 오래되니 烟戶[守]▨▨烟戶 ▨▨▨▨, 富…轉賣하고 ▨▨하니 守墓하는 것을 새겨[56] …▨▨▨▨▨[王][57], 國岡上太王[58], ▨平安[太]王[59] 의 神亡[60], 東西…일으키고 [世]室[61]을 …하여, 先聖의 功勳이 아주 높고 매우 빛나 古人의 慷慨를 계승하였음을 追述하였다. ▨▨▨好▨▨王께서 가로되, "戊▨(年)에 律을 정한 이래 教內發令하여 다시 수복하게 하였다. 各於▨▨▨▨[62] …碑를 세우고 烟戶頭 20인의 名을 새겨 후세에 ▨示하라. 지금 이후부터 守墓之民

통하나, 광개토왕비의 '母河伯女郞'과는 다르다. 따라서 '日月之'일 가능성이 크다(강진원, 2017b, 앞의 논문, pp.60-61).

56) 守墓하는 것을 새겨: 4-⑱~⑳ '守墓者以銘'에 대해서는 "수묘인(명단)을 새겼다" 정도로 이해하기도 한다(여호규, 2013, 앞의 논문, pp.76-77; 李成制, 2013, 「〈集安 高句麗碑〉로 본 守墓制」, 『韓國古代史研究』 70, 한국고대사학회, pp.189-190; 김창석, 2015, 「고구려 守墓法의 제정 경위와 布告 방식 -신발견 集安高句麗碑의 분석-」, 『東方學志』 169, 延世大學校 國學研究院, pp.84-85; 權仁瀚, 2016, 앞의 논문, p.296). 그런데 비문에서 수묘인을 지칭하는 표현은 9-①~④ '守墓之民'이며, 「광개토왕비문」을 보아도 '守墓人(烟戶)'이다. 따라서 '守墓者'를 수묘인이라 단정하기 힘들다.
또 '守墓者'와 '以銘'을 분리한 뒤, 전자를 4-⑭·⑮ '轉賣'의 목적어로 보는 설(홍승우, 2013, 앞의 논문, p.90; 임기환, 2014, 「집안고구려비와 광개토왕비를 통해본 고구려 守墓制의 변천」, 『韓國史學報』 54, 高麗史學會, p.100)도 있다. 그런데 비문의 구성을 생각하면 그렇게 보기도 쉽지 않다. 5-⑦~⑪이 '國罡上太王' 즉 고국원왕이고, 5-⑥이 '王'이므로 5-①~⑤ 가운데 뒤쪽은 해당 군주의 왕호가 될 터인데, 國壤王(고국천왕)·산상왕·東襄王(동천왕)·中壤王(중천왕)·西壤王(서천왕)·好讓王(미천왕) 등 당시 고구려의 왕호는 3자이므로, 왕호에 해당하는 부분은 5-④~⑥이고, 太王號를 썼다면 5-③~⑥이 된다. 위 견해를 따르자면 부유한 이들의 轉賣 현상에 대한 언급이 4-⑳까지 이르러 긴 느낌이 드는 반면, 그 대응책은 4-㉑·㉒부터 5행 초입까지의 4~5자 안에서 표현되어야 한다.
따라서 '守墓者以銘'은 "수묘하는 것을 새겼다"는 의미가 아니었을까 한다. 「광개토왕비문」의 '安守墓者'가 "수묘를 안정케 함에는" 정도로 해석될 수 있다는 점을 생각하면 더욱 그러하다(강진원, 2016, 「고구려 守墓碑 건립의 연혁과 배경」, 『韓國古代史研究』 83, 한국고대사학회, p.203, pp.205-206).

57) …[王]: 미천왕으로 보기도 한다(여호규, 위의 논문, pp.91-92; 李成制, 위의 논문, p.196; 趙宇然, 2013, 앞의 논문, p.149). 석비의 건립 시기를 생각할 때, 그 왕릉은 모용황의 침입(342) 이후 조성된 2차 미천왕릉일 것이다. 그런데 해당 고분은 禹山下 지구에 자리하였으므로(강진원, 2013a, 「고구려 陵園制의 정비와 그 배경」, 『東北亞歷史論叢』 39, 동북아역사재단, p.14) 따르기 주저된다. 여러 왕의 신주가 위험에 노출되었다는 비문의 이후 서술을 고려하면, 사후 麻線溝 일대에 모셔진 왕이자 5-⑦~⑪ '國罡上太王', 즉 고국원왕 이전의 군주라 여기는 편이 타당하기 때문이다. 이 근방의 고구려 왕릉은 마선구 626·2100·2378호분과 서대총·천추총인데, 서대총은 1차 미천왕릉으로 모용황에게 파괴되었으니 논외이고, 마선구 2100호분과 천추총의 묘주는 각기 고국원왕과 소수림왕이다. 남은 것은 마선구 626·2378호분인데, 모두 동천왕 이전 군주의 무덤으로 추정된다(강진원, 위의 논문, pp.15-16). 그러므로 이 왕은 그들 중 하나일 것이다.

58) 國岡上太王: 고국원왕의 이칭 國岡上王(『三國史記』 卷18, 高句麗本紀6, 故國原王 즉위(331), "故國原王【一云國罡上王】諱 斯由【或云釗】"; 같은 책, 卷24, 百濟本紀2, 近仇首王 즉위(375), "近仇首王【一云諱須】近肖古王之子 先是高句麗國岡王斯 由親來侵 近肖古王遣太子拒之 至半乞壤 將戰").

59) ▨平安[太]王: 고국원왕 이후의 군주이다. 소수림왕(여호규, 2013, 앞의 논문, pp.31-32) 내지 고국양왕(趙宇然, 2013, 앞의 논문, p.149)으로 추정한다. 그런데 이어지는 문구에서 알 수 있듯이, 이 왕의 무덤은 國岡上太王, 즉 고국원왕의 무덤과 함께 위기(神亡)에 처하였으므로 상호 거리가 멀지 않았다고 볼 수 있다. 고국원왕릉은 마선구 2100호분인데, 같은 권역에 조성된 것은 고국양왕릉(태왕릉)이 아니라 소수림왕릉(천추총)이다(강진원, 2013a, 앞의 논문, pp.12-15). 따라서 변고에 직면한 것은 소수림왕릉이라 하겠으며, 해당 왕호의 주인공 또한 소수림왕으로 이해된다(강진원, 2016, 앞의 논문, p.208).

60) 神亡: 신주에 위해가 가해지거나, 그에 상응하는 위기에 맞닥뜨리게 된 사건을 가리킨다(위의 논문, p.207).

61) 世室: 不遷之主를 모시는 不毁之廟와 같은 공간(강진원, 2021, 앞의 책, pp.235-236).

62) ▨▨▨▨: 7-㉑~8-⑱은 광개토왕비의 "盡爲祖先王 墓上立碑 銘其烟戶 不令差錯"과 전체적인 내용이 비슷하므로, '先王墓上'으로 추정하기도 한다(김현숙, 2013, 「集安高句麗碑의 건립시기와 성격」, 『韓國古代史研究』 72, 한국고대사학회, pp.18-19; 여

은 함부로 사거나 서로 되팔 수 없으며, 비록 富足之者라 하여도 역시 매매할 수 없다. ▨만약 슮을 어긴 자는 후세에 대를 이어 …하도록 하고, 그 碑文을 보아 罪過를 주어라”고 하셨다.

Ⅳ. 맺음말

이상 지안 고구려비의 판독과 교감 및 해석을 시도하였다. 나름 최적의 안을 제시하고자 하였으나, 부족한 부분이 많을 것이다. 이는 기본적으로 역량 부족에 기인한다. 하지만 현재 비를 실제로 검토하기에 많은 제약이 따르는 점도 간과할 수 없다. 한·중 양국 사이의 학술 교류가 진전되어 연구자만이라도 직접 살펴볼 기회가 닿기를 희망한다. 그러기 위해서는 정치적 문제와 학문적 교류가 한 데 묶이는 현상을 지양해야 한다.

최근 지안 고구려비에 관한 연구가 뜸해졌다.[63] 지난 세기와 지지난 세기에 모습을 드러낸 광개토왕비와 충주 고구려비가 여전히 관심의 대상인 것을 생각하면, 의외의 현상이다. 지안 고구려비의 경우 현재 여건상 심도 있는 학술 조사가 행해지기 어렵다. 그러므로 당연한 결과일는지 모르겠다. 하지만 역사적 비중을 고려하면, 아쉬운 감을 지울 수 없다. 이 글에서 이루어진 것과 같은 접근이 계속되어, 아쉬운 대로 연구가 계속될 수 있는 토양이 마련되기를 기대한다.

투고일: 2023.12.04.   심사개시일: 2023.12.12.   심사완료일: 2023.12.18.

호규, 2013, 앞의 논문, p.73; 耿鐵華, 2013a, 앞의 논문, p.3; 耿鐵華·董峰, 2013, 앞의 논문, p.3; 孫仁杰, 2013b, 「집안 고구려비의 판독과 문자 비교」, 『韓國古代史硏究』 70, 한국고대사학회, p.53; 魏存成, 2013, 「關于新出集安高句麗碑的幾點思考」, 『東北史地』 2013年 第3期, 吉林省社會科學院, p.34; 張福有, 2013a, 앞의 논문, p.16; 張福有, 2013b, 앞의 논문, p.45). 다만 글자의 형태나 흔적에 따른 것이 아니므로, 추후 실견을 통한 판독이 이루어져야 한다.

63) 지안 고구려비에 관한 동아시아 학계의 연구 동향을 정리한 성과(余昊奎, 2016, 앞의 논문)가 제기된 이후, 관련 문제를 중점적으로 다룬 경우는 손에 꼽힌다. 대표적인 사례는 다음과 같다.

강진원, 2017a, 「고구려 석비문화의 전개와 변천 -비형(碑形)을 중심으로-」, 『역사와 현실』 103, 한국역사연구회; 강진원, 2017b, 위의 논문; 정호섭, 2017, 「지안고구려비의 비밀」, 『고구려 비문의 비밀』, 살림; 안정준, 2020, 「「集安高句麗碑」의 建立 目的과 守墓制」, 『木簡과 文字』 25, 한국목간학회.

강진원, 2013a, 「고구려 陵園制의 정비와 그 배경」, 『東北亞歷史論叢』 39, 동북아역사재단.

강진원, 2013b, 「신발견 〈集安高句麗碑〉의 판독과 연구 현황 -약간의 陋見을 덧붙여-」, 『木簡과 文字』 11, 한국목간학회.

강진원, 2015, 「고구려 墓祭의 변화와 그 배경 -무덤 중시 풍조의 약화와 관련하여-」, 『사학연구』 117, 한국 사학회.

강진원, 2016, 「고구려 守墓碑 건립의 연혁과 배경」, 『韓國古代史研究』 83, 한국고대사학회.

강진원, 2017a, 「고구려 석비문화의 전개와 변천 -비형(碑形)을 중심으로-」, 『역사와 현실』 103, 한국역사 연구회.

강진원, 2017b, 「「集安高句麗碑文」 건국신화의 성립과 변천」, 『史林』 61, 首善史學會.

강진원, 2021, 『고구려 국가제사 연구』, 서경문화사.

고광의, 2023, 『고구려의 문자문화』, 동북아역사재단.

孔錫龜, 2013, 「『集安高句麗碑』의 발견과 내용에 대한 考察」, 『高句麗渤海研究』 45, 高句麗渤海學會.

權仁瀚, 2016, 「集安高句麗碑文의 판독과 해석」, 『木簡과 文字』 16, 한국목간학회.

기경량, 2014, 「집안고구려비의 성격과 고구려의 수묘제 개편」, 『韓國古代史研究』 76, 한국고대사학회.

김창석, 2015, 「고구려 守墓法의 제정 경위와 布告 방식 -신발견 集安高句麗碑의 분석-」, 『東方學志』 169, 延世大學校 國學研究院.

김현숙, 2013, 「集安高句麗碑의 건립시기와 성격」, 『韓國古代史研究』 72, 한국고대사학회.

선주선, 2013, 「〈集安高句麗碑〉 판독 검토」, 『원광대학교 서예문화연구소 2013 발표회: 신발견〈집안고구려 비〉판독 및 서체 검토』.

안정준, 2020, 「『集安高句麗碑』의 建立 목적과 守墓制」, 『木簡과 文字』 25, 한국목간학회.

여호규, 2013, 「신발견 〈集安高句麗碑〉의 구성과 내용 고찰」, 『韓國古代史研究』 70, 한국고대사학회.

余昊奎, 2016, 「韓·中·日 3國 學界의 〈集安高句麗碑〉 研究動向과 課題」, 『東方學志』 177, 延世大學校 國學研 究院.

尹龍九, 2013, 「集安 高句麗碑의 拓本과 判讀」, 『韓國古代史研究』 70, 한국고대사학회.

李道學, 2013, 「高句麗 守墓發令碑에 대한 接近」, 『韓國思想史學』 43, 韓國思想史學會.

李成制, 2013, 「〈集安 高句麗碑〉로 본 守墓制」, 『韓國古代史研究』 70, 한국고대사학회.

이용현, 2013, 「신발견 고구려비와 광개토왕비의 비교」, 『고구려발해학회 제59차 정기발표회: 신발견 고구 려비의 예비적 검토』.

임기환, 2014, 「집안고구려비와 광개토왕비를 통해본 고구려 守墓制의 변천」, 『韓國史學報』 54, 高麗史學會.

전덕재, 2015, 「373년 고구려 율령의 반포 배경과 그 성격」, 『韓國古代史研究』 80, 한국고대사학회.

鄭東珉, 2013, 「韓國古代史學會〈集安高句麗碑〉判讀會 結果」, 『韓國古代史研究』 70, 한국고대사학회.

鄭鉉淑, 2013, 「서예학적 관점으로 본 〈集安高句麗碑〉의 건립 시기」, 『書誌學硏究』 56, 韓國書誌學會.

정호섭, 2014, 「광개토왕비와 집안고구려비의 비교 연구」, 『韓國史硏究』 167, 韓國史硏究會.

정호섭, 2017, 「지안고구려비의 비밀」, 『고구려 비문의 비밀』, 살림.

조법종, 2013, 「집안고구려비를 통해 본 고구려비의 특성과 수묘제」, 『고구려발해학회 제59차 정기발표회: 신발견 고구려비의 예비적 검토』.

趙宇然, 2013, 「集安 高句麗碑에 나타난 왕릉제사와 조상인식」, 『韓國古代史硏究』 70, 한국고대사학회.

최일례, 2016, 「집안고구려비에 보이는 '守墓人 買賣 禁止' 규정 검토」, 『木簡과 文字』 16, 한국목간학회.

한상봉, 2014, 「麻線 高句麗碑의 書體와 金石學的 問題點」, 『書藝學硏究』 24, 한국서예학회.

홍승우, 2013, 「〈集安高句麗碑〉에 나타난 高句麗 律令의 형식과 守墓制」, 『韓國古代史硏究』 72, 한국고대사학회.

耿鐵華, 2013a, 「集安高句麗碑考釋」, 『通化師範學院學報』 2013年 第3期, 通化師範學院.

耿鐵華, 2013b, 「集安新出土高句麗碑的重要價値」, 『東北史地』 2013年 第3期, 吉林省社會科學院.

耿鐵華, 2013c, 「중국 지안에서 출토된 고구려비의 진위(眞僞) 문제」, 『韓國古代史硏究』 70, 한국고대사학회.

耿鐵華·董峰, 2013, 「新發現的集安高句麗碑初步硏究」, 『社會科學戰線』 2013年 第5期, 吉林省社會科學院.

董峰·郭建剛, 2013, 「集安高句麗碑出土紀」, 『通化師範學院學報』 2013年 第3期, 通化師範學院.

徐建新, 2013, 「中國新出"集安高句麗碑"試析」, 『東北史地』 2013年 第3期, 吉林省社會科學院.

徐德源, 2013, 「關于集安新發現高句麗碑銘文主人公之我見」, 『高句麗與東北民族硏究』 2013年 第1記, 通化師範學院 高句麗硏究院.

孫仁杰, 2013a, 「集安高句麗碑文識讀」 『東北史地』 2013年 第3期, 吉林省社會科學院.

孫仁杰, 2013b, 「집안 고구려비의 판독과 문자 비교」 『韓國古代史硏究』 70, 한국고대사학회.

魏存成, 2013, 「關于新出集安高句麗碑的幾點思考」, 『東北史地』 2013年 第3期, 吉林省社會科學院.

林澐, 2013, 「集安麻線高句麗碑小識」, 『東北史地』 2013年 第3期, 吉林省社會科學院.

張福有, 2013a, 「集安麻線高句麗碑探綜」, 『社會科學戰線』 2013年 第5期, 吉林省社會科學院.

張福有, 2013b, 「集安麻線高句麗碑碑文補釋與識讀解析」, 『東北史地』 2013年 第3期, 吉林省社會科學院.

張福有, 2014, 『集安麻線高句麗碑』, 文物出版社.

集安市博物館, 2013, 『集安高句麗碑』, 吉林大學出版社.

武田幸男, 2013, 「集安·高句麗二碑の硏究に寄せて」, 『第9回 早稻田大學總合硏究機構硏究成果報告會: 廣開土王碑硏究130年-集安高句麗碑發見と古代東アジア』.

〈Abstract〉

Deciphering and Interpreting the Jian Goguryeo Monument

Kang, Jin-won

The discussions regarding Jian Goguryeo Monument have been diverse so far, but there are still aspects that need further clarification. One example is the conflicting opinions regarding the correct way of deciphering letters. To understand the history of Goguryeo through the Jian Goguryeo Monument, the inscriptions must be meticulously deciphered first. Therefore, this article attempted to integrate previous perspectives for decipherment, correlation, and interpretation.

Recently, the Jian Goguryeo Monument has received less attention than before in academia. One of the reasons is that it is difficult to conduct in-depth scholarly investigations in the present situation. However, considering the historical significance of Jian Goguryeo Monument, this kind of research needs to be continued.

▶ Key words: Jian Goguryeo Monument, decipherment, correlation, interpretation, epitaph

해외현장조사

일본 목간학회 제45회 총회·연구집회 참관기
서역 서역 서역, 아름다운 이 거리(road) : 우즈베키스탄, 투르크메니스탄, 타지키스탄 실크로드 답사기

일본 목간학회 제45회 총회·연구집회 참관기

이재환*

I. 한국목간학회와 일본 목간학회
II. 奈良 平城宮 견학과 목간 실견 조사
III. 한국목간학회 회장 인사말
IV. 연구집회 참관

I. 한국목간학회와 일본 목간학회

이 글은 2023년 12월 1일부터 3일까지 한국목간학회 김병준 회장을 모시고 일본 목간학회의 제45회 총회·연구집회를 참관하였던 일에 대하여 남기는 간단한 기록이다. 일본 목간학회의 2023년 행사에 참여하게 된 사정은 다음과 같다.

한국목간학회는 창립 초기부터 일본 목간학회와 관계를 맺어 왔다. 2007년 한국목간학회의 설립이 일본에 알려지자, 일본 목간학회 측에서 당시까지 발간된 학회지 『木簡研究』 전권을 기증하며 2007년 12월의 제29회 총회·연구집회에 한국목간학회 회장을 초청하였다. 이에 응하여 주보돈 회장이 윤선태 총무이사와 함께 일본 목간학회에 참가하여, '한국목간학회의 출범과 전망'이라는 주제로 당시 한국목간학회의 출범과 한국 목간학의 전망을 소개하였다.[1]

2년 뒤인 2009년 11월에는 한국목간학회에서 일본 목간학회 榮原永遠男 회장과 舘野和己 부회장을 초청하였다. 榮原永遠男 회장은 2009년 11월 28일 서울대학교에서 열린 한국목간학회 제4회 국제학술회의에서 '日本古代木簡研究の現況と課題ー『木簡研究』の三〇年ー'라는 제목으로 기조 강연을 진행하였다.[2]

---

* 중앙대학교 역사학과 부교수

1) 해당 발표는 『木簡研究』 30號에 수록되어 있다. 이 때의 방문에 대한 자세한 내용은 『한국고대사연구』 49집의 '해외학계 동향'으로 남겨졌다(朱甫暾, 2008, 「일본 목간학회 총회 및 학술회의를 다녀와서」, 『한국고대사연구』 49, 한국고대사학회).

2) 이 강연 내용은 사카에하라 토와오(榮原永遠男), 2010, 「일본에서의 목간연구와 과제 – 『木簡研究』 30년」, 『목간과 문자』 5호로 공간되었으며, 이후 가필·보충하여 榮原永遠男, 2010, 「木簡學會の課題ー創立三〇周年によせてー」, 『木簡研究』 32號로 일본에서도 간행되었다.

이듬해인 2010년에는 12월 3일부터 4박 5일간 진행된 한국목간학회 임원진과 한국고대사학회 신발견 문자자료연구팀 등 13명의 해외현지조사 중 일본 목간학회 연구집회의 참관이 진행된 바 있다.[3] 5년 뒤 2015년에는 일본목간학회 舘野和己 회장을 초청하였다. 舘野和己 회장은 4월 25일 국립중앙박물관 제1강 의실에서 진행된 제22회 정기발표회에서 한국목간학회 주보돈 회장과 한·일 목간학회 교류협정서에 조인하고, '日本における 木簡研究の始まりと現状'이라는 제목으로 특별강연을 진행하였다.[4]

단, 이후로 韓國木簡學會와 早稻田大學 朝鮮文化硏究所, 日本木簡學會가 공동으로 주최하여 2019년 1월 19일 일본 早稻田大學에서 개최한 '韓國木簡과 日本木簡의 對話 : 韓國木簡研究 20년'이라는 주제의 국제학술대회가 있었으나,[5] 그 외에 공식적으로 한국목간학회 대표를 공식적으로 일본 목간학회에 초청하거나,[6] 일본 목간학회 대표를 한국에서의 한국목간학회 행사에 공식 초청하는 일은 한동안 없었다.

2023년부터 한국목간학회 회장직을 맡은 김병준 現회장은 양 학회 간의 관계를 더 긴밀히 할 필요성에 대한 인식을 표출하였다. 그에 응하여 한국목간학회의 현 임원진에 대한 일본 목간학회 측의 공식적 초청이 이루어졌고, 일정상 함께하지 못한 이병호 총무이사를 제외하고 김병준 회장과 편집이사인 필자가 2023년 12월의 일본 목간학회 총회·연구집회를 참관하게 되었다.

II. 奈良 平城宮 견학과 출토 목간 조사

일본 방문 일정은 12월 1일에 시작되었다. 오후에 간단하게나마 현장 조사를 진행하기로 기획하였기에, 새벽부터 움직여 오전 11시경 간사이 국제공항에 도착하였다. 奈良文化財研究所의 馬場基 연구실장이 공항에 마중 나왔고, 직접 차량을 운전하여 奈良까지 인도해 주었다. 일본 목간학회 회원이자 한국목간학회 회원인 獨協大學의 小宮秀陵 교수도 공항부터 전 일정을 함께하며 많은 도움을 주었다.

奈良에 도착하여 奈良文化財研究所에 짐을 두고 平城宮 朱雀門 앞 광장의 平城宮いざない館으로 이동하였다. 平城宮いざない館은 이전에 보지 못했던 전시관으로, 개관한 지 그리 오래되지 않은 듯 세련되고 깔끔한 외관 전시 시설을 갖추고 있었다. 관람 도중 김병준 회장은 제2차 大極殿과 朱雀門·朱雀大路의 어긋남에 주목하여 平城宮의 중축선이 중시되었다고 할 수 있을지에 대한 문제에 골몰하기 시작하였다. 이 고민은 이후 3일간의 일정 동안 지속되었다. 향후 해당 문제를 다룬 논고의 발표가 기대된다.

근처 카페에서 아이스크림을 먹으며 새벽부터의 일정에 따른 피로를 잠시 회복하고, 平城宮いざない館 가까이에 위치한 발굴 현장을 찾았다. 朱雀大路의 동측에 위치한 부지를 발굴 중이었다. 다음 날 목간학회

---

3) 여호규, 2010, 「목간과 함께 한 일본 고대 도성 답사기」, 『목간과 문자』 6호.

4) 특별 강연 내용은 舘野和己, 2015, 「日本 木簡研究의 시작과 현황」, 『목간과 문자』 14호로 간행되었다.

5) 김병준, 2019, 「2019년 한일목간학회 공동주최 국제학술대회 참가기」, 『목간과 문자』 22호.

6) 물론 이는 당시의 한국목간학회 이성시 회장이 일본 목간학회 회원으로서 일본 목간학회 행사에 참석해 왔기 때문이었을 것이다.

사진 1. 朱雀門 앞 朱雀大路 동측의 발굴 현장

행사 준비로 바쁜 가운데에도 馬場基 연구실장이 현장을 다시 찾아 小田裕樹 주임연구원과 함께 발굴 상황을 설명해 주었다.

이후 奈良文化財研究所로 돌아가 平城京 출토 목간을 실견하는 시간을 가졌다. 桑田訓也 주임연구원의 안내를 받아 國寶들이 보관된 수장고로 이동하였다. 보고싶어 하는 목간을 꺼내어 직접 볼 수 있도록 친절히 배려하여 주었다. 수많은 목간이 보관되어 있는 수장고 자체도 눈길을 뗄 수 없는 공간이었지만, 그 많은 목간들 중에서 필요로 하는 목간을 척척 찾아내는 모습 또한 인상적이었다. 김병준 회장은 부호나 기호가 있는 목간들을 집중적으로 요청하여 세밀하게 관찰하며 부호·기호 여부를 판단하였다. 刻書가 되어 있는 목간 또한 확인하였다.

어느새 시간은 저녁이 되었고, 숙소에 짐을 푼 뒤 저녁 식사 장소로 이동하였다. 馬場基 연구실장이 미리 섭외한 식당에서 다양한 닭 요리를 대접받았다. 桑田訓也 주임연구원도 함께하였는데, 10월 21일부터 22일까지 중국 石家莊에서 열렸던 '第二屆中日韓出土簡牘研究國際論壇'에서 만났던 두 분과 한 달 남짓 만에 다시 만나 함께 식사하게 되어 더 반가운 자리였다. 오랜만의 만남도 반갑겠지만, 만남의 자리를 자주 만드는 것은 친교를 더 돈독히 하는 데 분명 중요한 계기가 될 것이다. 한편 두 분과 헤어지고 나서도 나라에서의 첫날 술자리는 늦게까지 지속되었다.

III. 한국목간학회 회장 인사말

12월 2일은 이틀에 걸친 일본 목간학회 행사가 시작되는 날이었다. 행사의 시작은 오후부터로서, 전날의 피로를 회복하기 위해 오전 일정은 별도로 잡지 않고 느지막이 일어나 大和西大寺驛으로 이동하였다. 역 근처에서 점심을 먹은 뒤 행사 장소인 平城宮跡資料館 소강당을 찾았다.

자료관을 잠시 둘러보는 동안 참여자들이 행사장에 속속 도착하고 있었다. 앞줄은 90대, 80대 고령의 연구자들부터 차례로 앉는다는 소문과는 조금 다른 모습으로, 자리 배치는 자유로워 보였다. 코로나19를 거치면서 분위기가 조금 바뀌었다고 한다. 보름쯤 전 한국을 방문하여 특별강연을 진행하였던 平川南 선생과 한국목간학회 이성시 前회장도 참석해 있었다. 일본 목간학회 吉川眞司 회장과 인사한 뒤 행사의 시작을 기다렸다.

행사는 현장 진행과 더불어 ZOOM을 통해서 송출되었다. 30분 정도 총회가 진행된 후 본격적인 연구집회가 시작되었다. 내빈 소개 시간에 일본어 인사말을 준비해 달라는 일본 목간학회 측의 사전 요청이 있었다. 이에 김병준 회장이 준비한 인사말을 일본어로 낭독하였다. 해당 인사말의 한국어판은 다음과 같다.

올해부터 한국목간학회 회장을 맡게 된 서울대학의 김병준이라고 합니다.

2007년 한국목간학회가 창립된 이래 회장의 연구영역을 보면 한국목간학회가 어떻게 발전해 왔는지를 잘 알 수 있습니다. 제1대 회장은 경북대학의 주보돈 선생님이었고 한국 고대사가 전공이었습니다. 초기 목간학회는 중국이나 일본에 비해 늦게 시작한 목간연구를 궤도에 올려 놓기 위해 한국목간의 정리와 연구에 주안점을 두었습니다. 제2대 회장은 와세다 대학의 이성시 선생님이었습니다. 잘 아시다시피, 이성시 선생님은 일본 목간과의 비교 속에서 한국 목간의 위상을 밝히는 연구를 해 왔고, 목간학회도 그런 방향으로 연구의 범위를 넓혔습니다. 그리고 제가 3번째 회장을 맡게 되었습니다. 제 전공은 중국고대사입니다. 저는 한국목간의 연구 범위를 동아시아로 더 넓히려는 바람을 갖고 있습니다. 한국 목간과 일본 목간이 비슷한 시기, 紙木倂用時代에 해당한다는 점에서 많은 공통점을 갖고 있지만, 중국목간에서 기원한 만큼 그 형태나 문서서식과의 비교가 필수적이라 생각합니다.

이를 위해서 수년 전부터 한국과 중국, 일본 3개국이 함께 모여 목간의 형태와 내용에 대한 상호 비교 검토를 하는 국제학술대회를 몇 차례 개최한 바 있습니다. 제1회 학술대회부터 올해 제2회 학술대회까지, 그리고 그 중간에 열렸던 비대면 국제심포지움을 포함해서 언제나 일본 목간학회 여러분의 도움과 참여가 있었습니다. 이 자리를 빌려 다시 한 번 감사드립니다. 앞으로도 가능한 매년 학술대회를 개최할 생각을 하고 있습니다. 2년에 한 번 중국에서 비교적 큰 규모로 학술대회를 갖고, 그 사이사이에 형편이 되는 대로 한국과 일본에서 비교적 작은 규모로 학술대회를 갖고자 합니다. 아직까지는 오랫동안 따로따로 연구가 진행되었기 때문에 목간 용어나 연구 방향에서 큰 차이가 있습니다. 하지만 그 차이를 확인하고 서로를 이해하게 되면 자국의 목간 연구에 큰 도움이 되리라 생각합니다. 지금 한국목간학회에서는 2024년 5월 즈음에 서울에서 각국 학자 3-4명 정도가 참가하는 학술대회를 기획하고 있습니다. 관심을 갖고 도와주시길 바랍니다.

자신의 모습은 언제나 타자와의 비교 속에서 명확해집니다. 간단한 예를 들어보겠습니다. 집에서 혼자 있을 때에는 내가 최고라는 생각을 하게 됩니다. 하지만 일단 바깥에 나가면 여러 사람을 만나게 되고, 내가 그들 중에 어떤 사람인지 알게 되지요. 역사도 마찬가지라고 생각합니다. 한반

사진 2. 김병준 회장의 인사말 모습

도나 일본의 역사를 자국에서 벗어나 동아시아라는 지역에서 생각할 때 그 정확한 위치를 찾을 수 있다고 생각합니다. 얼마전 저는 學習院대학에서 강연한 적이 있는데, 바로 한국목간을 자국사의 시점에서만 바라볼 때 어떤 한계가 있는지, 동아시아에서 바라볼 때 어떤 점이 더 눈에 들어오는지에 대해 이야기했습니다. 논문으로도 발표한 바가 있습니다.

마지막으로 2007년 한국목간학회가 창립될 때, 창립취지문에 나온 내용을 말씀드리면서 인사말을 끝낼까 합니다.

"중국이나 일본에 비하여 유관 자료가 극히 부족한 형편이고 또 출발이 늦었지만 앞서간 그들의 노력은 곧 우리가 어떤 방향으로 어떻게 자리 잡아 나가는 것이 바람직한지를 가리켜 주는 길잡이 역할을 할 수 있으리라 기대된다. 이웃의 성과와 시행착오를 거울삼아 학문적 업적들을 꾸준히 축적함으로써 한국 목간학은 빠른 시일 내에 이웃과 대등하고도 독자적인 수준으로 성장할 수 있으리라 확신하면서 출범을 선언한다."

한국목간학회 회장 김병준

일본 목간학회가 더 적극적으로 한국이나 중국과의 교류에 임하게 하고자 하는 김병준 회장의 의도가 느껴지는 인사말이었다. 그 의도가 잘 전달된 덕분인지, 이후 일본 목간학회 吉川眞司 회장의 한국 목간학회 방문 및 발표가 약속되었다. 한국에 대해 더 관심을 가지게 되는 변화가 느껴진다는 이성시 선생님의 평가가 있었다.

IV. 연구집회 참관

내빈 인사와 신입회원 소개에 이어 연구집회의 본격적인 발표가 시작되었다. 첫날의 발표 대상은 平安京 목간이었다. 吉野秋二의 '平安京跡出土木簡の槪容と特質', 山本雅和의 '平安京の木簡出土遺跡', 竹本晃의 '平安京西市周邊出土の木簡' 등 관련된 3건의 발표가 연이어 이루어졌다. 平城京이나 飛鳥 지역 등 奈良의 목간에 관한 정보를 상대적으로 더 익숙하게 접해 왔던 데 비해, 京都를 여러 차례 방문한 바 있음에도 平安京 목간은 낯설게 느껴지는 것들이기에 그 내용이 더 흥미롭게 다가왔다. 특히 西市 주변에서 출토된 목간들 중에 인상적인 자료들이 많았다.

사진 3. 연구집회 관련 목간의 실견

첫날 발표가 끝나고 관련 토론이 시작되기까지 별도의 장소에서 실제 목간을 관찰하는 시간이 주어졌다. 앞서 발표된 平安京 목간들은 물론 다음 날 발표될 福島市 西久保遺跡 출토 목간과 京都府 京丹後市 鰷尾遺跡 출토 목간의 실물들이 한 데 모여 있었다. 목간에 대한 소개와 발표를 넘어 실제 목간들을 가져와 볼 수 있게 해주는 것은 매우 부러운 광경이었다. 매년 초에 개최되는 한국목간학회의 '신출토문자자료의 향연' 행사에서 전년 신출토 목간 실물의 공개가 이루어질 날이 올 수 있을지 궁금해졌다.

토론 시간이 끝나고 첫날의 일정이 종료된 후, 大和西大寺驛 인근의 식당에서 일본 목간학회의 임원진 및 발표자들이 참석하는 뒷풀이 행사에 함께할 수 있었다. 이탈리안 레스토랑이라는 장소 선정이나, 사전에 협의된 인원들만 참석하도록 하게 하는 원칙이 한국 학회의 뒷풀이와 다른 모습으로 인상적이었다.

다음 날인 12월 3일의 연구집회는 奈良文化財研究所의 山本祥隆 주임연구원이 2023년 한 해 동안 일본 전국에서 출토된 목간을 소개하는 것으로 시작되었다. 총 57점의 목간이 소개되는데, 2023년 출토 목간이 1점뿐인 한국 입장에서 일본의 꾸준한 목간 출현이 부러웠다. 57점 중 25점이 근세 이후의 목간인 점 또한 인상적이었다. 2023년 출토 목간 가운데 福島市 西久保遺跡 출토 목간과 京都府 京丹後市 鸛尾遺跡 출토 목간에 대해서는 별도로 발굴자에 의한 구체적 소개가 진행되었다. 이들 2023년 일본 출토 목간에 대해서는 이번 일정을 함께한 小宮秀陵 교수가 2024년 1월의 한국목간학회 정기발표회에서 정리하여 발표해 주기로 하였다.

오후에는 종합토론이 진행되었으나, 우리는 공항으로 이동해야 하기에 오전 행사까지만 참여가 가능하였다. 작별 인사를 나눈 후 행사장을 빠져나와, 마지막으로 平城宮 第一次 大極殿 일대를 둘러보고 간사이 국제공항으로 향했다. 小宮秀陵 교수는 공항까지 함께 가며 의리를 지켰다. 상상 이상으로 붐비는 간사이 국제공항의 인파를 뚫고 나가는 것은 쉽지 않은 일이었으나, 결국 무사히 귀국행 비행기에 탑승할 수 있었다.

짧지만 비교적 하드한 일정이 되었던 이번 한국목간학회 임원진의 일본 목간학회 참석이 무엇을 남겼을까? 한국목간학회와 일본 목간학회, 그리고 둘을 넘어 동아시아의 목간 연구 단체 간의 관계는 더욱 돈독하고 긴밀해지게 될 것인가? 이는 앞으로의 관계 속에서 지속적으로 확인될 문제이다. 이번 방문에 응해서 내년에 이루어질 일본 목간학회 회장단의 한국목간학회 방문이 기대되는 바이다.

투고일 : 2023.12.25.   게재확정일 : 2023.12.26.

서역 서역 서역, 아름다운 이 거리(road)*

: 우즈베키스탄, 투르크메니스탄, 타지키스탄 실크로드 답사기

전상우**

사진 1. 페이켄트 유적지를 걷는 답사단(ⓒ신남경)

* 답사기에 사용한 사진은 김근식, 이승호, 이규호, 이진선 선생님이 촬영한 것임을 밝힌다.
** 단국대학교 사학과 박사과정

답사, 이대로 가능한가?

조금이나마 건강하게 살아보겠다고 동네 스포츠센터로 수영을 다녔다. 8개월을 등록했으니 예상보다 오래 다녔다. 그리고 중앙아시아 답사를 열흘 정도 앞둔 7월 24일 오리발을 신은 첫 수업에서 허리를 다쳤다. 허리를 굽혀 물건을 주울 수가 없었다. 눕기라도 하면 일어나기 너무 힘들었다. '중앙아시아 갈 수 있나?', '못가면 답사비 환불되는 건가?', '내 돈...!!'과 같은 생각이 맴돌았다.

예상대로 답사비는 전액 환불이 불가능했다. 어떻게 해서라도 중앙아시아에 가야했다. 다행히 디스크는 아니어서 며칠 간격으로 허리에 주사 두 대를 맞았다. 주사를 맞으니 신기하게 통증이 많이 사라졌다. 허리 베개와 허리 치료로 유명한 의사의 책도 구매했다. 버스에 앉아서 이동하는 시간이 많았던 이번 답사에서 허리 베개는 꽤 유용했다(매번 허리 베개를 잊지 않고 챙겨야 해서 귀찮기는 했다). 며칠은 허리에 무리 가는 행동을 하지 않고 지냈다.

이번 중앙아시아 답사는 3~4년 전부터 윤용구 선생님의 주도로 계획되어 있었다. 처음에는 신장위구르자치구 우루무치가 첫 일정이었는데, 중국 여행을 위한 단체 비자 발급 과정이 까다로워 제외되었다. 투르크메니스탄 입국 비자 발급도 난항을 겪었다. 투르크메니스탄이 외국인의 자국 입국을 까다롭게 통제하기 때문이었다. 여행사에서 외교부에 연락해 발급을 요청했는데도 허가가 나지 않았다. 다행히 현지 총괄 가이드의 사모님이 투르크메니스탄 여행사 사장과 아는 사이라 이쪽을 통해 입국 비자를 발급받게 되었다. 여러 선생님의 수고와 노력에 힘입어 최종적으로 우즈베키스탄, 투르크메니스탄, 타지키스탄 3국을 둘러볼 수 있게 되었다.

답사 전날, 여행에 이것저것 많이 챙겨 다니는 후배의 조언을 얻어 평소보다 캐리어에 짐을 더 넣었다. 허리 베개가 부피를 많이 차지해서 빼고 싶었지만 그럴 수 없었다. 밤에는 걱정 반, 설렘 반으로 잠이 오질 않았다. 결국 선잠만 자다가 일찍 깨서 공항버스 정류장으로 나갔다. 예상외로 공항버스는 만원이었다. 약 90분을 달려 인천국제공항 1터미널에 도착한 뒤, 출국 절차를 거쳐 우즈베키스탄 항공의 비행기에 몸을 실었다. 이규호 선생님은 비자 발급 후 여권을 갱신해 출국하지 못한 경험이 있어서 비행기에 탑승할 때까지 긴장을 늦추지 못했다. 다행히 전원 문제없이 비행기에 올라 여정을 시작했다.

우즈베키스탄에 당도한 것을 환영하오 낯선이여
: 우즈베키스탄 타슈켄트, 부하라

약 7시간의 긴 비행이었지만, 옆에 앉은 선생님들과 이야기하고, 이국적인 기내식도 맛보며 시간을 보냈다. 특히 비행기에서 내려다보이는 천산산맥(天山山脈)과 이식쿨(Issyk-Kul) 호수의 모습은 신기했고 또 아름다웠다. 현지 시각으로 8월 4일 13시 50분, 우즈베키스탄 타슈켄트 공항에 도착했다. 우즈베키스탄의 날씨는 맑았지만, 햇살은 뜨겁고 건조했다. 서둘러 버스에 올라 첫 번째 일정을 시작했다.

표 1. 중앙아시아 답사 일정표

날짜	일정	비고
08월 04일 금 (1일차)	▸ 인천 출발 ▸ 타슈켄트(Tashkent) 도착 - 우즈베키스탄 국립 역사 박물관(State Museum of History of Uzbekistan) - 초르수 바자르(Chorsu Bazaar)	
08월 05일 토 (2일차)	- 응용미술 박물관(Museum of Applied Art in Uzbekistan) ▸ 부하라(Bukhara) 도착 - 페이켄트 요새(Paikend fortress) 유적지&전시관	항공 이동
08월 06일 일 (3일차)	- 투르크메니스탄 국경 이동 ▸ 마리(Mary) 도착 - 키즈 칼라(Kiz Kala)	국경 통과
08월 07일 월 (4일차)	- 마리 주립 역사 박물관(Mary State History Museum) ▸ 아시가바트(Ashgabat) 도착 - 아시가바트 국립 박물관(Ashgabat National Museum of History) - 올드 니사(Old Nisa)	
08월 08일 화 (5일차)	▸ 마리 도착 - 고누르 테페(Gonur tepe) - 투르크메니스탄 국경 이동 ▸ 우즈베키스탄 부하라 도착	국경 통과
08월 09일 수 (6일차)	▸ 테르메즈(Termiz) 도착 - 파야즈 테페(Fayaz tepe)&카라 테페(Kara tepe)	
08월 10일 목 (7일차)	- 테르메즈 고고학 박물관(Archaeological Museum of Termez) - 타지키스탄 국경 이동 ▸ 두샨베(Dushanbe) 도착 - 타지키스탄 국립박물관(Tajikistan National Museum)	국경 통과
08월 11일 금 (8일차)	- 타지키스탄 국립박물관 재방문 - 파미르 고원(Pamir Plat) 통과 - 무그산 유적(Mt. Mugh site) ▸ 판자켄트(Panzakent) 도착 - 루다키 역사 박물관(Rudaki Historical Museum) - 판자켄트 유적지&전시관	
08월 12일 토 (9일차)	- 사라즘의 최초의 도시 유적(Proto-Urban site of Sarazm) ▸ 타지키스탄 국경 이동 ▸ 사마르칸트(Samarkand) 도착 - 아프라시압(Afrasiab) 유적지&박물관 - 우즈베키스탄 국립 역사 문화 박물관(State Museum of Culture History of Uzbekistan) - 레기스탄 광장(Registan Square) 야경	국경 통과
08월 13일 일 (10일차)	- 레기스탄 광장(Registan Square) ▸ 타슈켄트 도착 - 마트 쇼핑 ▸ 타슈켄트 출발	
08월 14일 월 (11일차)	▸ 인천 도착	

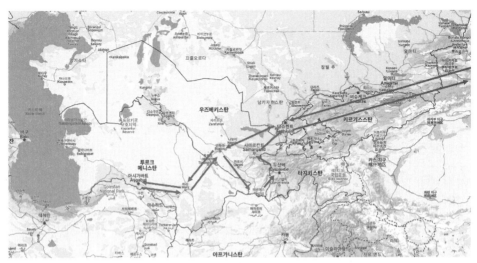

지도 1. 중앙아시아 답사 지도(구글 지도를 바탕으로 편집)

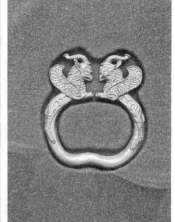

사진 2. 우즈베키스탄 국립 역사 박물관의 모습과 전시 유물

중앙아시아 답사의 첫 번째 일정은 우즈베키스탄 국립 역사 박물관(State Museum of History of Uz-bekistan)이었다. '국립' 역사 박물관이기 때문에 가기 전부터 기대치가 높았다. 전시관은 2층과 3층에 위치했는데, 3층은 현대 우즈베키스탄의 탄생과 정권 홍보의 성격이 짙어 눈길이 가지 않았다. 2층은 꽤 흥미로웠다. 확실히 동아시아의 박물관에서 보던 유물과 다른 양식의 것들이 많았기 때문이다. 그리스 쪽에서 온 듯한 동전도 보였고, 중국 내몽고박물에서 본 것 같은 유물도 있었다. 특히 7세기 중반의 쿠란 필사본은 신기하면서 부럽기까지 했다. 다만 '국립' 박물관인 것에 비해 전시관의 규모가 크지 않아 아쉬웠다.

사진 3. 또 먹고 싶은 우즈베키스탄의 멜론

　우즈베키스탄 국립 역사 박물관을 보고, 초르수 바자르(Chorsu Bazaar)로 이동했다. 관광지로도 유명한 곳인데 바자르는 시장이라는 뜻이다. 타슈켄트에 어떤 물산이 거래되는지, 어떤 디자인이 유행인지 등을 볼 수 있었다. 상인이 아님에도 한국어로 인사를 건네는 우즈베키스탄 사람들이 종종 있어서 신기했다. 초르수 바자르에서 가장 인상적이었던 것은 과일이었다. 과일들의 색깔이 선명했고, 처음 보는 것들이 많았다. 수박과 멜론은 쌓아두고 팔았는데 한국에서 생산되는 것보다 컸다. 멜론은 답사단 모두가 한 조각씩 맛보았다. 멜론을 입에 넣은 순간 천상의 맛이라는 게 이런 맛이구나 싶었다. 이 멜론을 한국에서 팔 수만 있다면 먹고 살 걱정은 없겠다는 생각도 들었다. 달콤하고 부드러운 멜론 한 조각으로 여독이 다 풀린 것만 같았다.

　2일차에는 일정상 우즈베키스탄 국립 미술관 대신 응용미술 박물관(Museum of Applied Art in Uz-bekistan)을 방문했다. 여러 직물, 공예품 등이 전시되어 있었다. 특히 벽면의 장식 문양이 아름답게 느껴졌다. 점심으로 쁠롭(plov)을 먹었다. 세계테마기행에서 봤던 그 식당이라 반가웠다. 본격적으로 먹기 시작한 중앙아시아의 음식은 생각보다 괜찮았다. 거의 모든 식당에서 논(non)이라는 빵을 주었는데, 중앙아시아 사람들이 밥처럼 먹는 것 같았다. 달지 않고 담백해 계속 손이 갔다.

사진 4. 페이켄트 요새 전경과 개원통보

　2일차의 특이사항은 항공편을 이용해 부하라로 이동하는 것이었다. 약 60분을 소요하여 부하라에 도착한 뒤, 페이켄트 요새(Paikend fortress) 유적지와 바로 옆에 있는 소규모 전시관을 방문했다. 페이켄트 요새는 부하라 오아시스의 도시 중 가장 큰 규모였으며, 성채, 정착지, 교외로 구성되었다. 기원전 4세기 전후로 도시가 형성되기 시작해 6~8세기 전성기를 맞이했고, 11세기 무렵 기후의 변화로 주변에서 물을 구할 수 없게 되어 쇠락했다고 한다. 당나라 때 사용했던 개원통보(開元通寶)가 전시되어 있었는데, 실크로드 교역이 이런 것이구나, 중국 정사에 편제된 서역열전이 이런 교류를 바탕으로 작성되었을 수도 있겠구나 싶었다. 요새로 이동해서는 전시관의 관장님이 유적을 설명해 주셨다. 우즈베키스탄 통역이 말을 잘 전달해 주어 공부에 도움이 되었다. 나중에 알고 보니 답사를 함께 한 우즈베키스탄 통역은 주우즈베키스탄 대한민국 대사관과도 연결된(?) 인재여서 놀라웠다. 페이켄트 요새의 흔적은 많이 없어졌지만, 흙으로 쌓은 성벽과 건물 벽들이 곳곳에 남아있었다. 해 질 무렵 방문하여 사진이 이쁘게 나왔다.

　저녁은 호텔 근처 골목에 위치한 식당에서 먹었다. 옥상의 테라스에서 식사했는데, 분위기가 너무 좋아 인상적이었다. 식사 후 호텔 주변의 술집을 탐색해 2차를 가기로 했다. 치안에 문제가 있지 않을까 싶었지만, 생각보다 많은 우즈베키스탄 사람이 밤마실을 즐기고 있었다. 아이스크림 가게 앞에는 가족 단위로 모여 와자지껄했다. 그러나 유독 술집만은 보이지 않았는데, 구글 지도가 알려준 곳에 가면 시간이 다 되었거나 가게가 없는 상황이 계속되었다. 결국 온 길을 되돌아 반대편으로 가서야 술집을 발견했다. 알고 보니 우리가 들어간 곳은 술집이 아니었고 물담배를 파는 곳이었다. 사이드 메뉴로 술을 팔던 것이었다. 다음날 투르크메니스탄 국경을 넘기로 되어 있어서 간단하게 마신 후 자리를 마무리했다.

현기증 난단 말이에요, 빨리 입국시켜 주세요 : 투르크메니스탄

3일차에는 투르크메니스탄으로 이동하기 위해 국경으로 갔다. 공항을 통한 입국심사는 체험해 봤지만, 육로를 통한 절차는 처음이었다. 미리 비자를 발급받았으므로 심사 과정에서 큰 문제는 없겠지 싶었다. 10시 40분쯤 버스에서 내려 우즈베키스탄 국경 검문소로 들어갔다. 출국 심사는 매끄럽게 진행되었다. 그러나 투르크메니스탄 국경 검문소는 차원이 다른 곳이었다. 입국을 위해서는 총 3곳에서의 검사를 통과해야 했다. 첫 번째 검문소는 비교적 쉽게 지났지만, 밖으로 나오니 다음 검문소는 한참 멀리 있었다. 또 출국을 위한 트럭으로 가득 차 위험했다. 결국 비용을 내고 검문소 내를 운행하는 차에 타 다음 목적지로 이동할 수밖에 없었다. 두 번째 검문소에서는 코로나 검사를 진행했다. 순서대로 간이 건물에 들어가 코로나 검사를 받는데, 한국의 방식과는 매우 달랐다. '이게 검사라고?' 싶을 정도였다. 투르크메니스탄이 왜 코로나 감염자 0명이었는지 알 수 있었던 순간이었다. 코로나 검사가 끝났음에도 하릴없이 대기하다가 한참이 지난 후 다음 검문소로 이동할 수 있었다. 차를 이용하지 않으면 걸어가야 했는데, 트럭이 오가는 긴 거리를 짐 한가득 안고 이동하기는 쉽지 않았다. 이번에도 비용을 내고 차를 탔다. 마지막 검문소에서는 비자 대

사진 5. 투르크메니스탄 국경 검문소를 통과하는 모습

조, 짐 검사 등이 이루어졌다. 이곳에서는 유달리 검사가 오래 걸렸는데, 일 처리가 늦을뿐더러 점심시간이라며 통관과 보안 검사 직원이 모두 자리를 비웠기 때문이었다. 한국의 여권이 두 종류(구형 초록색, 신형 파란색)라 진위를 판별하는 시간도 오래 걸렸다. 입국 비자를 다른 사람에게 붙이기도 했다. 검문소에는 의자나 냉방 시설이 제대로 갖춰지지 않아 땅바닥에 주저앉아 하염없이 기다릴 수밖에 없었다. 오기로 한 사람들이 나오지 않자 투르크메니스탄의 가이드와 통역이 검문소 안으로 들어와서 재촉해 14시가 넘어서야 절차를 마무리할 수 있었다. 보안 규정상 검문소에서의 추억(?)을 사진으로 남길 수 없어 아쉬울 따름이었다. 고생과 차마 적을 수 없는 말로 점철된 투르크메니스탄 입국 과정이었지만, 답사단 간의 전우애가 생겼다. 이번 답사에서 가장 기억에 남는 순간 중 하나였다.

투르크메니스탄 국경 검문소를 나온 뒤 버스를 타고 도시락을 먹으며 마리(Mary)로 이동했다. 투르크메니스탄의 도로는 열악했다. 포장은 되어 있었지만, 갈라지고 부서진 곳이 많아 머리가 천장에 닿을 뻔한 적이 한두 번이 아니었다. 그동안 큰 문제 없었던 허리가 걱정될 정도였다. 고생 끝에 투르크메니스탄에서의

사진 6. 키즈 칼라와 답사단

첫 번째 답사지인 키즈 칼라(Kiz Kala)에 도착했다. 칼라는 요새라는 뜻으로, 이곳은 7세기 무렵 지어진 것으로 이해된다. 키즈 칼라의 랜드마크는 그레이터 키즈 칼라(Greater Kyz Kala)로, 요새화된 총독의 집무처 혹은 거주지라고 한다. 높이 약 12m에 달하는 벽을 보고 있노라면 절로 탄성이 나온다. 진흙으로 지었음에도 지금까지 꽤 그 흔적이 잘 남아있어 신기했다. 페이켄트 요새를 갔을 때도 그랬지만, 혁련발발(赫連勃勃)이 쌓은 통만성(統萬城)이 생각났다.

4일차에는 호텔 바로 옆의 마리 주립 역사 박물관(Mary State History Museum)부터 시작했다. 마리가 투르크메니스탄에서 두 번째로 큰 도시인만

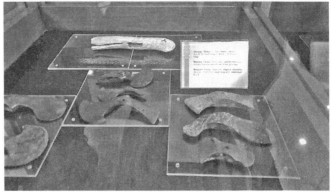

사진 7. 마리 주립 역사 박물관의 모습과 전시 유물

큼 전시하는 유물이 많은 것은 물론 넓고 시원했으며 깨끗했다. 마리와 그 인근에서 발견된 유물을 전시하고 있었는데, 어제 갔던 키즈 칼라에서의 것도 있었다. 기원전 2,000~3,000년의 것으로 추정되는 의례용 도끼가 인상적이었다. 투르크메니스탄이 독재국가이다 보니 독재자에 대한 선전물도 많았는데, 북한의 국제태권도연맹에서 받은 가입증서를 전시해 놓아 눈길이 갔다.

마리 주립 역사 박물관을 다 본 뒤, 답사단은 승용차에 3~4명씩 나누어 타고 아시가바트로 이동했다. 나는 금경숙, 김현숙 선생님과 같은 차량에 탑승했다. 그런데 기사가 이동 중간에 누군가와 전화를 주고받더니 갑자기 언성을 높이기 시작해서 당황했다. 결국 그 기사는 답사단이 모여 있는 곳에 우리를 내려주고 가버렸다. 말이 통하지 않으니 일이 이렇게 된 원인은 자세히 듣지 못했는데, 비용 문제이지 않을까 짐작해 볼 뿐이다. 아무튼 새로운 승용차로 갈아타고 아시가바트까지 이동했다. 척박한 대지가 계속 이어졌고, 중간중간 유적지로 보이는 곳들도 있었다.

아시가바트에 가까워지니 저 멀리에서 이란고원(Iranian Plat.)의 끝자락이 나타났다. 평탄한 대지 끝에 우뚝 솟아 있는 이란고원은 천연 장벽처럼 느껴졌다. 약 5시간을 달려 아시가바트(Ashgabat)에 도착했다. 아시가바트는 현재 투르크메니스탄의 수도이기도 하지만, 고대 파르티아의 중심지이기도 했다. 유튜브에

사진 8. 아시가바트의 모습과 이란고원

서 봤던 것처럼 중심부로 갈수록 하얗고 고급진 건물이 들어서 있었다. 외곽의 주거공간으로 보이는 건물은 하얀색에 모두 같은 디자인이었는데, 문득 여기 사는 사람들은 술에 많이 취하면 집에 찾아가기 힘들겠다는 생각이 들었다. 또 거리에 사람과 차가 잘 없다는 특징도 있었다. 북한의 평양도 이런 경관이겠구나 싶

었다. 조금 늦은 시간이었지만 아시가바트 외곽의 식당에서 점심을 먹었다. 고기 꼬치구이인 샤슬릭이 메인이었는데, 중앙아시아에서 먹었던 고기 중에 제일 맛있었다.

점심 식사 후, 아시가바트 국립 박물관(Ashgabat National Museum of History)으로 이동했다. 아시가바트 국립 박물

사진 9. 아시가바트 국립 박물관의 모습과 전시 유물

관은 여태껏 가본 박물관 중 손에 꼽을 정도로 멋지고 고급스러웠다. 그런데 심각한 문제가 생겼다. 16시 30분쯤 도착했는데, 17시에 문을 닫는다는 것이었다. 여행사에서 사정하여 17시 30분까지 관람을 연장시켰다. 답사단은 부리나케 박물관을 관람했다. 관람은 2층에서만 이루어졌는데, 중앙아시아에 대한 지식이 전혀 없는 내가 보아도 중요해 보이는 유물이 많았다. 나는 평소에 박물관을 시간을 들여 보는 스타일이 아니었는데도 관람 시간이 약간 부족했다. 사실상 패스한 유물이 많았다. 상황이 이러했으니 관련 전공 선생님들은 정말 관람 시간이 부족했을 것이다. 투르크메니스탄이 다시 오기 어려운 곳이라 더 아쉬움이 컸다. 아시가바트에 한 번 더 오라는 계시겠거니 하며 아쉬움을 삼켰다.

아시가바트 국립 박물관에서의 일정을 뒤로 하고, 올드 니사(Old Nisa)로 이동했다. 니사는 파르티아의 첫 번째 수도였던 곳으로, 현재 유네스코 세계문화유산에 '니사의 파르티아 성채(Parthian Fortresses of Nisa)'라는 이름으로 등재되어 있다. 니사는 올드 니사(Old Nisa)와 뉴 니사(New Nisa) 구역으로 구성되어 있다. 올드 니사는 파르티아의 수도이자 무역 중심지로 번영을 누리다가 기원전 1세기 발생한 지진으로 타

사진 10. 올드 니사

격을 입었고, 파르티아가 멸망하면서 버려졌다. 상아로 만든 뿔잔, 포도주 출납 기록된 토기편 등이 발견되었다. 올드 니사에 도착하니 그곳을 설명하기 위한 가이드가 합류했다. 가이드는 교직 생활을 하다가 은퇴하신 분이었는데, 유창한 영어로 유적을 설명하며 답사단을 이끌었다. 간혹 통역의 말이 끊길 때가 있었는데 그럴 때마다 김권구 선생님께서 가이드의 말을 쉽게 풀어주셔서 이해에 큰 도움이 되었다.

5일차에는 다시 아시가바트에서 승용차를 타고 마리로 이동했다. 3일차에 머물렀던 숙소에서 잠시 쉬다가 다른 차량으로 갈아타고 고누르 테페(Gonur tepe)로 이동했다. 고누르 테페로 가는 길은 모래가 많아 사막에서 운행이 가능한 차로 갈아탄 것이다. 중간중간에 양, 염소, 낙타 등을 방목하는 광경을 볼 수 있었던 것 빼고는 정말 척박한 대지의 연속이었다. 낙타는 이곳의 농가에서도 볼 수 있었는데, 한국의 농가에서 소를 키우는 것과 같은 맥락인가 싶었다.

이번 답사의 구체적인 일정이 고지된 후 해결해야 할 문제가 바로 긴 이동 시간에 무엇을 할 것인가였다. 이에 대비하여 '스토브리그'라는 드라마를 태블릿에 담아 왔는데, 정말 재미있어서 틈날 때마다 보았다. 이날도 스토브리그를 보며 이동했는데, 시청 중에 투르크메니스탄 통역의 질문을 받았다. 전(殿)과 루(樓)는 무엇이 다른가, 고누르 테페에 대해 미리 조사한 것을 한국어로 바꿔봤는데 어색하진 않냐 등이었다. 투르크메니스탄 통역의 이름은 아인젤이었던 것 같은데, 한국에 한 번도 방문하지 않았음에도 한국어가 유창해 대단하다고 느꼈다. 로밍이 가능한 국가였다면 질문에 좀 더 충실히 답했을 텐데 대략만 이야기하고 끝낼 수밖에 없어 아쉬웠다.

어느덧 고누르 테페에 도착했다. 구름과 바람은 전혀 없었고, 작열하는 태양만 온몸으로 느낄 수 있었다. 모래로 발이 푹푹 빠지는 곳도 있었다. 급히 선크림을 바르고 마스크

사진 11. 뜨거웠던 고누르 테페

와 팔토시를 착용했다. 고누르 테페에도 가이드가 있었다. 가이드는 마리 일대의 발굴에 참여했던 사람이었는데, 도면을 들고 와서 설명하여 유용했다. 고누르 테페는 청동기시대 초기인 기원전 2,400~1,600년 사이에 형성된 도시로, 이 일대의 도시 유적 중 가장 잘 보존된 곳이다. 궁전, 요새, 조로아스터교와 관련된 사원 등이 발견되었다. 궁전은 유적 중앙에 있고, 그 입구에는 도자기로 만들어진 수도가 있었다고 한다. 왕의 접견실에서 왕이 앉던 자리가 건물의 중앙이 아니라 왼쪽에 있었다는 점도 흥미로웠다. 기원전 1,600년 무렵부터 주변 유목민의 침입이 증가하고, 고누르 테페 근처 무르가브(Murghab) 강의 흐름이 서쪽으로 바뀌면서 쇠락했다고 한다.

사진 12. 투르크메니스탄에서 출국하기 위한 여정

좀 더 고누르 테페를 둘러보고 싶었지만, 태양이 너무 뜨거웠고, 무엇보다 투르크메니스탄에 체류할 수 있는 시간이 8월 5일(5일차)까지라 서둘러 국경 검문소로 향했다. 이번에는 권은주 선생님과 같은 차에 탔는데, 중간에 차가 고장 나서 다른 차로 갈아탔고, 새로 탄 차의 기사가 길을 헤매는 바람에 일행보다 한참 늦게 국경 검문소에 도착했다. 국경 검문소에 도착한 시간은 23시 무렵이었다. 국경 검문소 입구까지 차로 이동할 수 있었지만, 화물차들이 줄지어 있어 그러지 못했다. 답사단은 지친 몸과 캐리어를 끌고 모기떼의 습격을 헤쳐가며 걸어서 국경 검문소로 향했다. 생각보다 거리가 멀어서 시간이 꽤 소요됐다. 고생 끝에 도착한 국경 검문소에서는 입국했던 순서의 반대로 절차가 진행되었다. 투르크메니스탄 현지 가이드와 통역은 늦은 시간임에도 답사단이 무사히 출국할 수 있도록 끝까지 도와주었다. 그 때문인지 출국 때는 다음날 01시 무렵에 우즈베키스탄에 발을 디딜 수 있었다. 버스에서 때늦은 저녁으로 김밥을 먹으며 부하라의 숙소로 이동했다. 다음에 투르크메니스탄에 가게 된다면 꼭 항공을 이용해야겠다고 다짐했다.

강 건너 아프가니스탄 구경 : 우즈베키스탄 테르메즈

일정상 아쉽게도 가지 못하지만, 부하라 시내에는 부하라 아르크(Ark of Bukhara), 미르 아랍 마드라사

사진 13. 파야즈 테페와 카라 테페

(Mir-i Arab Madrassa) 등 다양한 유적이 있었다. 이규호 선생님의 제안에 아침에 일어나 이 유적들을 돌아보려 했다. 그러나 아침이 되자 도저히 일어날 수가 없어서 합류하지 못했다. 나중에 후기를 들어보니 같이 가지 못한 것이 못내 아쉬웠다.[1]

6일차에는 테르메즈(Termiz)로 이동했다. 테르메즈는 그리스어로 '더운 곳'을 뜻하는데, 알렉산더가 이 지역을 정복하고 나서 붙인 이름이라고 한다. 우즈베키스탄 남부에 위치하였고, 아프가니스탄과 국경을 맞대고 있다. 불교가 전파된 후에는 대규모 불교사원이 출현하여 대승불교의 중심지가 되었다. 7세기 무렵에는 이슬람 세력의 영향력에 들어갔다. 13세기에는 칭기즈칸의 공격으로 도시 전체가 무너져 살아남은 자들은 약 8㎞를 내려와 현재의 테르메즈에 다시 도시를 세웠다.

불교가 성행했던 지역인만큼 테르메즈에는 다양한 불교 유적이 남아있었다. 그중에서 초기 불교 유적인 파야즈 테페(Fayaz tepe)와 카라 테페(Kara tepe)의 답사가 계획되었다. 확실히 테르메즈로 가는 길은 이전과 달랐다. 평지보다는 언덕과 산, 계곡이 자주 보였는데, 숲이나 나무는 많이 없었다. 버스 기사가 너무 느긋하게 운전하는 바람에 예상 이동 시간(6시간)보다 더 늦게 테르메즈에 도착했다. 2018년 한원연구회의 답사에서도 버스 기사가 너무 천천히 운전해 일정에 차질이 있었는데, 그 당시 생각이 났다.

파야즈 테페와 카라 테페는 인접해 있었다. 파야즈 테페는 남쪽의 장방형 승원과 북쪽의 탑원으로 이루어져 있다. 중앙의 서쪽에는 인물, 부처 등이 그려져 있는 벽화가 존재했다. 중앙의 동쪽에는 원형 스투파(Stupa)가 세워져 있는데, ∩모양으로 생겼다. 대표적인 출토 유물로는 감실 안에 부처와 좌우 승려가 표현된 삼존불 부조상(비나야 삼존불)이 있으며, 여러 문자로 표기된 불교 경전 등도 발견되었다. 파야즈 테페에 도착했을 때는 해가 저물어 가고 있는 시간이었다. 입구에서 내려 파야즈 테페까지 걸어갔는데, 어느 현지인이 자신이 이곳에서 발견한 동전이라며 판매를 시도하기도 했다. 아스팔트로 만들어진 도로가 놓여 있어서 파야즈 테페와 카라 테페로 가는 길은 수월했다. 파야즈 테페의 스투파를 본 뒤 카라 테페로 이동했다.

카라 테페는 우즈베키스탄 최대의 불교사원이자 유일한 석굴 사원으로 알려져 있다. 서쪽과 남쪽의 석굴과 북쪽의 승원으로 구분된다. 설법도로 추정되는 벽화, 부처, 보살, 공양자 등이 표현된 소조상, 여러 언어가 새겨진 토기편 등이 발견되었다. 폐사된 후에는 주변 거주민들이 카라 테페를 매장지로 사용했다고 한다. 카라 테페는 최대의 불교사원이라는 설명이 무색하지 않게 파야즈 테페보다 넓다는 것을 알 수 있었다. 먼저 스투파와 건물지를 둘러본 뒤, 석굴로 이동했다. 카라 테페의 석굴은 약 10여 곳이 발견되었는데, 일부 석굴의 중앙 벽면은 '불상이 있었던 게 아니었을까?'라는 생각을 들게 하는 홈이 파여 있었다. 석굴을 관람하고 위쪽으로 올라가니 바로 아무다리야강(Amu Darya)이 보였다. 카라 테페에서 아무다리야강을 바라보면 반대편이 아프가니스탄이었다. 뉴스에서만 보던 아프가니스탄을 실제로 보다니 신기했다. 압록강에서 배를 타고 북한을 구경하는 느낌이었다.

저녁은 샤슬릭 그리고 절대 메뉴에서 빠지지 않는 멜론과 수박 등을 먹었다. 보드카도 곁들였는데, 마냥 소주일 것 같았던 보드카의 이미지를 깰 수 있었다. 도수가 높고 깔끔해서 샤슬릭같은 기름진 음식에 잘 맞았다. 저녁 식사 후에는 거리를 걸으며 동네 구경을 했다.

아름다운 파미르 고원, 말로만 듣던 소그드인의 유적 : 타지키스탄

어느덧 답사를 시작한 지 1주일이 되었다. 7일차는 테르메즈 고고학 박물관(Archaeological Museum of Termez)을 관람했다. 어제 방문했던 파야즈 테페와 카라 테페를 포함한 테르메즈 인근에서 발견된 유물이 전시되어 있었다. 특히 파야즈 테페의 대표적 유물인 삼존불 부조상을 실제로 볼 수 있어서 좋았다. 이밖에 금동으로 만들어진 작은 불상, 체스, 인물상, 토기, 팔찌 등이 전시되어 있었다. 비교적 관람을 일찍 마친 나는 박물관 밖으로 나와 벤치에 앉아 테르메즈 사람들의 일상을 구경하며 시간을 보냈다.

오후에는 타지키스탄으로의 이동이 계획되어 있었다. 국경 검문소를 통과해야 한다는 의미였다. 투르크

---

1) 부하라 시내의 유적 답사에 대한 후기는 이규호, 2023, 「[답사기] 문화와 물품의 교차점을 가다」, 『웹진 역사랑(歷史廊)』 45(http://www.koreanhistory.org/webzine/view/5547)에 잘 소개되어 있다.

사진 14. 테르메즈 고고학 박물관의 모습과 전시 유물

메니스탄 국경 검문소에서의 아찔한 추억이 스치면서 또다시 4시간을 기다려야 하는지, 입국 후 도로 상태는 어떨지 불안감이 엄습했다. 14시 30분쯤 국경 검문소에 들어갔다. 오만 걱정이 무색하게 타지키스탄 국경 검문소는 물 흐르듯이 입국 절차가 진행되었다. 한국에서 오래 근무해 한국어가 유창한 타지키스탄 아저씨를 만나 환담을 나누기도 했다. 국경 검문소를 나와 17시에 두샨베(Dushanbe)의 타지키스탄 국립박물관(Tajikistan National Museum)에 도착했다.

사진 15. 타지키스탄 국립 박물관의 모습과 전시 유물

순조로운 타지키스탄 입국이었다.

　타지키스탄 국립박물관은 한국의 박물관과 크게 다를 바 없을 정도로 정비가 잘 되어 있었다. 지하 1층의 자연사부터 둘러본 뒤 선사, 고대 순으로 관람했다. 켄타우로스(Centauros)가 장식된 금 펜던트(4세기), 금석문(8세기), 직물(10~11세기), 금관(기원전 1세기) 등이 전시되어 있었고, 궁성을 복원해 놓은 곳도 인상

사진 16. 파미르 고원

적이었다. 특별 전시관인 것 같았던 곳에는 와불을 비롯한 여러 불상도 자리해 있었다. 관람 후에는 강변의 식당으로 가 야경을 보며 근사한 저녁을 즐겼다.

　8일차는 다시 타지키스탄 국립 박물관에서 시작했다. 박물관 관람 시간이 부족했던 선생님들을 위한 재방문이었다. 나와 이정빈, 이승호, 이규호 선생님은 박물관 바로 옆의 호수 공원을 산책했다. 타지키스탄 국립 박물관에서의 일정이 끝난 후 판자켄트(Panzakent)로 이동했다. 판자켄트를 가기 위해서는 파미르 고원(Pamir Plat)을 거쳐야 했다. 황량한 대지가 대부분이었던 이번 답사에서 파미르 고원은 단연 아름다운 모습이었다. 계곡을 따라 에메랄드빛의 물이 흘렀고, 기이한 형상의 바위산이 이어졌다. 잠시만 내려 계곡 물에 발을 담그고 싶었는데 그러지 못해 너무 아쉬웠다. 에메랄드빛의 물은 두샨베에서 파미르 고원을 넘는 구간에서만 이어졌고, 판자켄트와 가까워질수록 흙탕물로 변했다. 석탄 광산으로 보이는 곳에서 하수 처리를 제대로 안 해서 그런가 싶었다. 잠시 쉬어 가고자 파미르 고원 정상 부근에서 멈췄는데, 8월 한여름임에도 꽤 쌀쌀해 신기했다.

　무그산 유적(Mt. Mugh site)에 가기 전에 휴게소에서 점심을 먹었다. 먹고 싶은 음식을 고르면 그만큼 값을 지불하는 방식이었다. 식사 후 밖에서 견과류를 팔던 상인과 잠깐 대화했는데, 한국에서 왔다고 하니까 바로 손흥민을 얘기해 재밌었다. 무그산 유적은 이슬람 세력에게 쫓겨난 소그드인의 마지막 피난처로, 해발 1,500m에 위치한 요새였다. 요새는 3면이 절벽으로 되어 있고, 소그드어, 아랍어, 터키어, 중국어로 된 무그 문서가 발견되었다. 일정상 무그산 유적에 직접 가지는 못하고 마을에서 바라보는 것으로 대신했다. 무그산 유적을 바라본 마을에서 2명의 동네 아이를 만났다. 이런 외진 곳에서 무슨 재미로 살까 싶었는데 아이들은 정말 순수한 웃음을 지어 기억에 남았다.

사진 17. 무그산 유적을 바라본 마을에서

　17시쯤 판자켄트에 진입해 루다키 역사 박물관(Rudaki Historical Museum)에서 무그산 출토 문서와 유물 등을 관람했다. 이후 판자켄트 유적지로 이동했다. 판자켄트는 8세기 초 소그드인이 잠시 수도로 삼 았던 곳이기도 하다. 이 유적지에는 무역 중심지의 기능을 수행한 도시의 흔적이 남아 있었다. 특히 많은 벽화가 발견된 것으로도 유명한데, 신화, 종교, 축제, 전투 등 주제가 다양하다. 대체로 5세기의 것으로 이 해되며, 8세기 이슬람 세력의 침략으로 제작이 중단되었다. 판자켄트는 이슬람 세력에 의해 점령된 뒤에도 무역 중심지의 역할은 그대로 유지했다. 판자켄트 유적지 옆에는 조그만 전시관도 함께 있었다. 유적지의 입구에는 벤치가 있었는데, 그곳에 앉아 유적지를 조망하니 여유로움이 느껴져 편안했다. 전시관 관람 후 이곳의 발굴에 참여하셨던 분이 전시관에서 나와 답사단에게 유적지를 설명했다.

사진 18. 루다키 역사 박물관과 판자켄트 유적지

사진 19. 사라즘의 최초의 도시 유적

　9일차는 사라즘의 최초의 도시 유적(Proto-Urban site of Sarazm)으로 시작되었다. 기원전 4,000~3,000년의 거주지로, 유목민과 농경민의 교류를 보여주는 곳이었다. 유네스코 세계문화유산에 등재되어 전시관은 물론 전반적인 정비가 잘 되어 있었다. 특히 전시관 외부에는 당시 사람들이 어떤 형태의 주거지에 살고, 무엇을 사용했는지 등을 보여주는 집을 복원해 두었고, 한쪽에는 발굴 당시의 유구를 보존해 인상적이었다.

　사라즘의 최초의 도시 유적의 관람 후에는 타지키스탄에서 우즈베키스탄 사마르칸트(Samarkand)로 이동했다. 타지키스탄 현지 통역의 도움으로 국경 검문소를 매우 빠르게 통과할 수 있었다. 타지키스탄 통역과 국경 검문소의 직원들이 친구라 답사단의 절차를 먼저 처리해 주었던 것이다. 이번 답사의 현지 통역은 모두 한국에서 어학연수를 하지 않았음에도 한국어를 능숙하게 한다는 공통점이 있었다. 타지키스탄 통역만 남자였는데, 23살의 나이에 벌써 한국어 학원의 원장이었고, 한국의 업체와 사업을 계획하고 있었다. 여기에 국경 검문소 사람들과 친분까지 있으니 대단하다는 생각이 들었다.

아름다운 사마르칸트의 밤, 저물어 가는 답사 : 우즈베키스탄 사마르칸트

　타지키스탄 국경 검문소에서 사마르칸트로 이동하니 16시가 조금 넘은 시간이었다. 늦은 점심을 먹었는데, '식후경'이라는 한식당을 방문했다. 평소 식사를 적게 하시는 선생님들이 많았는데, 한식당을 방문해서인지 다들 활기차게 점심을 즐기셨다. 맛도 한국에서 먹는 것과 크게 다르지 않았다. 오랜만에 만족스러운 식사를 한 뒤, 이번 답사에서 고대하던 곳 중의 하나인 아프라시압(Afrasiab) 유적지로 이동했다.

사진 20. 아프라시압 유적지와 전시관

아프라시압 유적지는 고구려에서 온 것으로 추정되는 사신도가 있다고 해 유명한 곳이다. 먼저 전시관에 들어갔는데, 동북아역사재단에서 만든 아프라시압 관련 동영상을 보았다. 이번 답사에서 방문한 답사지에는 한국어는커녕 영어 설명도 적었는데, 오랜만에 한국어로 된 설명을 들으니 마음이 편해졌다. 영상 관람 후 바로 옆에 있는 벽화 전시실로 가서 말로만 듣던 아프라시압 벽화를 구경했다. 확실히 사진으로 보던 것에 비해 벽화의 색깔이 옅어졌고, 다수의 인물 그림은 윤곽만 남은 상태였다. 벽화를 관람한 뒤 기념품점으로 가 벽화가 그려진 마그넷, 엽서를 샀다. 답사단의 공금으로 학술 서적도 구매했다. 전시관 옆에는 아프라시압 궁전 유적이 남아있어 한 바퀴 둘러보았다. 중간중간에 이곳이 어느 지점임을 알려주는 설명문이 있어서 이해에 도움이 되었다. 아프라시압 벽화가 발견된 곳도 볼 수 있었다.

다음 코스는 우즈베키스탄 국립 역사 문화 박물관(State Museum of Culture History of Uzbekistan)이었다. 인근에서 발견된 것으로 보이는 토우, 조각상 등과 각종 직물이 전시되어 있었다. 먼저 관람을 마무리한 사람들은 주변 카페에 가 커피를 마셨다. 카페에서 음료를 주문하는 도중 갑자기 건물 전체가 정전

사진 21. 레기스탄 광장에서 커피 한 잔

되는 바람에 커피는 다른 곳에서 포장해 길거리에서 마셨다. 덕분에 박물관 관람을 마친 선생님들을 아주 조금 기다리게 해 민망했다.

답사의 막바지에 이르러서인지 사마르칸트의 숙소는 아주 좋았다. 수심이 조금 깊긴 했지만, 야외 수영장이 있었고, 로비 근처에는 바도 있었다. 숙소에 짐을 푼 후 몇몇 선생님들과 잠시나마 수영을 즐겼다. 바에서는 평소 궁금했던 위스키를 한 잔 마셨다. 가격은 생각보다 저렴했다. 직원이 영어로 말을 걸어서 잠시 대화했는데, 나의 짧은 영어 실력이 안타까웠다. 몇몇 선생님들은 호텔 내의 상점에서 현지 옷을 구매하며 시간을 보냈다. 저녁 식사 장소도 근사했다. 보드카가 괜찮은 술이라는 것을 다시 알 수 있었다. 숙소에 가기 전 레기스탄 광장(Registan Square)에 잠시 내려 야경을 관람했다. 세 곳의 마드라사(Madrassa)에 형형색색의 불빛을 쏘고 음악을 틀어 두어 즐거웠다. 숙소로 돌아온 뒤에는 우즈베키스탄에서의 마지막 밤을 아쉬워하며 조촐한 술자리를 가졌다.

드디어 이번 답사의 마지막인 10일차에 도달했다. 전날 밤에 갔던 레기스탄 광장으로 가 마드라사를 구

사진 22. 답사단 단체사진

경했다. '사마르칸트-문화 교차로(Samarkand-Crossroads of Cultures)'라는 이름으로 유네스코 세계문화유산에 등재된 곳이었다. 마드라사로 가는 길목마다 상점이 자리 잡고 있었다. 왼편에 있던 울루그 베그 마드라사(Ulugh Beg Madrasa)는 내부로 들어갈 수 있었는데, 장식 문양이 너무나도 아름다웠다. 색깔, 문양 모두 내 취향을 저격해서 우리 집도 이런 스타일이었으면 좋겠다고 생각했다. 울루그 베그 마드라사 뒤쪽 건물 2층의 카페도 방문했다. 전망 좋은 곳에서 예쁜 잔에 담긴 따뜻한 커피를 마시니 절로 기분이 좋아졌다. 호프에서 기본 안주로 뻥튀기를 주는 것처럼 이곳에서는 말린 블루베리(?)를 주었는데 맛이 달콤해 커피와 잘 어울렸다.

레기스탄 광장을 뒤로 하고 답사단은 출국을 위해 타슈켄트로 이동했다. 이동 중간에 대형마트에 들러

기념품을 구매하는 시간도 가졌다. 타슈켄트에 도착해 한식당에서 중앙아시아에서의 마지막 식사를 한 뒤 공항으로 갔다. 공항에서 현지 여행사 사장님, 우즈베키스탄 통역과 작별하고, 공항 면세점에서 친구들이 부탁한 꼬냑 한 병을 사 비행기에 몸을 실었다. 귀국에는 약 6시간이 소요되었다. 인천국제공항에 도착하여 짐을 찾으니 아침 9시가 넘었다. 걱정 속에 시작했던 중앙아시아 답사는 이렇게 무사히 막을 내렸다.

답사가 끝난 후 4개월이 지난 시점에서 답사기를 쓰자니 유적지에서 들었던 설명은 거의 기억이 나지 않아 아쉬웠다. 다행히 함께 답사한 한겨레 신문의 노형석 기자님께서 기행문을 신문에 실으신다고 들었다. 이번에 방문했던 유적지에 대한 설명은 노형석 기자님의 기행문을 참고하면 좋을 것 같다. 마지막으로 답사를 주도하고 준비해주신 윤용구 선생님과 답사 중에 유익한 설명과 좋은 말씀, 그리고 맛있는 달다구리를 나누어 주신 여러 선생님께 깊은 감사를 전하고 싶다.

투고일 : 2023.12.11.   게재확정일 : 2023.12.12.

휘 보

학술대회, 정기발표회, 강연, 신라향가연구독회, 자료교환

학술대회, 정기발표회, 강연, 신라향가연구독회, 자료교환

1. 학술대회

* 임시 총회 개최

- 일시 : 2023년 11월 17일(금) 11:30~12:00
- 장소 : 온라인(ZOOM) 및 서울대학교 6동 207호 동아문화연구소 회의실
- 안건 : 고유번호증 대표자 변경 및 『목간과 문자』 편집 및 발간 규정 일부 개정
- 결과

① 고유번호증 대표자 현 회장으로 변경

② '학회지 논문의 투고와 심사에 관한 규정' 개정

제 25 조 (종합판정과 등급) 종합판정은 게재(A), 수정후 게재(B), 수정후 재심사(C), 게재 불가 (D) 중의 하나로 한다.

제 28 조 (게재 여부 결정의 조건) 심사위원의 심사 결과를 종합하여 다음과 같이 판정한다.

1. A·A·B, A·A·B : 게재

2. A·A·C, A·A·D, A·B·B, A·B·C, B·B·B : 수정후 게재

3. A·B·D, B·B·C : 편집위원회에서 판정

4. A·C·C, A·C·D, B·B·D, B·C·C, B·C·D, C·C·C : 수정후 재심사

5. A·D·D, B·D·D, C·C·D, C·D·D, D·D·D : 게재 불가

제 29조 〈삭제 2023.11.17.〉

③ '학회지 논문의 투고와 원고 작성 요령에 관한 내규' 개정

제 8 조 (게재료) 논문 게재 확정시에 내국인의 경우 일반 논문 10만원, 연구비 수혜 논문 30만 원의 게재료를 납부하여야 한다.

제 9 조 (초과 게재료) 학 회지에 게재하는 논문의 분량이 인쇄본을 기준으로 20면을 넘을 경우에 는 1면 당 2만원의 초과 게재료를 부과할 수 있다. 단, 한국목간학회 발표회·학술회의를 거친 논문 의 경우 면제할 수 있다.

2. 정기발표회

1) 한국목간학회 제41회 정기발표회

- 주최 : 한국목간학회
- 일시 : 2023년 9월 8일(금) 13:30~17:30
- 장소 : 중앙대학교 310관 826호

- 일정

13:30~13:40 : 인사말 - 한국목간학회장
13:40~14:50 : 부여 동남리 49-2번지 출토 백제 목간의 내용과 용도 - 김창석(강원대학교)
14:50~15:10 : 휴식
15:10~16:20 : 금석학에 바탕한 김정희의 추사체 - 이은솔(원광대학교)
16:20~17:30 : 광개토왕 비문 신묘년조 다르게 읽어 보기 - 김병준(서울대학교)

2) 한국목간학회 제42회 정기발표회

- 주최 : 한국목간학회
- 일시 : 2023년 12월 22일(금) 13:30~17:30
- 장소 : 동국대학교 만해법학관 B163호

- 일정

13:30~13:40 : 인사말 - 한국목간학회장
13:40~14:50 : 樂浪郡戶口簿에 보이는 '獲流'에 대하여 - 윤용구(경북대학교)
14:50~15:10 : 휴식
15:10~16:20 : 점제현신사비의 건립 시기와 목적 - 안정준(서울시립대학교)
16:20~17:30 : 韓國高敞出土將軍號銅印考 -六世紀前半의 百濟 支配秩序의 一側面-
　　　　　　　- 井上直樹(교토부립대)

3. 강연

1) 2023년 한국목간학회 외국 학자 초청 강연

- 주최 : 한국목간학회
- 일시 : 2023년 11월 17일(금) 12:00~14:00
- 장소 : 서울대학교 6동 207호 동아문화연구소 회의실/온라인(ZOOM)

- 강연자 : Marjorie Burge(콜로라도 대학교)
- 주   제 : 목간과 플레이스의 문자문화(Mokkan and the Written Culture of Place)

2) 2023년 한국목간학회 특별 초청 강연

- 주최 : 서울대학교 인문학연구원 동아문화연구소, 연합전공 동아시아비교인문학, 한국목간학회
- 후원 : Pony Chung Foundation
- 일시 : 2023년 11월 17일(금) 16:00~18:00
- 장소 : 서울대학교 14동 B101호
- 사회 : 이재환(중앙대학교)

- 강연자 : 平川 南(國立歷史民俗博物館 名譽敎授·山梨縣立博物館 名譽館長)
- 주 제 : 慶山所月里遺跡を通してみる日本列島の文字文化への影響 - 千葉県下総台地の水田開発と墨書土器·人面土器を中心に -

4. 신라향가연구독회

- 첫 모임
  - 일   시 : 7월 3일(월) 16:00~18:00
  - 장   소 : 중앙대학교 310관 902호
  - 강연자 : 권인한(성균관대)

■ 8월 모임
  - 일   시 : 8월 1일(화) 16:00~18:00
  - 장   소 : 중앙대학교 310관 826호
  - 주   제 : 처용가
  - 강연자 : 권인한(성균관대)

■ 9월 모임
  - 일   시 : 9월 9일(토) 15:00~18:00
  - 장   소 : 중앙대학교 310관 826호
  - 주   제 : 서동요, 풍요
  - 발제자 : 림성권(성균관대)
  - 강연자 : 권인한(성균관대)

■ 10월 모임
  - 일   시 : 10월 14일(토) 15:00~18:00
  - 장   소 : 중앙대학교 310관 201호
  - 주   제 : 혜성가
  - 특   강 : 서영교(중원대), 진평왕대 倭兵과 彗星歌
  - 발제자 : 림성권(성균관대)
  - 강연자 : 권인한(성균관대)

■ 11월 모임
  - 일   시 : 11월 11일(토) 15:00~18:00
  - 장   소 : 중앙대학교 302관 105호
  - 특   강 : 김성규(서울대), 향가의 구성 형식에 대한 새로운 해석
  - 주   제 : 원왕생가
  - 발제자 : 림성권(성균관대)
  - 강연자 : 권인한(성균관대)

■ 12월 모임
  - 일   시 : 12월 9일(토) 15:00~18:00
  - 장   소 : 중앙대학교 203관 814호
  - 주   제 : 모죽지랑가

- 특　강 : 서정목(서강대), 필사본 "화랑세기"와 향가 '모죽지랑가'
- 발제자 : 림성권(성균관대)
- 강연자 : 권인한(성균관대)

5. 자료교환

日本木簡學會와의 資料交換

  * 韓國木簡學會 『木簡과 文字』 30호 일본 발송

부록

학회 회칙, 간행예규, 연구윤리규정

학회 회칙

제 1 장 총칙

제 1 조 (명칭)　본회는 한국목간학회(韓國木簡學會, The Korean Society for the Study of Wooden Documents)라 한다.

제 2 조 (목적)　본회는 목간을 비롯한 금석문, 고문서 등 문자자료와 기타 문자유물을 중심으로 한 연구 및 학술조사를 통하여 한국의 목간학 발전에 이바지함을 목적으로 한다.

제 3 조 (사업)　본회는 목적에 부합하는 다음의 사업을 한다.
1. 연구발표회
2. 학보 및 기타 간행물 발간
3. 유적·유물의 답사 및 조사 연구
4. 국내외 여러 학회들과의 공동 학술연구 및 교류
5. 기타 위의 각 사항의 사업을 수행하기 위해 필요한 사업

제 4 조(회원의 구분과 자격)
① 본회의 회원은 본회의 목적에 동의하여 회비를 납부하는 개인 또는 기관으로서 연구회원, 일반회원 및 학생회원으로 구분하며, 따로 명예회원, 특별회원을 둘 수 있다.
② 연구회원은 평의원 2인 이상의 추천을 받아 평의원회에서 심의, 인준한다.
③ 일반회원은 연구회원과 학생회원이 아닌 사람과 기관 및 단체로 한다.
④ 학생회원은 대학생과 대학원생으로 한다.
⑤ 명예회원은 본회의 발전에 크게 기여한 회원 또는 개인 중에서 운영위원회에서 추천하여 평의원회에서 인준을 받은 사람으로 한다.
⑥ 특별회원은 본회의 활동과 운영에 크게 기여한 개인 또는 기관 중에서 운영위원회에서 추천하여 평의원회에서 인준을 받은 사람으로 한다.

제 5 조 (회원징계)   회원으로서 본회의 명예를 손상시키거나 회칙을 준수하지 않았을 경우 평의원회의 심의와 총회의 의결에 따라 자격정지, 제명 등의 징계를 할 수 있다.

제 2 장 조직 및 기능

제 6 조 (조직)   본회는 총회·평의원회·운영위원회·편집위원회를 두며, 필요한 경우 별도의 위원회를 구성할 수 있다.

제 7 조 (총회)
    ① 총회는 정기총회와 임시총회로 나누며, 정기총회는 2년에 1회 정기적으로 개최하고 임시총회는 필요한 때에 소집할 수 있다.
    ② 총회는 회장이나 평의원회의 의결로 소집한다.
    ③ 총회는 평의원회에서 심의한 학회의 회칙, 운영예규의 개정 및 사업과 재정 등에 관한 보고를 받고 이를 의결한다.
    ④ 총회는 평의원회에서 추천한 회장, 평의원, 감사를 인준한다. 단 회장의 인준이 거부되었을 때는 평의원회에서 재추천하도록 결정하거나 총회에서 직접 선출한다.

제 8 조 (평의원회)
    ① 평의원은 연구회원 중 평의원회의 추천을 받아 총회에서 인준한 자로 한다.
    ② 평의원회는 회장을 포함한 평의원으로 구성한다.
    ③ 평의원회는 회장 또는 평의원 4분의 1 이상의 요구로써 소집한다.
    ④ 평의원회는 아래의 사항을 추천, 심의, 의결한다.
        1. 회장, 평의원, 감사, 편집위원의 추천
        2. 회칙개정안, 운영예규의 심의
        3. 학회의 재정과 사업수행의 심의
        4. 연구회원, 명예회원, 특별회원의 인준
        5. 회원의 자격정지, 제명 등의 징계를 심의

제 9 조 (운영위원회)
    ① 운영위원회는 회장과 회장이 지명하는 부회장, 총무·연구·편집·섭외이사 등 20명 내외로 구성하고, 실무를 담당할 간사를 둔다.
    ② 운영위원회는 평의원회에서 심의·의결한 사항을 집행하며, 학회의 제반 운영업무를 담당한다.
    ③ 부회장은 회장을 도와 학회의 업무를 총괄 지원하며, 회장 유고시에는 회장의 권한을 대행한다.

④ 총무이사는 학회의 통상 업무를 담당, 집행하며 회장을 대신하여 재정·회계사무를 대표하여 처리한다.

⑤ 연구이사는 연구발표회 및 각종 학술대회의 기획을 전담한다.

⑥ 편집이사는 편집위원을 겸하며, 학보 및 기타 간행물의 출간을 전담한다.

⑦ 섭외이사는 학술조사를 위해 자료소장기관과의 섭외업무를 전담한다.

제 10 조 (편집위원회) 편집위원회는 학보 발간 및 기타 간행물의 출간에 관한 제반사항을 담당하며, 그 구성은 따로 본회의 운영예규에 정한다.

제 11 조 (기타 위원회) 기타 위원회의 구성과 활동은 회장이 결정하며, 그 내용을 평의원회에 보고한다.

제 12 조 (임원)

① 회장은 본회를 대표하고 총회와 각급회의를 주재하며, 임기는 2년으로 한다.

② 평의원은 제 8 조의 사항을 담임하며, 임기는 종신으로 한다.

③ 감사는 평의원회에 출석하고, 본회의 업무 및 재정을 감사하여 총회에 보고하며, 그 임기는 2년으로 한다.

④ 임원의 임기는 1월 1일부터 시작한다.

⑤ 임원이 유고로 업무를 수행할 수 없게 된 때에는 평의원회에서 보궐 임원을 선출하고 다음 총회에서 인준을 받으며, 그 임기는 전임자의 잔여임기가 1년 미만인 경우는 잔여임기에 규정임기 2년을 더한 기간으로 하고, 잔여임기가 1년 이상인 경우는 잔여기간으로 한다.

제 13 조 (의결)

① 총회에서의 인준과 의결은 출석 회원의 과반수로 한다.

② 평의원회는 평의원 4분의 1 이상의 출석으로 성립하며, 의결은 출석한 평의원 과반수의 찬성으로 한다.

제 3 장 출판물의 발간

제 14 조 (출판물)

① 본회는 매년 6월 30일과 12월 31일에 학보를 발간하고, 그 명칭은 "목간과 문자"(한문 "木簡과 文字", 영문 "Wooden documents and Inscriptions Studies")로 한다.

② 본회는 학보 이외에 본회의 목적에 부합하는 출판물을 발간할 수 있다.

③ 본회가 발간하는 학보를 포함한 모든 출판물의 저작권은 본 학회에 속한다.

제 15 조 (학보 게재 논문 등의 선정과 심사)

　　① 학보에는 회원의 논문 및 본회의 목적에 부합하는 주제의 글을 게재함을 원칙으로 한다.

　　② 논문 등 학보 게재물은 편집위원회에서 선정한다.

　　③ 논문 등 학보 게재물의 선정 기준과 절차는 따로 본회의 운영예규에 정한다.

제 4 장 재정

제 16 조 (재원)　　본회의 재원은 회비 및 기타 수입으로 한다.

제 17 조 (회계연도)　　본회의 회계연도 기준일은 1월 1일로 한다.

제 5 장 기타

제 18 조 (운영예규)　　본 회칙에 명시하지 않은 운영에 필요한 사항은 따로 운영예규에 정한다.

제 19 조 (기타사항)　　본 회칙에 규정되지 않은 사항은 일반관례에 따른다.

부칙

1. 본 회칙은 2007년 1월 9일부터 시행한다.
2. 본 회칙은 2009년 1월 9일부터 시행한다.
3. 본 회칙은 2012년 1월 18일부터 시행한다.
4. 본 회칙은 2015년 10월 31일부터 시행한다.
5. 본 회칙은 2021년 11월 23일부터 시행한다.

편집위원회에 관한 규정

제 1 장 총칙

제 1 조 (명칭)   본 규정은 '편집위원회에 관한 규정'이라 한다.

제 2 조 (목적)   본 규정은 한국목간학회 편집위원회의 조직 및 편집 활동 전반에 관한 세부 사항을 규정하는 것을 목적으로 한다.

제 2 장 조직 및 권한

제 3 조 (구성)   편집위원회는 회칙에 따라 구성한다.

제 4 조 (편집위원의 임명)   편집위원은 세부 전공 분야 및 연구 업적을 감안하여 평의원회에서 추천하며, 회장이 임명한다.

제 5 조 (편집위원장의 선출)   편집위원장은 편집위원 전원의 무기명 비밀투표 방식으로 편집위원 중에서 선출한다.

제 6 조 (편집위원장의 권한)   편집위원장은 편집회의의 의장이 되며, 학회지의 편집 및 출판 활동 전반에 대하여 권한을 갖는다.

제 7 조 (편집위원의 자격)   편집위원은 다음과 같은 조건을 갖춘자로 한다.
1. 박사학위를 소지한 자.
2. 대학의 전임교수로서 5년 이상의 경력을 갖추었거나, 이와 동등한 연구 경력을 갖춘자.
3. 역사학·고고학·보존과학·국어학 또는 이와 관련된 분야에서 연구 업적이 뛰어나고 학계의 명망과 인격을 두루 갖춘자.

4. 다른 학회의 임원이나 편집위원으로 과다하게 중복되지 않은 자.

제 8 조 (편집위원의 임기)　편집위원의 임기는 2년으로 하되, 연임할 수 있다.

제 9 조 (편집자문위원)　학회지 및 기타 간행물의 편집 및 출판 활동과 관련하여 필요시 국내외의 편집자문위원을 둘 수 있다.

제 10 조 (편집간사)　학회지를 비롯한 제반 출판 활동 업무를 원활히 하기 위하여 편집간사 약간 명을 둘 수 있다.

제 3 장　임무와 활동

제 11 조 (편집위원회의 임무와 활동)　편집위원회의 임무와 활동 내용은 다음과 같다.
　1. 학회지의 간행과 관련된 제반 업무.
　2. 학술 단행본의 발행과 관련된 제반 업무.
　3. 기타 편집 및 발행과 관련된 제반 활동.

제 12 조 (편집간사의 임무)　편집간사는 편집위원회의 업무와 활동을 보조하며, 편집과 관련된 회계의 실무를 담당한다.

제 13 조 (학회지의 발간일)　학회지는 1년에 2회 발행하며, 그 발행일자는 6월 30일과 12월 31일로 한다.

제 4 장　편집회의

제 14 조 (편집회의의 소집)　편집회의는 편집위원장이 수시로 소집하되, 필요한 경우에는 3인 이상의 편집위원이 발의하여 회장의 동의를 얻어 편집회의를 소집할 수 있다. 또한 심사위원의 추천 및 선정 등에 필요한 경우에는 전자우편을 통한 의견 수렴으로 편집회의를 대신할 수 있다.

제 15 조 (편집회의의 성립)　편집회의는 편집위원장을 포함한 편집위원 과반수의 출석으로 성립된다.

제 16 조 (편집회의의 의결)　편집회의의 제반 안건은 출석 위원 과반수의 찬성으로 의결하되, 찬반 동수인 경우에는 편집위원장이 결정한다.

제 17 조 (편집회의의 의장)　편집위원장은 편집회의의 의장이 된다. 편집위원장이 참석하지 아니한 경우에는 편집위원 중의 연장자가 의장이 된다.

제 18 조 (편집회의의 활동)　편집회의는 학회지의 발행, 논문의 심사 및 편집, 기타 제반 출판과 관련된 사항에 대하여 논의하고 결정한다.

부칙
제1조 이 규정은 운영위원회의 의결을 거쳐 2007년 11월 24일부터 시행한다.
제2조 이 규정은 운영위원회의 의결을 거쳐 2009년 1월 9일부터 시행한다.
제3조 이 규정은 운영위원회의 의결을 거쳐 2012년 1월 18일부터 시행한다.

학회지 논문의 투고와 심사에 관한 규정

제 1 장 총칙

제 1 조 (명칭)   본 규정은 '학회지 논문의 투고와 심사에 관한 규정'이라 한다.

제 2 조 (목적)   본 규정은 한국목간학회의 학회지인 『목간과 문자』에 수록할 논문의 투고와 심사에 관한 절차를 정하고 관련 업무를 명시함에 목적을 둔다.

제 2 장 원고의 투고

제 3 조 (투고 자격)   논문의 투고 자격은 회칙에 따르되, 당해 연도 회비를 납부한 자에 한한다.

제 4 조 (투고의 조건)   본 학회에서 발표한 논문에 한하여 투고하는 것을 원칙으로 한다.

제 5 조 (원고의 분량)   원고의 분량은 학회지에 인쇄된 것을 기준으로 각종의 자료를 포함하여 20면 내외로 하되, 자료의 영인을 붙이는 경우에는 면수 계산에서 제외한다.

제 6 조 (원고의 작성 방식)   원고의 작성 방식과 요령 등에 관하여는 별도의 내규를 정하여 시행한다.

제 7 조(원고의 언어)   원고는 한국어로 작성함을 원칙으로 하되, 외국어로 작성된 원고의 게재 여부는 편집회의에서 정한다.

제 8 조 (제목과 필자명)   논문 제목과 필자명은 영문으로 附記하여야 한다.

제 9 조 (국문초록과 핵심어)   논문을 투고할 때에는 국문과 외국어로 된 초록과 핵심어를 덧붙여야 한다. 요약문과 핵심어의 작성 요령은 다음과 같다.

1. 국문초록은 논문의 내용과 논지를 잘 간추려 작성하되, 외국어 요약문은 영어, 중국어, 일어 중의 하나로 작성한다.
2. 국문초록의 분량은 200자 원고지 5매 내외로 한다.
3. 핵심어는 논문의 주제 및 내용을 대표할 만한 단어를 뽑아서 요약문 뒤에 행을 바꾸어 제시한다.

제 10 조 (논문의 주제 및 내용 조건) 논문의 주제 및 내용은 다음에 부합하여야 한다.
1. 국내외의 출토 문자 자료에 대한 연구 논문
2. 국내외의 출토 문자 자료에 대한 소개 또는 보고 논문
3. 국내외의 출토 문자 자료에 대한 역주 또는 서평 논문

제 11 조 (논문의 제출처) 심사용 논문은 온라인투고시스템을 이용한다.

제 3 장 원고의 심사

제 1 절 : 심사자

제 12 조 (심사자의 자격) 심사자는 논문의 주제 및 내용과 관련된 분야에서 박사학위를 소지한 자를 원칙으로 하되, 본 학회의 회원 가입 여부에 구애받지 아니한다.

제 13 조 (심사자의 수) 심사자는 논문 한 편당 2인 이상 5인 이내로 한다.

제 14 조 (심사 의뢰) 편집위원장은 편집회의에서 추천·의결한 바에 따라 심사자를 선정하여 심사를 의뢰하도록 한다. 편집회의에서의 심사자 추천은 2배수로 하고, 편집회의의 의결을 거쳐 선정한다.

제 15 조 (심사자에 대한 이의) 편집위원장은 심사자 위촉 사항에 대하여 대외비로 회장에게 보고하며, 회장은 편집위원장에게 이의를 제기할 수 있다. 심사자 위촉에 대한 이의에 대하여는 편집회의를 거쳐 편집위원장이 심사자를 변경할 수 있다. 다만, 편집회의 결과 원래의 위촉자가 재선정되었을 경우 편집위원장은 회장에게 그 사실을 구두로 통지하며, 통지된 사항에 대하여 회장은 이의를 제기할 수 없다.

제 2 절 : 익명성과 비밀 유지

제 16 조 (익명성과 비밀 유지 조건) 심사용 원고는 반드시 익명으로 하며, 심사에 관한 제반 사항은 편집위원장 책임하에 반드시 대외비로 하여야 한다.

제 17 조 (익명성과 비밀 유지 조건의 위배에 대한 조치)　위 제16조의 조건을 위배함으로 인해 심사자에게 중대한 피해를 입혔을 경우에는 편집위원 3인 이상의 발의로써 편집위원장의 동의 없이도 편집회의를 소집할 수 있으며, 다음 각 호에 따라 위배한 자에 따라 사안별로 조치한다. 또한 해당 심사자에게는 편집위원장 명의로 지체없이 사과문을 심사자에게 등기 우송하여야 한다. 편집위원장 명의를 사용하지 못할 경우에는 편집위원 전원이 연명하여 사과문을 등기 우송하여야 한다. 익명성과 비밀 유지 조건에 대한 위배 사실이 학회의 명예를 손상한 경우에는 편집위원 3인의 발의만으로써도 해당 편집위원장 및 편집위원에 대한 징계를 회장에게 요청할 수 있으며, 이 경우 그 처리 결과를 학회지에 공지하여야 한다.

　　1. 편집위원장이 위배한 경우에는 편집위원장을 교체한다.
　　2. 편집위원이 위배한 경우에는 편집위원직을 박탈한다.
　　3. 임원을 겸한 편집위원의 경우에는 회장에게 교체하도록 요청한다.
　　4. 편집간사 또는 편집보조가 위배한 경우에는 편집위원장이 당사자를 해임한다.

제 18 조 (편집위원의 논문에 대한 심사)　편집위원이 투고한 논문을 심사할 때에는 해당 편집위원을 궐석시킨 후에 심사자를 선정하여야 하며, 회장에게도 심사자의 신원을 밝히지 않는 것을 원칙으로 한다.

제 3 절 : 심사 절차

제 19 조 (논문심사서의 구성 요건)　논문심사서에는 '심사 소견', 그리고 '수정 및 지적사항'을 적는 난이 포함되어야 한다.

제 20 조 (심사 소견과 영역별 평가)　심사자는 심사 논문에 대하여 영역별 평가를 감안하여 종합판정을 한다. 심사 소견에는 영역별 평가와 종합판정에 대한 근거 및 의견을 총괄적으로 기술함을 원칙으로 한다.

제 21 조 (수정 및 지적사항)　'수정 및 지적사항'란에는 심사용 논문의 면수 및 수정 내용 등을 구체적으로 지시하여야 한다.

제 22 조 (심사 결과의 전달)　편집간사는 편집위원장의 지시를 받아 투고자에게 심사자의 논문심사서와 심사용 논문을 전자우편 또는 일반우편으로 전달하되, 심사자의 신원이 드러나지 않도록 각별히 유의하여야 한다. 논문 심사서 중 심사자의 인적 사항은 편집회의에서도 공개하지 않는다.

제 23 조 (수정된 원고의 접수)　투고자는 논문심사서를 수령한 후 소정 기일 내에 원고를 수정하여 편집위원장에게 송부하여야 한다. 기한을 넘겨 접수된 수정 원고는 학회지의 다음 호에 접수된 투고 논문과

동일한 심사 절차를 밟되, 논문심사료는 부과하지 않는다.

제 4 절 : 심사의 기준과 게재 여부 결정

제 24 조 (심사 결과의 종류)   심사 결과는 '종합판정'과 '영역별 평가'로 나누어 시행한다.

제 25 조 (종합판정과 등급)   종합판정은 게재(A), 수정후 게재(B), 수정후 재심사(C), 게재 불가(D) 중의 하나로 한다.

제 26 조 (영역별 평가)   영역별 평가 기준은 다음과 같다.
    1. 학계에의 기여도
    2. 연구 내용 및 방법론의 참신성
    3. 논지 전개의 타당성
    4. 논문 구성의 완결성
    5. 문장 표현의 정확성

제 27 조 (게재 여부의 결정 기준)   심사용 논문의 학회지 게재 여부는 심사자의 종합판정에 의거하여 이들을 합산하여 시행한다. 게재 여부의 결정은 최종 수정된 원고를 대상으로 한다.

제 28 조 (게재 여부 결정의 조건)   심사위원의 심사 결과를 종합하여 다음과 같이 판정한다.
    1. A·A·B, A·A·B : 게재
    2. A·A·C, A·A·D, A·B·B, A·B·C, B·B·B : 수정후 게재
    3. A·B·D, B·B·C : 편집위원회에서 판정
    4. A·C·C, A·C·D, B·B·D, B·C·C, B·C·D, C·C·C : 수정후 재심사
    5. A·D·D, B·D·D, C·C·D, C·D·D, D·D·D : 게재 불가

제 29조 〈삭제 2023.11.17.〉

제 30 조 (논문 게재 여부의 통보)   편집위원장은 논문 게재 여부에 대한 최종 확정 결과를 투고자에게 통보하여야 한다.

제 5 절 : 이의 신청

제 31 조 (이의 신청)　투고자는 심사와 논문 게재 여부에 대하여 이의를 신청할 수 있다. 이 때에는 200자 원고지 5매 내외의 이의신청서를 작성하여 심사 결과 통보일 15일 이내에 편집위원장에게 송부하여야 하며, 편집위원장은 이의 신청 접수일로부터 15일 이내에 이에 대한 처리 절차를 완료하여야 한다.

제 32 조 (이의 신청의 처리)　이의 신청을 한 투고자의 논문에 대해서는 편집회의에서 토의를 거쳐 이의 신청의 수락 여부를 의결한다. 수락한 이의 신청에 대한 조치 방법은 편집회의에서 결정한다.

제 4 장　게재 논문의 사후 심사 및 조치

제 1 절 : 게재 논문의 사후 심사

제 33 조 (사후 심사)　학회지에 게재된 논문에 대하여는 사후 심사를 할 수 있다.

제 34 조 (사후 심사 요건)　사후 심사는 편집위원회의 자체 판단 또는 접수된 사후심사요청서의 검토 결과, 대상 논문이 그 논문이 수록된 본 학회지 발행일자 이전의 간행물 또는 타인의 저작권에 귀속시킬 만한 연구 내용을 현저한 정도로 표절 또는 중복 게재한 것으로 의심되는 경우에 한한다.

제 35 조 (사후심사요청서의 접수)　게재 논문의 표절 또는 중복 게재와 관련하여 사후 심사를 요청하는 사후심사요청서를 편집위원장 또는 편집위원회에 접수할 수 있다. 이 경우 사후심사요청서는 밀봉하고 겉봉에 '사후심사요청'임을 명기하되, 발신자의 신원을 겉봉에 노출시키지 않음을 원칙으로 한다.

제 36 조 (사후심사요청서의 개봉)　사후심사요청서는 편집위원장 또는 편집위원장이 위촉한 편집위원이 개봉한다.

제 37 조 (사후심사요청서의 요건)　사후심사요청서는 표절 또는 중복 게재로 의심되는 내용을 구체적으로 밝혀야 한다.

제 2 절 : 사후 심사의 절차와 방법

제 38 조 (사후 심사를 위한 편집위원회 소집)　게재 논문의 표절 또는 중복 게재에 관한 사실 여부를 심의하고 사후 심사자의 선정을 비롯한 제반 사항을 의결하기 위해 편집위원장은 편집위원회를 소집할 수 있다.

제 39 조 (질의서의 우송)　편집위원회의 심의 결과 표절이나 중복 게재의 개연성이 있다고 판단된 논문에 대해서는 그 진위 여부에 대해 편집위원장 명의로 해당 논문의 필자에게 질의서를 우송한다.

제 40 조 (답변서의 제출)　위 제39조의 질의서에 대해 해당 논문 필자는 질의서 수령 후 30일 이내 편집위원장 또는 편집위원회에 답변서를 제출하여야 한다. 이 기한 내에 답변서가 없을 경우엔 질의서의 내용을 인정한 것으로 판단한다.

제 3 절 : 사후 심사 결과의 조치

제 41 조 (사후 심사 확정을 위한 편집위원회 소집)　편집위원장은 답변서를 접수한 날 또는 마감 기한으로부터 15일 이내에 사후 심사 결과를 확정하기 위한 편집위원회를 소집한다.

제 42 조 (심사 결과의 통보)　편집위원장은 편집위원회에서 확정한 사후 심사 결과를 7일 이내에 사후 심사를 요청한 이 및 관련 당사자에게 통보하여야 한다.

제 43 조 (표절 및 중복 게재에 대한 조치)　편집위원회에서 표절 또는 중복 게재로 확정된 경우에는 회장에게 지체 없이 보고하고, 회장은 운영위원회를 소집하여 다음 각 호와 같은 조치를 집행할 수 있다.
　　1. 차호 학회지에 그 사실 관계 및 조치 사항들을 기록한다.
　　2. 학회지 전자판에서 해당 논문을 삭제하고, 학회논문임을 취소한다.
　　3. 해당 논문 필자에 대하여 제명 조치하고, 향후 5년간 재입회할 수 없도록 한다.
　　4. 관련 사실을 한국연구재단에 보고한다.

제 4 절 : 제보자의 보호

제 44 조 (제보자의 보호)　표절 및 중복 게재에 관한 이의 및 논의를 제기하거나 사후 심사를 요청한 사람에 대해서는 신원을 절대적으로 밝히지 않고 익명성을 보장하여야 한다.

제 45 조 (제보자 보호 규정의 위배에 대한 조치)　위 제44조의 규정을 위배한 이에 대한 조치는 위 제17조에 준하여 시행한다.

부칙
제1조(시행일자) 본 규정은 2007년 11월 24일부터 시행한다.
제2조(시행일자) 본 규정은 2009년 1월 9일부터 시행한다.

제3조(시행일자) 본 규정은 2015년 10월 31일부터 시행한다.

제4조(시행일자) 본 규정은 2018년 1월 12일부터 시행한다.

제5조(시행일자) 본 규정은 2023년 11월 17일부터 시행한다.

학회지 논문의 투고와 원고 작성 요령에 관한 내규

제 1 조 (목적)   이 내규는 본 한국목간학회의 회칙 및 관련 규정에 따라 학회지에 게재하는 논문의 투고와 원고 작성 요령에 대하여 명시하는 것을 목적으로 한다.

제 2 조 (논문의 종류)   학회지에 게재되는 논문은 심사 논문과 기획 논문으로 나뉜다. 심사 논문은 본 학회의 학회지 논문의 투고와 심사에 관한 규정에 따른 심사 절차를 거쳐 게재된 논문을 가리키며, 기획 논문은 편집위원회에서 기획하여 특정의 연구자에게 집필을 위촉한 논문을 가리킨다.

제 3 조 (기획 논문의 집필자)   기획 논문의 집필자는 본 학회의 회원 여부에 구애받지 아니한다.

제 4 조 (기획 논문의 심사)   기획 논문에 대하여도 심사 논문과 동일한 절차의 심사를 시행하는 것을 원칙으로 하되, 편집위원회의 의결을 거쳐 심사를 면제할 수 있다.

제 5 조 (투고 기한)   논문의 투고 기한은 매년 4월 말과 10월 말로 한다.

제 6 조 (수록호)   4월 말까지 투고된 논문은 심사 과정을 거쳐 같은 해의 6월 30일에 발행하는 학회지에 수록하며, 10월 말까지 투고된 논문은 같은 해의 12월 31일에 간행하는 학회지에 수록하는 것을 원칙으로 한다.

제 7 조 (수록 예정일자의 변경 통보)   위 제6조의 예정 기일을 넘겨 논문의 심사 및 게재가 이루어질 경우 편집위원장은 투고자에게 그 사실을 통보해 주어야 한다.

제 8 조 (게재료)   논문 게재 확정시에 내국인의 경우 일반 논문 10만원, 연구비 수혜 논문 30만원의 게재료를 납부하여야 한다.

제 9 조 (초과 게재료)   학 회지에 게재하는 논문의 분량이 인쇄본을 기준으로 20면을 넘을 경우에는 1

면 당 2만원의 초과 게재료를 부과할 수 있다. 단, 한국목간학회 발표회·학술회의를 거친 논문의 경우 면제할 수 있다.

제 10 조 (원고료)   학회지에 게재되는 논문에 대하여는 소정의 원고료를 필자에게 지불할 수 있다. 원고료에 관한 사항은 운영위원회에서 결정한다.

제 11 조 (익명성 유지 조건)   심사용 논문에서는 졸고 및 졸저 등 투고자의 신원을 드러내는 표현을 쓸 수 없다.

제 12 조 (컴퓨터 작성)   논문의 원고는 컴퓨터로 작성함을 원칙으로 하며, 문장편집기 프로그램은 「한글」을 사용할 것을 권장한다.

제 13 조 (제출물)   원고 제출시에는 온라인투고시스템을 이용하며, 연구윤리규정과 저작권 이양동의서에 동의하여야 한다.

제 14 조 (투고자의 성명 삭제)   편집간사는 심사자에게 심사용 논문을 송부할 때 반드시 투고자의 성명과 기타 투고자의 신원을 알 수 있는 표현 등을 삭제하여야 한다.

제 15 조 (출토 문자 자료의 표기 범례 등 기타)   출토 문자 자료의 표기 범례를 비롯하여 위에서 정하지 않은 학회지 논문의 투고와 원고 작성 요령 및 용어 사용 등에 관한 사항들은 일반적인 관행에 따르거나 편집위원회에서 결정한다.

부칙
제1조(시행일자) 이 내규는 2007년 11월 24일부터 시행한다.
제2조(시행일자) 이 내규는 2009년 1월 9일부터 시행한다.
제3조(시행일자) 이 내규는 2012년 1월 18일부터 시행한다.
제4조(시행일자) 이 내규는 2015년 10월 31일부터 시행한다.
제5조(시행일자) 이 내규는 2018년 1월 12일부터 시행한다.
제6조(시행일자) 이 내규는 2023년 11월 17일부터 시행한다.

韓國木簡學會 研究倫理 規定

제 1 장 총칙

제 1 조 (명칭)　이 규정은 '한국목간학회 연구윤리 규정'이라 한다.

제 2 조 (목적)　이 규정은 한국목간학회 회칙 및 편집위원회 규정에 따른 연구윤리 등에 관한 세부사항을 규정하는 것을 목적으로 한다.

제 2 장 저자가 지켜야 할 연구윤리

제 3 조 (표절 금지)　저자는 자신이 행하지 않은 연구나 주장의 일부분을 자신의 연구 결과이거나 주장인 것처럼 논문이나 저술에 제시하지 않는다.

제 4 조 (업적 인정)

1. 저자는 자신이 실제로 행하거나 공헌한 연구에 대해서만 저자로서의 책임을 지며, 또한 업적으로 인정받는다.

2. 논문이나 기타 출판 업적의 저자나 역자가 여러 명일 때 그 순서는 상대적 지위에 관계없이 연구에 기여한 정도에 따라 정확하게 반영하여야 한다. 단순히 어떤 직책에 있다고 해서 저자가 되거나 제1저자로서의 업적을 인정받는 것은 정당화될 수 없다. 반면, 연구나 저술(번역)에 기여했음에도 공동저자(역자)나 공동연구자로 기록되지 않는 것 또한 정당화될 수 없다. 연구나 저술(번역)에 대한 작은 기여는 각주, 서문, 사의 등에서 적절하게 고마움을 표시한다.

제 5 조 (중복 게재 금지)　저자는 이전에 출판된 자신의 연구물(게재 예정이거나 심사 중인 연구물 포함)을 새로운 연구물인 것처럼 투고하지 말아야 한다.

제 6 조 (인용 및 참고 표시)

1. 공개된 학술 자료를 인용할 경우에는 정확하게 기술하도록 노력해야 하고, 상식에 속하는 자료가

아닌 한 반드시 그 출처를 명확히 밝혀야 한다. 논문이나 연구계획서의 평가 시 또는 개인적인 접촉을 통해서 얻은 자료의 경우에는 그 정보를 제공한 연구자의 동의를 받은 후에만 인용할 수 있다.

2. 다른 사람의 글을 인용하거나 아이디어를 차용(참고)할 경우에는 반드시 註[각주(후주)]를 통해 인용 여부 및 참고 여부를 밝혀야 하며, 이러한 표기를 통해 어떤 부분이 선행연구의 결과이고 어떤 부분이 본인의 독창적인 생각·주장·해석인지를 독자가 알 수 있도록 해야 한다.

제 7 조 (논문의 수정)　저자는 논문의 평가 과정에서 제시된 편집위원과 심사위원의 의견을 가능한 한 수용하여 논문에 반영되도록 노력하여야 하고, 이들의 의견에 동의하지 않을 경우에는 그 근거와 이유를 상세하게 적어서 편집위원(회)에게 알려야 한다.

제 3 장　편집위원이 지켜야 할 연구윤리

제 8 조 (책임 범위)　편집위원은 투고된 논문의 게재 여부를 결정하는 모든 책임을 진다.

제 9 조 (논문에 대한 태도)　편집위원은 학술지 게재를 위해 투고된 논문을 저자의 성별, 나이, 소속 기관은 물론이고 어떤 선입견이나 사적인 친분과도 무관하게 오로지 논문의 질적 수준과 투고 규정에 근거하여 공평하게 취급하여야 한다.

제 10 조 (심사 의뢰)　편집위원은 투고된 논문의 평가를 해당 분야의 전문적 지식과 공정한 판단 능력을 지닌 심사위원에게 의뢰해야 한다. 심사 의뢰 시에는 저자와 지나치게 친분이 있거나 지나치게 적대적인 심사위원을 피함으로써 가능한 한 객관적인 평가가 이루어질 수 있도록 노력한다. 단, 같은 논문에 대한 평가가 심사위원 간에 현저하게 차이가 날 경우에는 해당 분야 제3의 전문가에게 자문을 받을 수 있다.

제 11 조 (비밀 유지)　편집위원은 투고된 논문의 게재가 결정될 때까지는 심사자 이외의 사람에게 저자에 대한 사항이나 논문의 내용을 공개하면 안 된다.

제 4 장　심사위원이 지켜야 할 연구윤리

제 12조 (성실 심사)　심사위원은 학술지의 편집위원(회)이 의뢰하는 논문을 심사규정이 정한 기간 내에 성실하게 평가하고 평가 결과를 편집위원(회)에게 통보해 주어야 한다. 만약 자신이 논문의 내용을 평가하기에 적임자가 아니라고 판단될 경우에는 편집위원(회)에게 지체 없이 그 사실을 통보한다.

제 13 조 (공정 심사)　심사위원은 논문을 개인적인 학술적 신념이나 저자와의 사적인 친분 관계를 떠

나 객관적 기준에 의해 공정하게 평가하여야 한다. 충분한 근거를 명시하지 않은 채 논문을 탈락시키거나, 심사자 본인의 관점이나 해석과 상충된다는 이유로 논문을 탈락시켜서는 안 되며, 심사 대상 논문을 제대로 읽지 않은 채 평가해서도 안 된다.

제 14 조 (평가근거의 명시)   심사위원은 전문 지식인으로서의 저자의 인격과 독립성을 존중하여야 한다. 평가 의견서에는 논문에 대한 자신의 판단을 밝히되, 보완이 필요하다고 생각되는 부분에 대해서는 그 이유도 함께 상세하게 설명해야 한다.

제 15 조 (비밀 유지)   심사위원은 심사 대상 논문에 대한 비밀을 지켜야 한다. 논문 평가를 위해 특별히 조언을 구하는 경우가 아니라면 논문을 다른 사람에게 보여주거나 논문 내용을 놓고 다른 사람과 논의하는 것도 바람직하지 않다. 또한 논문이 게재된 학술지가 출판되기 전에 저자의 동의 없이 논문의 내용을 인용해서는 안 된다.

제 5 장 윤리규정 시행 지침

제 16 조 (윤리규정 서약)   한국목간학회의 신규 회원은 본 윤리규정을 준수하기로 서약해야 한다. 기존 회원은 윤리규정의 발효 시 윤리규정을 준수하기로 서약한 것으로 간주한다.

제 17 조 (윤리규정 위반 보고)   회원은 다른 회원이 윤리규정을 위반한 것을 인지할 경우 그 회원으로 하여금 윤리규정을 환기시킴으로써 문제를 바로잡도록 노력해야 한다. 그러나 문제가 바로잡히지 않거나 명백한 윤리규정 위반 사례가 드러날 경우에는 학회 윤리위원회에 보고할 수 있다. 윤리위원회는 윤리규정 위반 문제를 학회에 보고한 회원의 신원을 외부에 공개해서는 안 된다.

제 18 조 (윤리위원회 구성)   윤리위원회는 회원 5인 이상으로 구성되며, 위원은 평의원회의 추천을 받아 회장이 임명한다.

제 19 조 (윤리위원회의 권한)   윤리위원회는 윤리규정 위반으로 보고된 사안에 대하여 제보자, 피조사자, 증인, 참고인 및 증거자료 등을 통하여 폭넓게 조사를 실시한 후, 윤리규정 위반이 사실로 판정된 경우에는 회장에게 적절한 제재조치를 건의할 수 있다.
단, 사안이 학회지 게재 논문의 표절 또는 중복 게재와 관련된 경우에는 '학회지 논문의 투고와 심사에 관한 규정'에 따라 편집위원회에 조사를 의뢰하고 사후 조치를 취한다.

제 20 조 (윤리위원회의 조사 및 심의)   윤리규정 위반으로 보고된 회원은 윤리위원회에서 행하는 조

사에 협조해야 한다. 이 조사에 협조하지 않는 것은 그 자체로 윤리규정 위반이 된다.

제 21 조 (소명 기회의 보장) 윤리규정 위반으로 보고된 회원에게는 충분한 소명 기회를 주어야 한다.

제 22 조 (조사 대상자에 대한 비밀 보호)   윤리규정 위반에 대해 학회의 최종적인 징계 결정이 내려질 때까지 윤리위원은 해당 회원의 신원을 외부에 공개해서는 안 된다.

제 23 조 (징계의 절차 및 내용)   윤리위원회의 징계 건의가 있을 경우, 회장은 이사회를 소집하여 징계 여부 및 징계 내용을 최종적으로 결정한다. 윤리규정을 위반했다고 판정된 회원에 대해서는 경고, 회원자 격정지 내지 박탈 등의 징계를 할 수 있으며, 이 조처를 다른 기관이나 개인에게 알릴 수 있다.

제 6 장 보칙

제 24 조 (규정의 개정)
 1. 편집위원장 또는 편집위원 3인 이상이 규정의 개정을 發議할 수 있다.
 2. 재적 편집위원 3분의 2 이상의 찬성으로 개정하며, 총회의 인준을 얻어야 효력이 발생한다.

제 25 조 (보칙)   이 규정에 정해지지 않은 사항은 학회의 관례에 따른다.

부칙
제1조(시행일자) 이 규정은 2007년 11월 24일부터 시행한다.

Wooden Documents and Inscriptions Studies No. 31.　　December. 2023

[Contents]

Articles

Yun, Yong—gu

A Study on Huòliú(獲流) in a Household registry of Lolang—gun(樂浪郡)

Lee, Byong—ho

An Introduction to the Wooden Tablet Excavated at 325 · 326 Guari, Buyeo

Lee, Keon—sik

The Historical Meaning of the Korean Language of Place Name Notations, 'Galnaseong(葛那城), Ipnae(笠乃), Ipnae(立乃),' in Wamyeongmun (瓦銘文) Discovered from Nonsan(論山) Hwanghwasanseong(皇華山城) Excavation(出土) —Regarding the acceptance process of knowledge culture in the Chinese characters—

Paek, Doo—hyeon

A study on the creation　process and creators of Chinese character borrowing notation 譯上不譯下 translate leading kanj not translate trailing kanji

Yoon, Kyeong—jin

Proper Interpretation of the Epitaph in Cheongju Uncheon—dong, and a Methodic reexamination of the Previous estimate of the Construction period

Lee, Eun—sol

Epigraphy Based on Kim Jeong Hee's chusache

Review literary data

Kang, Jin—won

Deciphering and Interpreting the Jian Goguryeo Monument

Overseas Field Survey

Lee, Jae—hwan

Visiting the 45th general meeting and research meeting of Monkkan—gakkai

Jeon, Sang—woo

An Essay on Uzbekistan, Turkmenistan, Tajikistan Silk Road

Miscellanea

Appendix

The Korean Society for the Study of Wooden Documents

• 〈樂浪郡戶口簿〉에 보이는 '獲流'에 대하여
• 부여 구아리 325·326번지 출토 목간에 대하여
• 論山 皇華山城 出土 瓦銘文에 나타난 지명 표기 '葛那城, 笠乃, 立乃' 등의 국어사적 의의
• 차자표기법 '역상불역하譯上不譯下'의 생성 과정과 생성의 주체
• 「청주운천동비」의 판독과 건립 시기에 대한 종합적 검토
• 김정희 금석학과 추사체 형성의 연관성 연구
• 지안 고구려비의 판독과 해석
• 일본 목간학회 제45회 총회·연구집회 참관기
• 서역 서역 서역, 아름다운 이 거리(road)

木簡과 文字 연구 30

엮은이 | 한국목간학회
펴낸이 | 최병식
펴낸날 | 2024년 1월 30일
펴낸곳 | 주류성출판사
　　　　서울시 서초구 강남대로 435 15층 주류성문화재단
　　　　전화 | 02-3481-1024 / 전송 | 02-3482-0656
　　　　www.juluesung.co.kr
　　　　e-mail | juluesung@daum.net

책　값 | 20,000원
ISBN　978-89-6246-524-2　94910
세트　978-89-6246-006-3　94910

＊ 이 책은 『木簡과 文字』 31호의 판매용 출판본입니다.